南海地名人文录

主　编　周日安
副主编　黄伟明

佛山科学技术学院广府文化研究基地课题组编

编写人员
周日安　张唯嘉　文际平　李克和　马蔚彤　莫运平
蒋书红　贺敏洁　许结玲　文春梅　向玉兰　田欣欣

该著作系南海区民政和外事侨务局规划课题——南海地名文化保护研究（NHGP20100190J0035）的成果之一；出版得到佛山科学技术学院基金资助。

中国·广州

图书在版编目（CIP）数据

南海地名人文录/周日安主编 .—广州：暨南大学出版社，2014.5

ISBN 978-7-5668-0874-5

Ⅰ.①南… Ⅱ.①周… Ⅲ.①区（城市）—人文地理—概况—佛山市 Ⅳ.①K926.53

中国版本图书馆 CIP 数据核字(2014)第 280101 号

出版发行：暨南大学出版社

地　址：中国广州暨南大学
电　话：总编室（8620）85221601
营销部（8620）85225284　85228291　85228292（邮购）
传　真：（8620）85221583（办公室）　85223774（营销部）
邮　编：510630
网　址：http：//www.jnupress.com　http：//press.jnu.edu.cn

排　版：广州市天河星辰文化发展部照排中心
印　刷：湛江日报社印刷厂

开　本：890mm×1240mm　1/32
印　张：11.5
字　数：282 千
版　次：2014 年 5 月第 1 版
印　次：2014 年 5 月第 1 次

定　价：30.00 元

前　言

老地名被誉为“城市的名片”、“历史的画卷”和“文化的活化石”，具有独特的价值。在全国乃至全球掀起地名保护的热潮中，千年古邑南海，勇立潮头、敢为人先，不遗余力地保护老地名，打造亮丽的城市品牌。

南海地名文化保护研究（批准号：NHGP20100190J0035），是南海区民政和外事侨务局规划的课题，经南海区政府采购中心招标，佛山科技学院并广府文化研究基地成立的课题组中标。课题目的是要挖掘、传承及弘扬南海的老地名，展示地名文化的地域性、历史性和人文性，增强市民对南海的归属感，提高城市的知名度、美誉度，塑造良好的城市形象。

广府文化研究基地，是佛山科技学院第一个省级文化研究平台，主要依托人文学院特别是中文系的师资力量。课题组由12名高校老师组成：周日安、文际平、马蔚彤、李克和、许结玲、蒋书红、贺敏洁、张唯嘉、莫运平、文春梅、向玉兰、田欣欣。团队中，有教授4名，副教授4名，广府文化研究基地主任、文学院院长李克和教授也参与其中；博士3名，全体成员都具有硕士及以上学历；佛山、南海籍教师2名，大部分成员都扎根佛山长达10～20年之久；所有成员都主持过省级、部级或市级课题。周日安教授任课题主持人。

课题组于投标前即成立，对南海地名做了一些前期的研究工作。2010年9月20日和21日，课题组到南海图书馆、方志办、博物馆收集地方文献资料。南海方志办赠送一批珍贵图书给佛山科技学院图书馆和广府文化研究基地，包括明清时期的《南海县志》、《南海镇街志》和《南海县建制志》等共76本，使课题组获得了展开南海地名研究的第一批资料。2010年9月底至10月初，课题组召开两次会议，确定工作实施方案，对课题研究内容进行了纵向（方案）和横向（人文录）分工，列出了工作进度计划表。2010年10月，课题组成员在关绮冰科长的大力协助下，到南海八个镇街进行调研，搜寻、积累第一手材料。随后，研究人员不定期地到镇上进行田野调查，镇街社会事务办叶志斌、李满昭、罗志权、颜健宁、张国彬、黄永钜、刘海峰、吴明伟、黎绮霞、郭汗成、何青山、邓镜培、黄永志、孔直前、骆昌棉、陈志敏、关福标、陈炳松等同志，不辞辛劳，长期担任课题调研的联系人。

2011年2月，课题组向南海区民政和外事侨务局地名科提交了第一期人文录的四篇文章的初稿，民政和外事侨务局领导给予了很高的评价，课题组得到很大的鼓励。自2011年3月开始，初步研究成果陆续面世，至5月，共完成27篇文章，结集为《南海地名人文录》。同年6月，课题中期评审会在南海区民政和外事侨务局举行，南海区民政和外事侨务局领导潘宏昌、李柱祥、关绮冰，省市民政局领导庄侃、陈瑞光、冼卓鹏，以及杨粤生、江爵盛、林俊贤、林子超、霍日泉等专家，一致给予项目初步成果《南海地名文化保护系统方案》和《南海地名人文录》非常好的评价，同时，提出了许多建设性的修改意见。课题组根据这些指导意见，反复进行修改与补充。其间，又有20余篇文章相继脱稿。同年9月，《南海地名人文录》扩展到20多万字，它是形成南海地名文化保护系统方案的基础。2010年10月19日，南海区在南国桃园举行南海地名文化保护系统成果鉴定会。民政部区划地名司巡视员、联合国地名专家组中国分部主席、中国区划和地名学会会长刘保全、民政部中国地名研究所的李行林与佛山市、南海区的地名学者杨粤生、江爵盛、林子超、林俊贤、霍日泉组成专家组。广东省民政厅区划地名处处长庄侃、副处长陈瑞光以及佛山民政局、南海区民政与外事侨务局领导赖永清、潘宏昌、周群英、冼卓鹏、关绮冰等出席评审会。专家们一致认为：《南海地名文化保护系统方案》在挖掘南海老地名的历史、文化内涵的基础上，以老地名保护为目标，设计出一整套建立南海地名保护（如分级、设置标识）、指引（如移植、派生）、宣介（如申遗）、规范使用（如地名标准化）的方案。《南海地名人文录》深入挖掘并充分展示南海地名的地域性、历史性与人文性。特别是通过对南海地名的考证，提出了政区南海和水域南海同源的依据，为南海水域归属中国提供了新的理据，在当前南海水域争端纷起的复杂形势下，具有极其重大的现实意义。两大成果的指导思路清晰、技术路线正确、观点鲜明、内容充实、体系完整、方案可行，达到全国先进水平，对佛山市乃至广东省地名的历史文化研究与老地名保护工作具有很好的借鉴及推广作用。身兼联合国地名专家组中国分部主席的刘保全会长、广东省民政厅区划地名处庄侃处长分别作了讲话。刘会长认为，课题从设计到最终成果，对全国的地名研究都有示范作用。庄处长表示，通过这个课题发现一个高水平的研究团队，今后省民政厅将加强与佛山科学技术学院的合作，推动全省的地名文化研究。在随后一个多月的时间里，课题组以评审意见为新的起点，进一步修改、完善研究成果，增添了部分新的内容。

《南海地名人文录》以镇街为单位，由单篇文章集结而成，文章作者与镇街调研分工基本吻合。大致情况是：周日安、向玉兰，桂城街道；张唯嘉，九江镇；文际平，罗村街道；贺敏洁、田欣欣，狮山镇；许结玲、莫运平，里水镇；蒋书红、文春梅，丹灶镇；李克和，西樵镇；马蔚彤，大沥镇。后面几篇关于南海历史、区域特征、水性文化、村落命名与更名、祠堂、底层词以及部分已消失地名的文章，为莫运平、周日安、许结玲、马蔚彤和文春梅所作。课题组成员分工明晰、责任到人，同时又团结互助，彼此取长补短：《“佛山”别称“福山”说》一篇，作者是莫运平；关于西樵锦石山、黄飞鸿的文章，为周日安、文际平所撰；关于大沥龙狮舞、盐步老龙的文章，出自许结玲、贺敏洁的手笔。

历史比较语言学者雅各布·格里姆说：“有一种比骨骸、武器和墓穴更为生动的东西可以证明民族的历史，那就是语言。”美国语言学家萨丕尔说：“语言的背后是有东西的。而且语言不能离开文化而存在，所谓文化就是社会遗传下来的习惯和信仰的总和，它可以决定我们的生活组织。”地名作为一种独特的语言符号，一方面，它是自然或人文地理实体的名称，具有指位功能，呈现地名的自然属性；另一方面，它源于约定俗成，是名与实、音与义的社会契约，命名、更名、废名，无不受到社会、民族、语言、历史、文化、地域等因素的影响与制约，地名这面镜子真实记录着社会生活及其嬗变的轨迹，表现出广泛的社会属性。千年古邑南海的老地名，或承载着一个古老的故事，或彰显着一位杰出的人物，或镌刻着一段非凡的历史，或蕴含着独特的岭南文化，弥足珍贵。《南海地名人文录》从物理、语言、文化、心理等多角度切入，以挖掘南海地名，特别是老地名所包含的历史、人文、情感内涵为核心，以地名保护、宣介为目标，概括了南海地名的区域特征，阐述了南海老地名的人文底蕴，勾勒了南海特色地名的发展轨迹。既突出了南海厚重的历史文化积淀，又展现了南海作为岭南水乡独特的风土人情；既保存了南海丰富而古老的文化遗产，又见证了南海在历史长河中的沧桑变化；既呈现了当代南海人的信仰与教育观念，又显示了古南越族先民的底层文化的遗存风貌。

《南海地名人文录》力求在内容上有所创新与突破，具有一定的学术品格。其中不少篇目，或观点新颖，或视角独特，或分析精辟，或诗意盎然，给人耳目一新的感觉。《“蟠岗”与“四约”》，挖掘地名生僻字“蟠”的独特价值，指出了《广州话词典》对“约”字地名的解释失误。《石硝之硝：南海地名的独用字》，试图沿着因声求义的路径，追寻地名用字“硝”的词源。《佛山的三个梵文音译地名》，从形、音、义角度出发，对千年古镇佛山的源头“塔坡”进行语源探讨，提出了塔坡是梵文 stūpa 音译的新观点。《“佛山”别称“福山”说》从堪舆的角度考察了佛山为什么又叫福山，佛山人读后定当增加不少幸福感。《诗性地名与诗意的栖居》，以美学的视角解读了烟桥、一树成林、鹭鸟天堂、河清、梅圳、日曜、珮山、海心沙等诗性地名群。作者认为这些诗性地名是人们将自己对地理空间的诗性体验固化为语言文字的成果，是人们对居住空间进行审美创造的结晶。《破排角地名与龙舟文化》，从民俗文化学的视角介入，考察了破排角地名与九江龙舟文化的内在联系。《方位地名景观与居民的归属意识》，取社会心理学的视角，考察了上东、下东、南方、上西、下西、下北等九江方位地名的独特的文化内涵。《“朗”还是“塱”——也谈“地名岂能随意用字”》，深入而细致地探索了岭南特定地形地貌用字“塱”的内涵，对规范地名用字如广佛地铁“西塱”与“西朗”的异形，具有现实的指导意义。《感和顺瑞气　忆灵洲古韵》一文引用大量古文献资料对“和顺”及“灵洲”两个老地名进行追根溯源，生动展现了和顺之地古寺、古庙、古道的腾腾瑞气及悠悠古韵。《客家风情　崇文重教——记南海客家古邑和顺北洲村》则从语言与民俗文化的角度反映了南海唯一一个客家古村——北洲村其独特的人文风情及深厚的崇文精神，同时也体现了南海人对外来民系兼容并包的广阔胸怀。《群星璀璨，儒道同辉——丹灶名人录》，展示丹灶熠熠生辉的文化，充满诗意，魅力十足。《西樵山——珠江文明的灯塔》，考察了西樵山历史遗迹，揭示了珠江三角洲古人类文明进化的历程。《地名“南海”的悠久历史》、《南海与“水”有关的地名及其水文化生态》、《南海自然村落的更名》等篇目，材料之翔实，态度之严谨，风格之朴实，给人留下深刻的印象。事实上，在《南海地名人文录》中，四分之一的篇目已公开发表过，其中两篇刊载在我国区域地名战线的工作指导类权威杂志《中国地名》上。

形式上，《南海地名人文录》采用散文或随笔体裁，力求语言优美活泼、可读性强，能为普通大众所喜爱，同时追求语言清新可读，避免文字枯燥可憎。这是件很不容易的事情，作者需要有一定的才气，更需要将自己设想为读者，反反复复地修改。课题组在这方面作出了不少努力，例如：

从空中俯瞰南海桂城的东北方，青葱滴翠的蠕岗，被现代建筑的红白相间的屋顶簇拥着，错落有致，妖娆艳丽……而今，城市人在它的北面，开挖了修长旖旎的千灯湖，山水相依，坚守与灵动相得益彰。在水的润泽与辉映下，蠕岗变得更加灵秀。

清粼粼的水、绿油油的荷、擦身而过的鱼虾、“相手”的蟛蜞，还有村中古寺、溪边老榕树，连同舟橹的“吱呀”声、高亢的“卖懒谣”，成为叠滘人最美的童年回忆。“十番龙舟地，水乡洙泗风。”叠滘，好一个岭南的“周庄”！

水以动为性，遇石而止；石以守为质，赋水以形。万千年来，水、石以及介乎两者间的泥沙，互相作用，构成一个境域的自然地貌。

人物、地点和时间是事件的三要素。三维空间里的人物，构成静态的画，伴随时间流转，演绎成四维动态的剧。

山水孕育文化，文化钟情山水。山水文化是中国文化的重要组成部分。山水诗、山水画、山水构筑的园林，成为中国文化的精品，山山水水无不充满诗情画意。南海与“水”有关的地名构筑了柔和清新而富有生命气息的水文化。

南海与“水”有关的地名承载着丰富多彩的水文化。水性至柔，不张扬，却能以柔克刚、百折不回，海纳百川、兼容并包。我想这便是南海人所具有的水一般的秉性与胸怀。水若文化，滋润万物，悄然无声；文化如水，融通人心，潜移默化。

通过描写、比喻、音节调整、错落字面等手段，尽量将一个思想片段表达得简洁明了而有韵味。

为了扩大课题成果的影响，让更多人了解南海的人文底蕴，更好地保护和传承南海的老地名，2013 年 7 月，南海区民政和外事侨务局授权出版《南海地名人文录》，副局长黄伟明、高原、周群英和地名规划科科长叶绮红在书稿审定等方面做了大量工作；佛山科学技术学院为《南海地名人文录》的出版给予了一定的资助。在此，课题组表示由衷的感谢！

尽管课题组对《南海地名人文录》进行了多次的审核、修改，但缺漏、错谬等不足之处定然还有不少，敬请各位专家、读者批评指正。

南海地名文化保护课题组
2013 年 9 月

目　录

“蠕岗”与“四约”

从空中俯瞰南海桂城的东北方，青葱滴翠的蠕岗，被现代建筑的红白相间的屋顶簇拥着，错落有致，妖娆艳丽。蠕岗伏于平坦繁华的闹市，享尽人间无比的娇宠，昔日就有西溪晚钓、玉女弹琴、雁落平沙等蠕岗八景；而今，人们在它的北面开挖了修长旖旎的千灯湖，山水相依，坚守与灵动相得益彰。在水的润泽与辉映下，蠕岗变得更加灵秀。

说起蠕岗，在佛山南海无人不知。但其冷僻的字形，一直迷惑、困扰着当地人。蠕、硝等方言土字，长期以来都是当地人办理居民身份证的拦路虎。如果再问问，小山为什么叫这个名字，聪明而糊涂的现代人大多就懵懵懂懂了。

蠕，读［léi］，粤音［lêu^{5}吕］，形声字，从虫雷声。蠕是珠三角一带的贝类软体动物，双壳，形似蚬或花蛤，比蚬大而坚厚，比蚌小而浑圆，直径约3~5厘米，与蚝相当。《辞源》中的释义是：“介虫名，玉篇做蠕。”清代屈大均《广东新语》（卷二十三）中提到：“蠕比黄蚬而大，闻雷而生，故从虫从雷。人在田中用人工繁殖，其田成为蠕田。”清代李调元《南越笔记》（卷十一）中也有类似的记载：“蠕比黄蚬大，闻雷则生，故文从雷。”蠕和雷有时间关联，是个形声兼会意的亦声字。《汉语大字典》中的释义是：海中动物名，可食，也可人工饲养。《新华字典》、《现代汉字词典》、《辞海》均未收录该字。

叶灵凤在散文《蚬与蠕》中，对此有清晰而生动的描写：“广东还出产一种比蚬较大的介类，本地人称之为蠕，据说闻雷则生，所以称为蠔。蠔同蚬蚝一样，都可以‘种’的。种蠔的海滨地带名为蠔田，番禺一带最多。蠔在冬天最肥，采蠔的人在泥滩上用脚向泥中摸索，碰到有蠔就拾起来，谓之踼蠔。广东人吃蠔喜欢先将蠔肉起出来，同其他的配料啄在一起，然后再酿入蠔壳内，蒸熟了吃，称为酿蠔。”蠔田、种蠔、采蠔、踼蠔、酿蠔、蠔肉等词语，再现了岭南海滨独特的生活场景。

新会荷塘镇蠔步村，是香港歌星刘德华的家乡，原称蠔江，江边建有步头（埠头）后，改称“蠔步”。清代康熙年间的《新会县志》和光绪三十四年（1908 年）的《新会乡土志》，均有关于蠔的记载。新会童谣“吃个蚬，屙个蠔，吃个糍仔屙个煎堆”，意指“出来的比进去的还大”。蠔是荷塘的特产，荷塘人喜欢用蠔肉混合鱼肉剁碎，做成鱼饼，有时还用蠔壳包住进行售卖，风味甚是独特。

正如牛首山、羊肠道一样，地名蠔岗是个比喻式词，提取蠔的形状特征，映射在山体上，以小喻大。清代宣统年间的《南海县志》中记载：“清末时蠔岗山高约数丈，顶圆而略平，尾垂而微卷，状若蠔。”蠔岗因形貌而得名，山体南北长 700 米，东西宽 400 米，最高点为 63.7 米。珠江三角洲是由海岛罗列的溺谷海湾因珠江泥沙不断填充而成的冲积平原，据《桂城街道志》记载，南海车站处被铲平的小山原名为“霄岗”，地下埋藏着大量的贝壳层。蠔岗和霄岗相连，都是由白垩纪粗碎屑岩和泥质岩构成。相传南宋年间，蠔岗、霄岗周围全是沙洲，与叠滘、石硝、蔗围等村均属咸水滩涂之地，盛产蚬蚝。可见岗和蠔除了相似关系外，另有一层相关关系。如今，蠔岗一带以及附近的番禺等地，还保留着不少年代久远、冬暖夏凉、岭南风情浓郁的蚝壳屋，记录着沧海桑田、地质演变的历史，也为粤人钟情生猛海鲜作了形象的注脚。

元代大德年间（1304 年）的《南海志》中，出现了地名“蠔岗渡”，蠕岗有七百多年的历史。明清时期，蠕岗一直是西淋都或五斗口司下属的堡；民国前期叫“蠕岗堡”，后期被称为“蠕岗乡”；新中国成立后，曾设蠕岗区、蠕岗公社。1963年并入平洲公社后，蠕岗专指山体，不再是政区或村落名称。20世纪50年代前，蠕岗遍布山坟，被当地人称为“乱葬岗”。20世纪90年代，蠕岗被辟为公园，成为桂城人民休闲、健身的好去处。蠕岗在现代化建设中变了模样，外形不再像贝类了。近年来，随着千灯湖区的兴建、金融高新区的崛起和广佛地铁的开通，蠕岗成为南海乃至佛山著名的景点。

蠕、蚬、蚝、蚌、蛤、螺等都是贝类软体动物的类名。蚬作为喻体，出现在地名中的频率最高，用来描写山的形状，例如，“蚬冈”是珠三角最常见的地名；“蠕”用作地名，相对少见。地名异形，在珠三角一带十分普遍，历史上，蠕岗多写成“蠕冈”；新中国成立后，人们逐渐认可“蠕岗”为正体，地名用字也就固定下来，并沿袭至今。因一般字库未收“蠕”字，民间和网络大都用同音字替代，将“蠕岗”写为“雷岗”，造成新的异形现象。

在蠕岗的周围，分布着东约、南约、西约、北约四个行政村。1985年7月9日，经国务院批准，从平洲划出东约、南约、西约、北约和东二、石硝、叠南、叠北，构成南海的新县府桂城。东约、南约、西约、北约的命名基本以蠕岗为参照。矗立在佛平路口一环边的“北约总部大厦”，曾引起了不少网民的惊疑：“北约何时在佛山设立了总部?”其实，此“北约”是村名，因处蠕岗之北而得名，珠三角地区以“约”命名的小村落特别多，雅瑶有东约，西樵有中约、南约、北约，华涌有首约、一约；广州仑头、官洲也有北约、东约、西约；江门棠下镇古村落良溪，号称“后珠玑巷”，分为北约、东约、西约、首约；陆丰大安镇有东约馆、西约馆、南约馆、北约馆等“四约四馆”。

“约”频频出现在岭南地名中，《广州话词典》释云：“yêg^{3}，小胡同（比较少用，一般多用“街”或“巷”），如龙溪首约、宝源中约。”将“约”解释为“小胡同”，缺乏理据，是词典的一处失误。

明清时期，县下一级行政单位叫作“都”或“司”，都、司下辖堡。平洲、佛山、林岳、桂华（季华）、蠕岗诸堡，明代万历至清代康熙年间属西淋都，清代乾隆至宣统年间属五斗口司。堡内片域、街道称铺、街、坊、里、巷，如栅下铺、东华里。“约”本是一个历史词，清朝时期，根据我国乡村聚族而居的特点，村下设约，约下设里。约是居村与里之间的片区单位名。例如，清同治四年（1865年），顺德容奇创办公约，设约长一人，约董五人，以北潮为北约，西社三符里一带为西约，上佳市六社四坊为中约，坝头市（现南区）为南约，五坊一带为东约。公约亦称“乡局”，设团练、理乡政。清朝的基层政权机构是州县，但在城乡，除了州县直接治理之外，还通过乡约、保甲、公局等机构间接管理，使清朝的国家权力深入街区、村庄。可见，“约”依然沿用“商约、约定、约束”的义项，没有“小胡同”的意思，只是名字物化后转指地方的民间机构。

约是乡的分片，多采用东、南、西、北、中方位词，一、二、三等序数或聚居者的姓氏来划分，当然也可以冠上小地点名称。约并不是粤语的方言词，乡约作为一种制度，转而成为记述地名的用字，曾经十分普遍。例如，地处大别山北麓、淮河南岸的河南省罗山县，清代乾隆时期被划为“三南约、三北约、牛南约、牛北约、两约、新约、蔡约、槐约、九约、青约”等45约，清宣统三年（1911年）时被分为6区48约。随着乡村公约制的废止，“约”字地名逐步退出历史舞台，只是广东保留了比较多的约字地名而已。

《南海县建制志》认为：“清代基本沿用明制……都统堡关系变动不多，堡所辖之村名则变动较大。其主要原因是村名记述方法不同，有的以大村为名进行记述，有的以坊、约为名记述，实际上隶属关系变动的只是少数。”蟠岗四约就特别典型。明代崇祯年间的《南海县志》记载：“蟠冈堡村六，曰蟠冈、曰南畔、曰东畔、曰西畔、曰冈尾、曰莲塘。”清宣统二年（1910 年）的《南海县志·都堡》记载：“堡内各村环山而居，分东、西、南、北四约。西约中有村曰冈尾；北约中有村曰莲塘口。计大小村凡六。”从明万历到清宣统年间，蟠冈堡都是下辖六村，但村名变动较大：将蟠冈改为北约，把通名“畔”改为“约”。从此，东、西、南、北四约之名，一直沿用至今。而“西畔”和“南畔”作为小地名，仍然保留了下来。

“约”作为地名用字，曾经十分普遍。蟠岗周边，除了行政村东、西、南、北四约外，附近东二管理区辖下也有东约、中约、西约、南约四个自然村。“大四约”和“小四约”名字极其雷同，并且同处一地，容易造成指位、交通、通信的混乱。其实，土地改革全面结束后，蟠岗四约被称为“东一乡”，新村、南兴、蔗围、小四约被称为“东二乡”，朝安、深村属东三乡，后来唯有“东二乡”名称被保留下来。村名记述方法不同，使本来平级的四约，处在两个不同的层级上。

一个汉字就是一部文化史。尽管蟠字比较生僻，给人们在现实生活中的辨读带来不便，但它积淀着丰厚的历史内涵，是美食文化、地质文化的“活化石”，颇具岭南特色，弥足珍贵，不可用简易的别字替代。蟠岗历史悠久，打上了岭南水乡的独特印记，又是桂城美丽繁华片区的风景胜地，是一个需要切实加以保护的历史文化地名。“约”字地名，记录清代乡村公约制的历史，不宜废止，但需要对重名问题进行深入、细致的研究，商讨稳妥而可行的对策或补救措施。

石碏之“碏”：南海地名的独用字

南海区桂城街道的东南端，有个较大的乡村，叫“石碏”。这个“碏”字，是当地人创造的方言土字，仅出现在南海地名“石碏”中，在其他地方或场合寻不到其踪影。因其独有性和专用性，流传范围狭窄，长期以来，字典、词典均没有收录“碏”字。未经标准化的“碏”字，其形、音、义都处于不稳定的状态中。

字形上，“碏”和“蠕”字一样，没有收入标准字库，在规范的书面语中难以出现，因此，这两个字一直是当地人办理身份证时的拦路虎。直到 2006 年，户政字库增加了包括“碏”和“蠕”在内的 255 个冷僻字，两地居民才顺利办理身份证。2006 年 11 月 9 日《珠江时报》报道了这一消息，该报道文章的标题是：“石肯”字不再“挡道”，八千村民齐办二代证。人们的日常生活与地名息息相关，在计算机、互联网已经十分普及的信息化时代，计算机字库没有收入这些地名用字，给人们的生活造成极大的不便。普通民众，多用两个字合成一个字来表达，如用“石肯”二字表示“碏”字，用“虫雷”二字表示“蠕”字。新闻媒体也采用这种不规范的表达方法。我们将“碏”字输入百度搜索，结果为零。以“石肯”、“虫雷”代替“碏”和“蠕”，至少说明在使用者心中，“碏”和“蠕”依然是正体，只是出于字库缺字的无奈才如此使用。更有甚者，直接采用同音、近音替代的方法，中山大学编写的《佛山市南海区地名规划》中指出：“聚落石碏中‘碏’，出现了不同的替代字，如‘肯’、‘硬’、‘啃’、‘哽’。”

同音替代是简化汉字最常见、最便捷的方法，不足之处是造成意义的含混。

字音上，“硝”在方言和普通话里都不是异读字。粤语发［$geng^2$ 耿^2］，本地人都读［$geng^2$］；普通话与之对应，念［gěng］，声母、韵母相同，声调有别，《南海市地名录》和《南海市地名志》均注为［gěng］。然而，受形声字声旁的干扰与替代字“肯”的影响，不少人特别是非粤籍的新居民，多读成［shí kěn］；一些社会用语、单位名称注音或音译时，也多标注为［shi ken］。例如：

（1）105 路公共汽车（上行）指示牌：石硝 shiken—火车站 huochezhan

（2）广东省佛山市南海区石硝工业开发区

Shiken Industrial Development Zone，Nanhai District，Foshan City，Guangdong Province，China

（3）南海市桂城石硝成建金属结构厂

NANHAI GUICHENGSHIKEN CHENGJIAN METAL STRUCTURE

（4）Liste des 4458 villes ou villages de Chine de la province de Guangdong：

Beijiao 北滘　Luocun 罗村　Shiken 石硝　Wangniudun 望牛墩　Xiebian 谢边

地名石硝，急需语音规范，确立标准语音。《现代汉语词典》（第五版第 468 页）收录了“硝”字，注音为［gěng］。这样，南海民政局、公安局、工商行政管理局等与地名规范化关系密切的管理单位，需将［shi　geng］定为标准音与标准的音译字形，废除异读音［shiken］。

字义上，对“硑”的解释，仍然值得推敲。《南海市地名志》释曰：“相传一千多年前，此地河涌交错，河底多石头，船只往往搁浅，船民就说船给石头‘硑’了（硑，土话，即‘硌’，搁浅之意），遂以此得名。”“硌”的主要义项是“触着凸起的东西觉得不舒服或受到损伤”，如硌脚、硌牙、硌得难受。船只被水中石头梗阻，与人触到凸起的硬物，形成神似的隐喻。石硑地势平坦，河涌密布，是珠三角地区典型的水乡，东平河绕经村域东南，并建有石硑大桥。河床多石的地质构造，也可从周围石头（村）、石湾、石门、石梁、澜石等地名中得到印证。将“硑”释为“硌”，语义上不成问题，其优势是两字形旁相同，意义同类，但“硌”念［gè］，“硑”与“硌”语音相差甚远。

船民说“船给石头硑了”，属语言层面的话语，文字是记录语言的书写符号，先有语言，后有文字，就是说，当地人创造“硑”字，是用来记录已然存在的音义结合体，即语词的。声旁字的声旁表示读音，多居右边，有时也兼表意义，例如，“水之小者曰浅，金之小者曰钱……”声旁“戋（jiàn）”的“小”义融入形声字“浅”、“钱”、“贱”、“线”中，这就是宋人王圣美提出的“右文说”。“右文说”因声而求义，是探索汉语音义关系之间理据性的重要途径，实质是根据声符提供的线索进行语源研究。根据“右文说”，“硑”解释为“梗”似乎更合理，“梗、哽、埂、鲠”均有“阻塞、梗阻”义，况且“梗直”与“鲠直”、“耿直”是一组异形词，因此，表示“石头梗阻行船”的意象，最好是“石”作形旁、“更”作声旁兼表“堵塞”义。然而，偏偏“石”和“更”的组合“硬”是个常用字，其地位不可动摇，于是更改声旁，造出这个“硑”字来。沿着“因声求义”的路径推断，“硑”是从“更”得音、从“石”和“更”得义的。这样，就能解释为什么“硑”在粤语和普通话中，与“梗、哽、埂、鲠”同音，而与“肯、啃、恳、垦”不相干；也能解释为什么有人将

“石硝”写成“石硬”、“石哽”、“石耿”，甚至不惜创造同音字“硬[2]［gěng］”，与“硬[1]［yìng］”相对。

据《南海市地名志》记载，石硝约有900年的历史。明代《永乐大典·南海县图经志》收录了“桂华、蟠冈、夏滘、佛山、平洲、魁冈、石耿、深村、甘溪、林岳、白鹭、桂林、叠滘”等地名，从地名编排顺序看，“石耿”就是石硝，“耿”与“硝”同音，这是现在能查到的较早的关于石硝的文献记载。方言字“硝”究竟是何时造出来的，仍待考证。屈大均在《广东新语·五里四会元》里写道：“南海治西三十里，有村曰石头、黎涌、石硝。相去五里许，有四会元，世称五里四会元，是其地也。黎涌则伦公文叙、子以训，石硝则梁公储，石头则霍公韬……”这说明至迟在明末清初的时候，南海地名独用的汉字“硝”，已经出现。

明英宗正统年间，南海爆发了黄萧养起义。起义平息后，朝廷为了加强对起义策源地的控制，于明景泰三年（1452年）把南海的东涌、马宁、西淋、鼎安四都37堡及新会的白藤堡划出，析置广州府顺德县，史载为“南海县割地为主，新会县割地益之”，石硝从此划归顺德。直到1952年进行区划调整，石硝回归南海，先后为蟠岗、平洲和桂城所管辖。

“五里四会元”，南海的东南部（古时南海县城附郭广州，因此称“治西”）实乃文教重地。宋、元、明、清时期，弹丸之地的石硝，涌现出了11位进士和4位举人。梁储（1453—1527年），字叔厚，又字藏用，号厚斋，晚号郁洲，是石硝最有名的历史人物。他是明成化十四年（1478年）的进士，选庶吉士，由翰林编修累官至吏部尚书、华盖殿大学士，加太子太师衔，入参机务，一度出任台阁首辅（丞相）。梁储为官正派，敢于直谏。为了纪念他，明朝嘉靖帝恩准在其故里石硝仿照故宫太和殿模式重建梁储太师府邸（原址在今广州长圹街），并封赠命名它为“五岭名家”。五岭名家历时四十四载方建成，规模宏伟，是广东屈指可数的大祠。1968 年，在“文化大革命”政治风暴中，五岭祠被拆，毁于一旦。

石碏作为岭南典型的水乡，保留有鲜明岭南风格的特色建筑双镬耳蚝壳大屋，石碏曾是南海著名的“五金之乡”和“绣花之乡”。

地名因字形冷僻而影响人们的日常生活，是存是废，一直以来争论不休。2006 年二代身份证办理时遇到了不少问题，更是在全国范围内掀起了冷僻字大讨论的热潮。电子信息时代，冷僻字地名游离在标准字库之外，给生产、生活带来的不便更加凸显。于是，不少佛山、南海的网友，建议废除“碏”、“蠕”等土字，用简易、通用的汉字替代。事实上，曾经有三十多处地名，因为文字生僻难认，已经国务院批准而更改。如，黑龙江“瑷珲”改为“爱辉”，新疆“和阗”改为“和田”，广西“鬱林”改为“玉林”，四川“越嶲”改为“越西”，陕西“商雒”改为“商洛”，等等。有例可循，改名似乎顺理成章。然而，一个汉字就是一部文化史，将石碏、蠕岗写成“石肯”、“雷岗”，地名造词的理据、内部的语法意义、原生态的文化色彩都将荡然无存。人们对故乡地名的独有感情，也将受到伤害。地名改字，也不是一件容易的事情。

公安部户政字库已经收入“碏”和“蠕”，意味着它们得到了国家语言文字工作委员会的认可，已经属于规范的汉字了。“碏”和“蠕”进入标准字库和通用字库，或者是地名专用字库，只是技术和时间问题。在这种背景下，我们不应该废除“碏”和“蠕”，而需将石碏、蠕岗作为弥足珍贵的特色地名，切实加以保护。

“以地名人”与“以人名地”

人物、地点和时间是事件的三要素。三维空间里的人物，构成静态的画，伴随时间流转，演绎成四维动态的剧。人名、地名、时名，是一个地方历史文化的重要载体。作为人类活动的背景，时间是空灵抽象的，地理实体是具象可感的，因此，地名与人名关系更为密切，甚至可以换用：把地名用作人名，拿人名称呼地名。

“以地名人”，源头是上古地名演变成姓氏。姓氏制度产生于母系氏族社会，子女从母姓，古姓姬、姚、姜、嬴、妫，均从女得义。姓、氏早期分用，氏是姓的支系。西周战国时期，诸侯、王室、贵族以方国、采邑为氏，姓氏逐渐混同，合而为一。周朝初年有108个封国，如鲁、晋、蔡、曹、郑、吴、魏、韩等，后来全都演变为姓。周朝初年以采邑、乡里、村亭的名称作为姓氏的也不少，如刘、冯，温、苏，采、欧阳等。

用地名作人名的现象，由来已久。有的以出生地为名，以示纪念，如司马光、陈独秀，光州、独秀峰分别为他们的出生地；陈布达、陈佩斯兄弟，出生在匈牙利首都布达佩斯。古代官员喜欢以任职地相称，如名字贾长沙（贾谊）、柳柳州（柳宗元）、韦苏州（韦应物）中的“长沙”、“柳州”、“苏州”就是由地名转为人名。文人习惯拿生活所在地作为自己的名号，如苏东坡（苏轼）、郑板桥（郑燮）、齐白石（齐纯芝），“东坡”、“板桥”、“白石”也都是由地名变成人名，其使用频率甚至盖过原名。明清时期，原籍别称之风盛行，声名显赫的大人物，多以原籍地名为号，如张之洞称“张南皮”，左宗棠为“左湘阴”，李鸿章号“李合肥”，袁世凯叫“袁项城”，翁同龢名“翁常熟”。对联“宰相合肥天下瘦，司农常熟世间荒”，一语双关，构思妙绝，讥讽之意辛辣而又婉转。

明清时期，南海文人也颇有“以地名人”的习惯。嘉靖年间，一度出任内阁首辅的方献夫，是理学名家王阳明（谥“文成”）的弟子。方献夫，字叔贤，南海丹灶孔边村人，官至礼部尚书、太子太保，谥“文襄”。他曾在西樵山上建立石泉书院，讲学十年，著有《西樵山石泉书院记》，别称“方西樵”。《粤闽王门学案》小序载：“岭海之士，学于文成者，自方西樵始。”方西樵是广东王学的第一传人。

庞嵩，字振卿，南海县佛山堡弼唐人。他在明嘉靖十三年（1534 年）中举，历任应天府尹、南京刑部员外郎、云南曲靖知府，被尊为“庞弼唐”、“庞曲靖弼唐”。清康熙年间的《南海县志》载：“周毕公之子封于庞，因以国为姓。宋自南雄迁南海弼塘村，派衍叠滘、佛山、海口、翼冲、紫洞、石硝、田心、小圃。”又云：“（庞嵩）所居弼唐，乡学者称为弼唐先生。”此县志中“塘”与“唐”混用，当属异文。屈大均在《广东新语》中多次以“庞弼唐”称呼庞嵩。庞嵩早年受业于浙江王阳明，后拜湛若水为师。湛若水曰：“北有吕泾野，南有庞弼唐，江门之绪不堕”，对其评价甚高。湛若水，增城甘泉人，被尊为湛甘泉；若水之师、庞嵩的祖师爷陈献章，居江门新会白沙里，门人称白沙先生，尊为陈白沙。师徒三代，均“以地名人”。庞嵩晚年辞官归里，潜心钻研甘泉之学，奔走于西樵与罗浮间，弘扬理学，终老于西樵山大科峰下。庞嵩在官场、学界或坊间均声名显赫，碑文为尚书何维柏所撰，应天、曲靖都建有祠堂祭祀他。

岭南鸿儒朱次琦，字稚圭，号子襄，南海九江儒林乡人，世称朱九江、九江先生。他于清道光二十七年（1847 年）中进士，任山西襄陵知县半年，为官清廉，两袖清风，造福一方，深受当地百姓爱戴，后因不满衙门不正之风，引疾归里，办学堂、兴教化、育英才。由此，九江文风日盛，培养了康有为、简朝亮等高足，成就了“千秋新学开南海，百世名儒仰九江”的辉煌。“读书以明理……随而应天下国家之用”，朱九江的教育理念至今仍有现实意义。

明清时期，佛山号称“气标两广的人文之邦”，南海更是文人荟萃的岭南都会。从晚清到民国，南海涌现出了三位“以邑为号”的历史名人：康南海、张南海、黎南海。康有为（1858—1927 年），又名祖诒，字广厦，号长素，南海丹灶苏村人，被尊称为“康南海”、“南海先生”。康有为出身于世代为儒的望族，是近代著名政治家、思想家、社会改革家、书法家和学者，致力于将儒家学说改造为现代社会的国教。从讲学于万木草堂、撰写《大同书》到组织强学会，从“公车上书”到“百日维新”，康有为与梁启超、谭嗣同等推行戊戌变法，名垂青史，彪炳千秋。晚清时还有一位显赫京城的南海籍风云人物张荫桓，年长于康有为，号称“张南海”。张荫桓（1837—1900 年），字皓峦，南海县佛山镇人。他曾任总理衙门大臣及户部左侍郎，赏加尚书衔，位高权重，与晚清政治有莫大关系。张荫桓积极支持康有为、梁启超进行维新变法，变法失败后被革职，充军新疆，两年后被杀，是这场政治改革与斗争中唯一被杀的高官。一代名臣张荫桓，也是中国近代著名的外交家，1886—1889 年间，担任清政府驻美国、西班牙、秘鲁三国公使。教育大家黎照寰，字曜生，1888 年生，广东南海小塘黎边人。他早年与孙科等四人留学美国，获得纽约大学、哈佛大学学士学位和哥伦比亚大学、宾夕法尼亚大学硕士学位。民国时期他活跃于上海，是上海大名鼎鼎的人物，曾任上海交通大学校长、浙江之江大学校长、全国政协委员等职，上海人尊称他为“黎南海”。黎照寰一生热心教育，桃李遍天下。小说巨子吴趼人（1866—1910年），原名沃尧，字小允、茧人，后改名趼人，广东南海人。他二十岁时，迁居上海，因其先父居佛山，自称“我佛山人”。吴趼人是一位与物无竞、岸然自异的文章气节之士，在上海主编《月月小说》，主办广志学堂。他的文章结为《我佛山人文集》。代表作《二十年目睹之怪现状》揭露晚清政治社会黑暗腐败现象，与《官场现形记》、《老残游记》、《孽海花》一起被誉为“清末四大谴责小说”。“我佛山人”没有袭用“姓+地名”的常用格式，而是以句为词，将代词“我”直接添在笔名中，空前绝后，昭示了其特立独行的品性。

“以地名人”，依据布朗、吉尔曼的称谓语研究，反映的是一种广义的权势语义，只有历史上负有盛名的人物，方可采用，才能流传，它属于社会精英的命名方式。方西樵、庞弼唐、朱九江、康南海、张南海、黎南海、我佛山人……这些光芒四射的人物，照亮了南海辉煌的历史。

相反，拿人名称呼地理实体，叫作“以人名地”。广东的中山市、茂名市，湖南的开慧乡、雷锋镇，以及全国许多城市里的中山路、中山公园，都是“以人名地”的典型。

“以人名地”，在南海最为突出的是“姓氏+地理通名（或方位词等）”，反映了北人南迁、聚族而居的历史文化。孔溪、谢边、黎涌、江头、简家、谭村、吴屋、黎冈、黄洞、葛里、苏坑、梁洲、周合、邓南……种类繁多。其中，出现频率最高的是“姓+边”式的村落名，如谢边、邵边、袁边、孔边、冼边、劳边、李边、梁边、高边、邝边、蔡边、欧边、钟边、曹边等，有些早期中间还含“屋”字，如袁屋边、卢屋边、孙屋边、叶屋边、唐屋边等。据统计，南海共有80余处“边”字地名。徐松石教授解释道：“遍及广西和琼雷的壮语‘板’字地名，在广东许多地区又把‘板’字从土音译为‘边’字，并将原始土语倒装为顺装，故称村为‘边’，但没有‘边缘、靠边’意思。汉藏语系侗泰语族中的壮语、布依语、傣语、水语里，表示‘村子’的词读［ba:n］，声调略有不同；拉珈语前面加喉塞音。”在地图上，这些地名音译汉字有“板、畈、班、曼、芒、望、万、蛮”。南海“边”字地名中，“边”表村落之义，应是古代百越的底层词，粤语“呢度”、“边度”也都不是汉语原生词，而是底层词。但这个“边”是否为“板”的近译，结构上是否经历了语序调转的演变过程，南海村名滘边、街边、沙边、坾边、迳边、水边、坑边、路边、基边、缯边、贤边、社边中的“边”是否也指村落，这些问题还有待进一步研究。

南海里水的麻奢，是个非常有韵味的地名。开村太祖陈宁(937—1032 年)，字田心。他原是英德浛洸镇麻奢人，南汉大宝三年（960 年）徙居南海田心里，为不忘故土，取号“麻奢”，称为“陈麻奢”。据族谱及文史资料记载，陈宁先后入南汉、北宋王朝，官至佥都御史、朝议大夫、驿丞。他宅心仁厚、乐善好施、德高望重，深受乡人爱戴，其号也就逐渐变成了村落的名称。“以地名人”与“以人名地”，在历史人物陈宁身上连为一体，千年古地名麻奢从英德移植到南海。陈宁公的第 28 代传人陈凤江，是南海石门中学的创办人。2004 年官窑在进行第二次文物普查中，发现了陈麻奢墓，古墓历千载风霜，依然保存完好，是南海境内发现的年代最早的历史名人墓葬。

南海有些道路也采用了“以人名地”的方式，如丹灶的康有为大道、桂城的天佑路。南海历史名人非常多，曾有专家和政协委员建议，用历史人名来命名桂城的街道，取代嵌入式的数字路名。如今，佛山市正在建设东平新城，同样有学者提出新街道以历史人物冠名的议案。然而，以人名地，毕竟是由个体专名演变为公共专名，需要非常慎重的考虑。特别是冠以政界名人名字的地名，因其特有的内涵，影响深远。新中国成立后，我国领导人对地名的命名十分重视，并多次明确指出“不以人名命名地名”，这一原则已列入国务院颁布的《地名管理条例》。这也是“中山”、“逸仙”地名非常普遍，而以共和国缔造者们命名的地名十分罕见的原因。近年来，各省市纷纷出台内容大体相同的地名管理条例，规定除纪念性地名外，一般情况下不以人名命名地名，禁止使用国家领导人的名字、外国人名、外国地名命名地名；确需以人名命名地名的，要由市民政部门提出具体方案，经市政府审定后，按规定程序报请省人民政府审批。2008 年国务院下发中英文双语通知，规定个别确有特别纪念意义需以外国地名、人名命名我国街道或建筑物的，要事先报国务院审批。“以人名地”现象，在地名规范化、数字化日益重要的现代社会中，将有可能受到越来越严格的控制。

也谈桂城的嵌入式路名

桂城号称“广佛 RBD”（休闲商务区），秀丽的千灯湖南北狭长，介乎海三路、海五路、海八路之间；金桂花园在南一路，桂城医院在南四路，西约小学在南五路。桂城这种独特的道路命名方式，可描写为“XY 路”：“路”是通名，作中心成分；XY 是修饰语，表示特征。其中，X 是区别性成分，包括“南”、“海”、“平”、“南新”、“南兴”等词语；Y 是零形态的序数，限用汉语式数词，地名译成英文则转用阿拉伯数字。

史学家贺学海的联语“天下有民皆仰泽，世间无水不朝东”，尾字嵌“泽”、“东”，贴切自然，歌颂毛泽东的丰功伟绩。《三国》“一诗两表三分鼎，万古千秋五丈原”，镶进数词，概括了诸葛亮辉煌的一生。把特定词语插入完整的话语中，修辞学上称为“镶嵌”。“南 Y 路”和“海 Y 路”相合，显然是嵌入了“南海”这个古老的地名；将“南一路、南二路……南 Y 路”或“海一路、海二路……海 Y 路”作为一个集合来看，显然是嵌入了数词。桂城城区街道这种嵌名、嵌数的命名方式，简称“嵌入式”。

1985 年 7 月，经国务院批准，从平洲划出东约、南约、西约、北约和东二、石硝、叠南、叠北，构成南海新县城。南海以桂花作为市花，旧县府原址在桂园——这里曾是佛山望族李氏的聚居地，于是新县城定名为桂城。经过十余年的建设，崭新漂亮的桂城赫然矗立在昔日平坦而开阔的田野上。20 世纪 90 年代中期，海八路、海五路、海三路等主干道相继建成，新路名进入人们的视野，引起热议。不少市民批评这类嵌入式路名：命名简单，数字地名缺乏历史文化内涵；“南新路”和“南兴路”，口语音近，难以区分，容易造成混淆。例如：

“20世纪80年代，桂城城区道路命名是简单地以经纬命名，经线上的道路按数字顺序从‘经一路、经二路……’一直命名下去，纬线上的道路也以此类推；此外，从方便易记的角度出发，把南海两字拆开，加上一至八的数字，形成了现在的南一路、海八路等路名……”

市民对“XY路”的议论乃至诟病，可谓是切中肯綮。一个汉字就是一部文化史，特别是人们喜爱、亲近的褒义汉字，进入地名能传承丰厚的历史文化内涵；而数词多属中性，缺乏文化色彩义，自然给人实在难以亲近的感觉。人们的批评尽管是准确的，但仍然有失偏颇：因为这种在特定背景下出现的数字地名，也能以别样的方式传递着另类的历史文化信息。

南海黄岐俗称“广州的西菜园”，与广州隔江相望，越过珠江大桥，就是繁华的中山八路。20世纪90年代初，敏锐的黄岐房产商亮出“中山九路”的广告，不曾料到，喻况式地名“中山九路”，并没有因为包含数字而遭到冷遇，而是一夜成名，迅速传播，成为寄寓广佛一体化、同城化等文化内涵的经典词语，深受南海人甚至佛山人的青睐。广州的中山一路至中山八路，是民国三十七年（1948年）为纪念孙中山而命名的，覆盖了原来的中山公路、百子路、大东路（正东门大街）、惠爱东路（惠爱大街）、惠爱中路（惠爱大街）等老路名。可见，用数词标注地名的惯例，由来已久。北京早就有“东四”、“西四”，“一条”、“八条”等序数地名。“东四十街”指东四这个地方的第十条胡同，尽管现在拓展成了大街，但地名未改，两层序数组合，必须读成“东四 | 十街”才能达意。至于纽约，那是公认的数字地名城市，南北为街（Street），东西为道（Avenue），构成坐标，以序数命名街道，体现了后起城市街区方正的特点，给人们的日常生活带来很

大的便利。南海不少自然村落，长期沿用数字式村名，石硝有一村、二村、三村、四村，林岳有西村一、西村二、西村三。桂城的序数街区，如十街区、二十七街区、七十四街区，更是不胜枚举。佛山东西干道的季华路，由老地名季华乡、季华堡所派生，从季华一路绵延到季华七路。因此，从地名感情上说，桂城的数字地名，并非孤例，同样能被人们所接受。况且桂城是新建之城，新路名并不像当年的中山路，覆盖掉不少传统的老地名。事实上，所谓日久生情，佛山南海人因生活中频繁接触，对海八路、海五路等地名早已非常熟悉，并逐步产生了感情。

中山路、季华路是用序数来分割同一条路的，属于线性的分段式标注，序数 Y 是对同一条路的分段。桂城的嵌入式路名对应地理学的重要概念“经纬”，将地域进行棋盘式的平面分割，序数 Y 给同一序列中几条平行道路编号。所以，“季华路”是一条路，“南新路”则包括几条路：看似相同的路名，代表着“线”与“面”两种不同的格式。嵌名 X 如“南”和“海”，合时指称南海，既是道路的所在地，又是路名标记的对象。自始皇三十三年（公元前 214 年）建郡起，南海已有两千余年历史，是《史记》中出现次数最多的广东老地名，绝对有资格享受这份被标记的殊荣。桂城是南海政府所在地，南海厚重的历史文化，通过嵌名方式，相应地沉淀在桂城路名里。“南”与“海”，离时形成对立，在约定俗成中被赋予了路名的重要物理属性：方位性——“南”指南北向，代表“纬”；“海”指东西向，代表“经”。“新”、“兴”也一样，合时，“新兴”暗示着桂城是南海的新县城，又寓意南海兴旺发达，同时，南兴坊原本就是桂城的老地名；离时，“新”表示东西方向，“兴”表示南北方向。离合手法的运用，赋予了桂城路名丰富的文化内涵。

用序数标注地名，具有系统性、方位性、规划性等特征。序数是一种关系词，只有两个或更多的序数在一起，才能确定关系，因此，序数地名多成对、成群出现，呈现出系统性或整体性的特征。石硝的一村、二村、三村、四村，林岳的西村一、西村二、西村三，城区的桂一、桂二、桂三居委会，因序数连用而自成系统，形成整体。有时，地名的历史演变，会破坏这种系统性。形单影只的“东二”，是历史上东一乡、东二乡和东三乡这个子系统的残留，它所反映的历史层次，其实也是一种文化。桂城的序数路名，将十几条纵横交错的道路，组成两个“方格网特色地名区”，对称分布在佛平路的南北，它们恰好就是新城建设中起步最早、投入最密集的核心片区，这类历史信息，将永久地隐藏在路名系统中。序数表达顺序，用在地名中隐指方位。在东西向“海Y路”序列中，“海八路”在北，“海一路”居南，升序表示由南而北，降序表示由北而南。这样，“海八路”包含的信息是：南海东西道路中靠北的一条。序数指称地名，暗含方位性，强化了地名的指位功能，偏向于标示地名的自然属性。桂城成系统的序数路名，是现代化建设中规划先行的产物。桂城的现代化建设，依照城市规划而行，道路宽阔平直、纵横分明，隔出的街区比较方正，这跟佛山老城区犬牙交错的风格形成了鲜明的对比，数字路名切合新城区齐整的空间布局。老地名经过了不同朝代的兴废更替，见证了历史上的沧海桑田，是社会在历史大潮中“自发”演变的产物，丰富多彩，更多地呈现出一种变异美；在一切都讲究规划的现代社会里，成体系涌现的新地名，经过人们自觉的规划与规范，更多地呈现出一种齐整美。桂城街道命名，凸显了人为事先干预的规划性：20 世纪 80 年代，南海县规划新建桂城城区，采用经纬作为字头，如经一路、纬三路等，后经过国土部门讨论，为了方便易记，把南海两字拆开，加上一至八的数字，作为初定的路名，等到有了更好的名称再作修改，但使用多年后，人们已经习惯了这种命名方法，南一路、海八路等成为固定使用的路名，沿用至今。

“新”和“兴”普通话读［xīn］、［xīng］，差异仅在于前后鼻音，区别性特征太小；粤语音是［sen^1］和［$hing^1$］，也比较接近。口语中，“南新”和“南兴”很容易造成混淆，削弱了地名的指位功能，影响交际。即便是生活在当地的人们，也常被这些路名弄得一头雾水，这不能不说是道路命名中的硬伤。为此，南海民政局采用审慎态度，做了大量的调研、征询、征集工作，邀请大批老专家对每条道路征集到的两百多个路名进行评审与遴选，2006 年 10 月制订了更名方案并报区政府批准实施：原南兴一路至六路、南兴南路、南兴北路更名为天佑一路至六路、天佑南路、天佑北路，从此结束与南新路近音的尴尬状态，使用了多年的桂城“南兴路”成为历史地名。詹天佑，1861 年生于南海，是南海的历史名人，被誉为“中国铁路之父”。新路“以人名地”，沿用詹天佑的名字，突出了南海的历史文化，又蕴含上天保佑的美好寓意。同时，该更名方案还规定，将南七路和南八路更名为灯湖西路、灯湖东路；南九路更名为锦园路，突出了千灯湖的重要地位和桂城的地域特色。这次地名更换十分理性，获得成功，消除了桂城嵌入式路名系统的缺陷。

单个数词，意义专一，偏于中性，负载的信息不如大多数汉字那样丰富。但一组序数地名，形成系统，同样能够包容别样的历史、文化内涵，体现新城建设的系统性、方位性、规划性特征。将“经”、“纬”改为“南”、“海”，避免了城市拷贝式路名的雷同，通过镶嵌、离合手法，凸显了南海的重要地位，加强了地名的指位功能，颇具创意色彩。桂城的这种嵌入式地名，可谓是“简约而不简单”。

故土眷恋与地名移用

——南海地名洙泗、三山谈

地名是自然或人文地理实体的名称。地理实体专有的空间位置和范围，构成地名的指位功能，呈现地名的自然属性。地名源自约定俗成，是名与实、音与义的社会契约，命名、更名、废名无不受到社会、民族、语言、历史、文化、地域等因素的影响与制约；地名又是一面镜子，真实记录着社会生活及其嬗变的轨迹，表现出广泛的社会属性。

语言是文化认同的基础与标记。“少小离家老大回，乡音无改鬓毛衰”，“宁卖祖宗田，不忘祖宗言”，贺知章的诗句和客家的民谚，把人们对母语的深深依恋和无比忠诚的这一种强烈的语言感情表现得淋漓尽致。同样，人们对生于斯、长于斯的故土，怀着一份魂牵梦绕的眷恋，对故乡老地名有着一种难以割舍的深情厚谊，叫地名感情。

老地名是维系人际关系的情感纽带，传承历史的文化桥梁。漂泊异地的人们直接将故乡的地名，挪移到新的定居点上，是地名感情和地名忠诚的突出表现方式。南海的洙泗、三山、简村、瓜步，都是满载着思乡情愫的移用地名。

叠滘位于美丽的珠三角腹地，河汊交错，民风淳厚，为南海区桂城街道辖下的富庶之乡。南宋淳祐至咸淳年间（1241—1274年），孔子后人为躲避战祸，背井离乡，从山东南逃，经南雄珠玑巷，来到南海叠滘定居。为了纪念故土、不忘根本，他们从家乡的河流洙水、泗水中各取一字，将新开的村子定名“洙泗”。洙泗西临佛山水道，是南海的古村落，具有七百多年历史，当地人习惯称之为“洙泗里”，以孔姓人居多。

洙水、泗水曾是流经曲阜附近的两条河流，洙水在北，泗水在南。春秋时期，我国大教育家、儒家学派始祖孔子在这里创办私学，收徒讲学，有弟子三千，贤者七十二人。《礼记·檀弓上》载有曾子和子夏的对话：“吾与汝事夫子于洙泗之间。”后世以“洙泗”代称孔子及儒家礼仪教化之风，如南朝梁任昉的《齐竟陵文宣王行状》有言：“弘洙泗之风，阐迦维之化。”唐卢象的《赠广川马先生》提到：“人归洙泗学，歌盛舞雩风。”宋张孝祥的《六州歌头》云：“洙泗上，弦歌地，亦膻腥。”湖南岳麓书院，继承了孔子的儒家之风，被誉为“潇湘洙泗”。“洙泗”成为儒家文明的象征符号。如今，曲阜城北依然保留着洙泗书院。

南海洙泗籍作家孔捷生，又名易大旗，工于中、短篇小说。他的作品《姻缘》和《因为有了她》分别获得 1978 年和 1979 年全国优秀短篇小说奖，《普通女工》获 1981—1982 年全国优秀中篇小说奖，当时红极文坛，与刘心武、邓友梅、高晓声、贾平凹齐名。孔捷生曾经利用去泰山参加笔会的机缘，在曲阜孔府族谱档案里，查到了南海洙泗村，黄卷之中除了南海孔氏的渊源和谱系外，还赫然有张平面图，绘有洙泗村的流水、木桥、宗祠和孔姓人家的住宅分布。

孔姓人对诗书礼仪的文化认同感十分强烈。南迁途中，他们将珠玑巷的歇脚点也叫洙泗，如今，风貌古朴的珠玑巷分为三街四巷，洙泗列四巷之首。南宋咸淳四年（1268 年），孔子五十一世孙孔念八，在叠南修建祖祠，即现在的孔大宗祠。它是广东现存最早的孔氏祠堂，至今已有七百多年的历史，历经七次重修或改建。明景泰三年（1452 年）修祠，两广总督王翱题匾“洙泗渊源”。2006 年孔大宗祠开始了第八次大修。散布各地的孔氏宗祠，一直坚守着修纂族谱和绘制图表送至曲阜孔府存档的传统，孔氏宗族谱系也因此完备、准确、详尽，举世无双，据说连英国皇家族谱的御用修纂部门也曾到曲阜考察和取经。早在宋代，乡人就在洙泗的“大笪地”（笪，粤音［dad^3］）建洙泗书院。元、明、清三代，洙泗出了4位进士、7位举人。洙泗开村后，陆陆续续来了肖、王、黄等外姓人，孔氏人并不以姓尊而自傲，与外来的杂姓人和睦相处，谦让有礼，体现了儒家的尚德崇文思想。孔子的后裔，经历两千余年，统一按代数行辈，族属代代不乱。20世纪50年代，村里多属宪、庆、繁、祥字辈，后来是祥、令、德字辈居多，即使在“文革”时期“批林批孔”风暴中降生的男丁，仍一律按族规行辈取名。洙泗乡人，传承的不仅仅是故乡河流的两个汉字，更重要的是这两个字所标记的文化和民风。一直以来，洙泗乃至整个叠滘都非常重视教育。

明清都堡制时期，季华堡在平洲以东、林岳之北，东连番禺地界，下辖鸡鸣、三山等5～20个数目不等的村庄。粤语“季”与“桂”同音，故“季华”又被写成“桂华”。季华是南海非常古老的地名，现在不再是行政区划名称，派生地名有季华路和季华公园。民国时期，季华堡改称为“三山乡”，曾与林岳合称为“季林乡”。20世纪50年代，季华并入平洲区，三山、林岳为平洲区辖的乡。20世纪60年代至改革开放前期，三山、林岳属平洲公社辖的大队。1987年2月，南海增设凤鸣镇，以三山岛为主，“凤鸣”即季华堡鸡鸣村的雅称。1999年，凤鸣镇设立三山港街道办，于2001年并入平洲街道办事处。2005年，平洲并入桂城。

三山出过不少名人。宋元时期，乡人刘镇、刘镕、刘铎三兄弟同登进士，赐黄甲，号称“三子皆黄甲，一门无白丁”，有司旌表其故居为“聚丛桂里”、“贤巷”。元代农民起义首领邵守愚，曾率义军两度攻克广州。奕东人邵汉生，兼容南北的武术大家，门徒遍及12个国家，首次兴办亦贤中学，曾任香港大学武术学会导师，且曾是李小龙的老师。

三山的得名，有两种不同的说法。其一，三山岛位于南海区平洲街道东部，面积约为11平方公里，人口1万有余，因岛内有大松林、中心岗、凤岗三座山而得名。历史上这里是一个闭塞而偏僻的小岛，民谣唱道："有女唔好嫁三山，刮风过渡好艰难。"现在，这里建起了与外界相通的西桥、南桥，被称为"珠三角对外海上运输中心"，并将建设成为全省第一个低碳城。其二，据《邵氏族谱》记载，三山邵氏来自福建。邵晔，福建福州府闽县三山人，大中祥符四年（1011年），宋太宗念邵晔有功于朝廷，授邵晔右谏议大夫，出任广州知府。族人邵五才，字文翰，随邵晔来到广州，后定居南海季华乡，开枝散叶。为了不忘故土，邵姓人将故乡地名"三山"移植到季华堡内新的定居点，当地人称他们为"三山邵氏"，三山因而得名。三山邵氏主要分布在奕贤村，据说奕贤村是邵氏在福建三山的祖居地。另一说法是，邵姓在宋代时从福建莆田后墩村迁居至此，村中大多数街巷名称也是莆田后墩村街巷旧名的移用，奕贤之名亦然。清代乡约制时期，称奕贤约，1954年分为奕东、奕西两个自然村，沿用至今。随着福建移民定居季华，三山、奕贤等福建地名也就横向移植到了南海。

明清时期简村堡为南海鼎安都（包括后来的江浦司）统辖，是我国近代爱国华侨、著名民族企业家陈启沅的故乡。1927年采用区堡制，简村堡编入第八区，分为简村堡乡、官山市和樵岭乡。1930年，广东省实行区、乡自治制，简村堡乡分编为简村乡、吉水乡、杏头乡和禄舟乡。如今，简村被誉为西樵最美的村庄，是典型的岭南水乡。陈启沅纪念馆就坐落于绿树掩映的西樵简村绮亭陈公祠。西樵简村人中曾有冯姓一支迁入平洲的东头村，虽年代久远，但依然与祖居地保持着联系，建有祖祠。平洲大圩原来的"简村街"、"简村外街"，就是根据西樵简村而冠名的，属于移用地名。佛山城区西南隅，也有一个简村，据说因简氏建村得名，这里建有全国著名的童装批发市场。据《佛山忠义乡志》记载，明代简村属张槎堡。西樵简村、禅城简村、顺德简岸等地名，简文会、简朝亮、简照南、简玉阶等一批响当当的人物，以及记载状元家族2 600余年历史的《粤东简氏大同谱》，都说明简氏是广东的大姓望族。

佛山机场建在南海区罗村街道办，叫沙堤机场。明清时期，沙堤为黄鼎都司所辖之堡。在清朝宣统年间的《南海县志》中郑伯奇总纂的《沙堤堡图》上，瓜步村轮廓分明。新中国成立之初(1953年)，为修建沙堤机场，以作为广州空军部队的直属基地，瓜步全村的土地都被征用。政府将周姓村民迁往番禺的沙湾，邓姓村民迁往平洲的平胜。邓姓人重新安置后，为了不忘故地，传承文化，将新的居住点仍然叫“瓜步”。于是，罗村的瓜步变身机场，而瓜步村这个老地名在平洲保留下来。

洙泗从山东经南雄漂泊到叠滘，三山、奕贤从福建植入季华，简村自西樵复制到平洲，瓜步由沙堤迁往平胜：地名移用刻录着家族迁徙的历史，蕴含着故土眷恋的感情，标志着乡风民俗的传承与扩散。

叠滘：河涌环绕相拥的岭南水乡

《广东省志·方言志》解释说，“越（粤）”是音译词，意为水或海；“粤人”指水上人家或居住在海边的人。屈大均用“广为水国”概括了珠三角地理的典型特征：三江水系，河涌纵横，密如蛛丝，湖泊洼地，星罗棋布，珠江奔流入海，咸淡水交融，孕育着润泽古今的水性文明。水文化在这里有着无与伦比的地位。

同一概念分化越细，在文化中的地位越重要。珠江三角洲地区，水之通名分得非常细，除了常见的江、河、海、水、溪、湖、塘之外，还有涌、滘、沥、潭、湾、濠、澳、圳、涡、湾、氹、凼等字。其中，滘、涌最为常见，据20世纪的相关统计，广东省有“滘”字地名269个，“涌”字地名2 585个。佛山桂城的叠滘，就是河涌环绕相拥的典型水乡：溪滘曲折，曾长达35公里，因河道淤塞，现今村落河流总长20余公里。

古老相传，叠滘旧有九滘，称“九龙入洞”。在纵横交错的溪流中，洪滘北接汾江，鸡肠滘南入佛山涌，两滘水量最大，重叠回环，汇于村中。《叠滘孔氏家谱》载：“本村水脉分两溪而入，至祠前，两溪汇集，故名‘叠溪’，又称‘双溪’、‘叠水’。”清代易瑞瑜用“双溪涌曲”概括叠滘的水流特征，叠滘与佛山一衣带水，“具体而微”的祖庙，叫“双溪祖庙”。叠溪、双溪、叠水，都是叠滘的别名。

水乡先民多由中原迁移而来，北宋建中靖国元年（1101年），温姓、许姓人最早落户于这片土地，为叠滘的开村太祖，距今已有900多年的历史。明洪武三年（1370年），史料记录佛山境域有“东抵蟠岗堡”、“北抵叠滘堡”之语，叠滘始见志载。明《永乐大典》中，辑有南海的上涌、石涌、沙滘、上滘、叠滘等地名。据明崇祯年间的《南海县志》，叠滘堡隶属季华乡西淋都，辖叠滘、桥头、澳边、村头、村尾、海边、圣堂、茶基、隔涌、泰定、南村墘、三家店、温墘等13个村落。民国时称之为叠滘乡，1930年乡区自治时期，嵌入荣华、富贵、平安等吉祥语，分为叠荣乡、叠华乡、叠富乡、叠贵乡、叠平乡、叠安乡，六年后缩编，仍称叠滘乡。新中国成立后，叠滘划归三区或六区，1955年为蟠岗区管辖，分成叠南和叠北。大跃进社队时期，叠南、叠北是平洲公社的两个大队，直至改革开放初期。1985年7月，叠南、叠北从平洲划出，成为桂城的两个管理处，分别辖9个和6个自然村落。2005年，平洲并入桂城街道。析置叠南、叠北后，叠滘成为地片的统称，不再是行政地名。

水乡之“滘”，是广东通行的方言字，采用的声旁不同，又写作“漖”，简写为“教”；粤语保留着中古音，仍属见母，音［gɑo³］，普通话读［jiào］；常指河道相通处，也称分支的水道或水围着的地面。河网汇集的水域多称“滘”，口语有“穿河过滘”之说。地名重口音而轻字形，异体现象普遍，如叠滘旧时的漖边坊，即今天的教边村。东边的夏教，也就是“夏滘（堡）”，明清时期辖上滘、乾滘等十村；如今夏南二管理处仍然有滘口村，是夏教通往广州的水运捷径，号称“夏教口岸”，断取后简称“滘口”，与广州芳村的“滘口”重名。

水乡的不少村名，跟水有着密切的渊源。历史上，叠滘有二十四坊：茶基，始名茶基沙，原是四面环水的小岛；横涌，与茶基相望，濒临横涌，涌也写成“湧”，粤音为［cung¹］，指小河；洙泗，是曲阜洙水和泗水的合称；漖边，东南面曾是茫茫的水域；隔涌，与村头坊相隔一条小河；澳边，西面曾是一个海湾（宽阔的水域），古代称为“澳”；桥头，靠近叠滘的一座大石桥；庙涌，在小祖庙前面，有条溪流叫祖庙涌；潭头，原名凼头，凼同“氹”，音［dàng］，粤音为［tem5］，指水坑或水塘；文昌沙，简称文沙，是汾江中部一处河滩，建有文昌庙，这里曾是“省佛通衢”的起点、店铺林立的墟市。

水乡的民俗盛事，是龙舟竞渡，当地人称之为“扒龙舟”、“扒艇仔”，“扒”就是“划”的意思。叠滘龙舟，历史悠久，清代易瑞瑜在《叠滘十馨》中写道：“双溪涌曲，端阳吊屈，龙船竞渡，明兴清盛。”“涌曲”二字，预示着叠滘龙舟的惊险刺激：在50多人奋力挥桨中，25米的龙舟要避开石岸，飞速转过曲折回环的溪滘，舵手的精明与灵巧、众人心有灵犀的配合显得十分重要，稍有不慎就会冲撞到岸石上。弯道竞舟，当地人称之为“考石角”，赛的不仅是力量，更是拿捏和把握时机的巧劲。扒龙船是水乡的共庆活动，男子参赛，女子则在岸边呐喊助威，叫“老公扒俾老婆睇”。如同泼水节一样，“端阳竞渡人挤拥，绿女红男找凤鸾”，龙舟节也是青年男女相亲的好时机，成就了不少美满姻缘。龙舟竞渡早已成为叠滘的文化品牌，每年端午节，四里八乡，甚至省港澳人士都慕名前来，欣赏这古老而又现代、惊险而又和谐的水上运动。

水乡的信使称“水客”。粤语里，“水客”指从水路、海上贩运货物或走私的人；“巡城马”指旧时在城墙上巡逻的骑兵，比喻满城跑的人。水乡叠滘却用这两个词语指代邮差。过去河汊相隔，交通不便，沟通困难，自然衍生出了水客这一职业。水客常常往来于“南番东顺”、“省佛陈龙”等地，水陆兼程，为村民投递书信、财物。新中国成立后，水客渐渐消失。

水乡历史悠久，崇文重教，文化底蕴深厚。南宋时有洙泗书院，明代时有叠溪社学、培风社学、协文书院和叠滘书院，清代除了社学和书院外，家塾和私塾更是遍布全乡。明代兵部右侍郎郭尚宾，夏教人，削官居乡时，入洙泗里孔氏宗祠，教授孔家子弟。元、明、清三代，原桂城境域（不含平洲）登进士24人，弹丸之地的叠滘竟占13人，孔姓、庞姓、陈姓居多，石碏11人，全为梁氏；29人中举，叠滘更是占了25人。水乡的教化之风，由此可见一斑。村头坊是庞氏聚居地，庞氏先人从南雄珠玑巷迁到南海弼唐定居，散枝于叠滘。庞尚鹏、庞尚龙兄弟都是明代进士和官员。庞尚鹏（1524—1580年），字少南，叠滘乡村头坊人。明嘉靖三十二年（1553年）进士，官至左副都御史，清廉自洁，深受人民爱戴。因推行旨在“均徭役”的赋税改革而闻名，史称“一条鞭法”。后受首辅张居正的重言谴责，庞尚鹏罢官南归，明万历八年（1580年）卒于家，谥“惠敏”。洙泗里，乃孔氏聚居地，先祖由山东经珠玑巷来到叠滘，以故乡河流命名新的定居点，传承儒家教化之风。洙泗的四位进士和七位举人，全是孔姓人。

1913年，叠滘人陈彦赴马尼拉参加第一届远东运动会，获跳远冠军，成为我国在国际体育比赛夺得金牌的第一人，之后还屡次获奖。洙泗籍作家孔捷生，工于中、短篇小说。他的作品《姻缘》和《因为有了她》分别获得1978年和1979年全国优秀短篇小说奖，《普通女工》获1981—1982年全国优秀中篇小说奖，当时红极文坛，与刘心武、邓友梅、高晓声、贾平凹齐名。

叠滘一百二十八姓，先祖大都来自中原，先后落户双溪，散居在烟户稠密、民庐栉毗的二十四坊内，孕育出知书达理、尊老爱幼、敦睦厚道的乡风美德。村内多是“姻亲人”，“同姓皆兄弟，乡人是表亲”。叠滘比较完整地传承着儒家文化，人们自觉地遵循着乡规民约，相互包容、尊师重教、民风淳厚，颇有“洙泗之风”。

水乡民风很是文雅，世代传诵的十二首时令诗，采用七言绝句形式，描写每一个月当地风貌和民众生活，民间流传甚广，极具地域特色，语句优美。“绿水轻波”，“曲水和风”，“清溪澈底”，“水漾凉生”，水乡的清新灵动跃然纸上；“莺歌啼啭”，“荷风送爽”，“晏昼蝉鸣”，“晚间萤火”，“金黄稻浪”，四时农趣扑面而来。

在2010年南海“十大古村落”以及“较具潜力古村落”评选活动中，叠滘茶基入选南海“十大古村落”，江头也被评为“较具潜力古村落”之一。茶基，这个历史上曾经大量种植普洱茶的地方，是全国唯一一个依然传承着十番绝技的小村。十番锣鼓起源于唐代，是凯旋乐的一种，明代时由安徽、江浙一带传入佛山，有近六百年的历史。20世纪30年代前，十番是佛山秋色的必备项目，佛山各铺均有十番队和十番会。随后，十番逐渐式微，如今仅剩了茶基村的“何广义堂”。据说包括安徽、江浙一带的十番都已失传，茶基的十番，堪称打击技法的“活化石”，弥足珍贵。叠滘先祖立岸开村、傍水而居，就十分注重村落布局与水乡环境的协调与和谐。江头的民居整齐划一，街巷平直，层层叠叠的民居，分布在细长的巷道两边，十分有序，村人喻为“耙齿巷”。孔庙、祠堂等古建筑，村人依水而居的生活模式，南粤民居和街巷的典型布局，饱含历史文化内涵，成就了曾是南海八景之一的“江头毓秀”。

清粼粼的水、绿油油的荷、擦身而过的鱼虾、“相手”的蟛蜞，还有村中古寺、溪边老榕树，连同舟橹的“吱呀”声、高亢的“卖懒谣”，成为叠滘人最美的童年回忆。“十番龙舟地，水乡洙泗风。”叠滘，好一个岭南的“周庄”！

珠三角的“石”字地名

水以动为性，遇石而止；石以守为质，赋水以形。万千年来，水、石以及介乎两者间的泥沙，互相作用，构成一个境域的自然地貌。

南粤大地，三江水系与茫茫南海咸淡交融，湖、氹、滘、澳星罗棋布，河涌、水道密如蛛网，孕育着泽润古今的水性文明，水神崇拜由此而生。除了自然水神龙王外，火神祝融、北方帝君、伏波将军、天妃林默、族神龙母、水仙尊王等，都变成了水神或海神。在广府文化里，水有着无与伦比的地位，是一个文化内涵异常丰厚的民俗符号。珠三角水族地名，比比皆是，备受人们的关注。然而，赋水以形的石，往往被人忽略。事实上，珠三角同样有不少“石”字地名。

水的冲刷，带来了泥沙，而石的坚守，造成了泥沙的堆积；水的流动，漂来了舟楫，引来了移民，运来了货物，而石的坚固，聚集着随水而来的船只、人流、物流，形成了埗头、村落和圩市，不少地方后来发展成为岭南巨镇，如石湾、石桥、石龙、石排。水与石刚柔并济、动静相守，共同塑造着珠三角的地理、历史与人文。

“石”字地名，最常见的是“石X”和“X石”两种语序。

《广东新语》载：“会城有三石，东曰海印，西曰浮丘，中曰海珠。”南之大海以及珠江水域，水中多石，故云：“南海有沉水之香，亦有浮水之石。”古时广州旁曾有一个扶胥，那是南海的一个镇，扶胥是古越语，“人墟”之意，韩愈在《南海广利王庙碑》

中称珠江口为“扶胥之口、黄木之湾”。扶胥以上，直到广州，河道狭窄，礁石较多，有“石门”、“瑞石”、“平石”等地名。小北江横穿西南走向的岩石山岗，河道收束，两岸群山对峙、壁石如门，取名“石门”。日出日落，霞彩满天、云蒸雾蔚，成就了一道奇丽的风景。农历春末或秋初的雨后，石门山有时会出现海市蜃楼的缥缈奇景，叫“石门返照”。宋、元两代时，这一直是“羊城八景”之一，如今石门是广州有名的旅游景点。广州还有石井、黄石、石溪、石围塘，清远有石角、石潭、石岸，肇庆广宁有石咀、石涧。

珠江西岸，番禺有石桥、大石、石碁、石楼、石壁。番禺区政府驻市桥，又名石桥，清末办理乡事的机构仍称“石桥公所”。据说从前东城涌桥畔闸门石匾刻有“石桥市”，是从右及左的古序，因“石”字残缺，人们按照现代语序误读为“市桥”，年深月久，习非成是，作为地名沿用至今。大石南距市桥10公里，传说唐末战乱时，有一南迁官员在飞鹅岭的石岩上隐居，人问其住处，皆曰：“住在大石”，地名“大石”由此而来。石碁西距市桥7公里，传说从前村西的龟如石下，有石制的棋盘和棋子，“碁”是“棋”的异体，因名之“石碁”。“碁”、“岐”同音，常与中山“石岐”混同，因此，近年来有人把“碁”改作“基”。石楼西距市桥15公里，原名“石狮头”，因莲花山上立一巨石，酷似狮形，故得此名，后因土音讹传，约定俗成称为“石楼”。石壁是钟村镇的管理村，含石一、石二、石三、石四等4个自然村。《番禺钟村镇石壁志》记载：“石壁古为充军之地，珠江航道开辟前，有长约1华里的条状石岩横亘水面，导致石岩侧畔形成大片沉积土层，岩峭如壁，故名石壁，明清时期又叫广东大坝。”如今，耗资四十多亿元、号称“亚洲最大的火车站”的广州南站，就矗立在石壁，是武广高铁的终点站。

南海有石硝、石硖。石硝位于桂城街道东南端，是个较大的

管理村。“�”是南海地名的独用字，粤语读［$geng^2$（耿^2）］，普通话念［gěng］。《南海市地名志》释曰：“相传一千多年前，此地河涌交错，河底多石头，船只往往搁浅，船民就说船给石头‘硬’了（硬，土话，即‘硌’，搁浅之意），遂以此得名。”沿着“因声求义”的路径推断，“硬”与“梗、哽、埂、鲠”相类，是“阻塞、梗阻”之意。石硬约有900年的历史，明代《永乐大典·南海县图经志》记为“石耿”。石硬是明朝丞相、赠太师梁储的故里，屈大均在《广东新语》中记录着石头、黎涌、石硬“五里四会元”的辉煌。石硬还是南海著名的“五金之乡”和“绣花之乡”。平洲石硖村，因盛产优质龙眼而闻名。龙眼是岭南四大佳果之一，亦称“荔枝奴”，正名叫“桂圆”。明朝宋珏赞曰：“圆若骊珠，赤若金丸，肉似玻璃，核如黑漆，补精益髓，蠲（juān）渴扶肌，美颜色，润肌肤。”历史上流传“南桂圆，北人参”之说。“石硖”即“石夹”，龙眼树从大石的缝隙中长出，树根被大石夹住，只能往深土层里扎入，吸收地下精气，结出的龙眼特别好吃。石硖龙眼别名十叶、脆肉、石圆，果实大、产量高、肉白透明、汁多味甜、食后颊齿留香。石硖龙眼已成为地方标准产品（代码为DB440100/38－2004），“石硖”也变成优质龙眼的代称。南海著名学府石门中学创办于1932年，因北倚石门而得名。

佛山有石湾、澜石、石头、石梁，顺德有石洲、石涌。石湾的得名，与南宋皇妃避祸珠玑巷的传说有关。据说，何、罗、梁三户人家为了免受官府的牵连，逃离珠玑巷，联手砍伐茅竹，扎成竹排，沿北江而下。一天，风大浪高，把竹排推到了河滩的岩石上，三家人就此上岸定居。这里是一个河湾，竹排遇石而止，因此被称为“石湾”。石湾是岭南的陶瓷圣地，素有“石湾瓦，甲天下”的美誉，2006年“石湾公仔”列入首批国家级非物质文化遗产。澜石位于石湾的下游，澜石大桥下，东平水道有一条天然的石脊横卧水中，当地人称之为“屈龙角”，水旱或退潮时若隐若现，东平河经此由宽变窄继续东去，“澜石”的字面意义就是“波涛中的潜石”。石头村因田土底层多石块而取名，在石湾镇东偏南4公里，南距东平水道1公里，属澜石。明代中叶，霍姓人迁入，渐成大族。石头村是明礼部尚书霍韬的故乡。1960年划石梁入黎涌，江湄归石头村。

中山有石岐、叠石。石岐是中山的核心城区，因山而得名。古代取阜峰山石沿江垒堤，山延伸临江，堤由此分歧，故名“石歧山”。后引用“岐山鸣凤”之典，雅化其名为“石岐山”，山下集市被称作“石岐圩”。南宋绍兴二十四年（1154年）建香山城，“布铁沙于地以筑城，因号铁城”。叠石在大涌镇，三面繁石叠嶂。

江门有吡石、白石，珠海有石溪。

珠江东岸，东莞有石鼓、石龙、石排、石碣、企石。石龙镇原是河滩地，有石隆起，乡民依石筑堤防洪，取名“石隆”，谐音“石龙”；另一种解释为古代传言：有石如龙，潜于东江河底，蜿蜒而下入境，翘首远望，低回不去，逐成石龙福地。石龙镇与广州、佛山、陈村一起，并称为“广佛陈龙”，被誉为广东“四大名镇”。石排镇于清初成圩，地表石脉成排，取名“石排”。石碣镇得名于明代，村民加固堤围，在缺口处垒石防洪，名碣石，后在河边形成石碣圩，镇因圩名。企石镇明代建村，村中池边有巨石，故得此名。“企”是方言字，有“立、站立”之意。

增城有石滩，深圳有石岩，香港有石仔埗。

珠三角的地质构造中多石，地名雷同现象比较普遍。佛山有石湾，惠州博罗也有个石湾，博罗与南海一样，是广东非常古老的地名。博罗石湾，素有“罗浮山下第一镇”、“东江明珠”之誉，乃惠州西南面的经济重镇，是罗浮山下西沙河与东江环抱的一个港湾，与东莞石龙镇隔水相望，东江从“两石”之间奔腾而去。广东清新县有石潭镇，东莞塘厦有石潭铺，广州白云有石潭路，江门恩平有石潭村。东莞有石碣镇，南海狮山有石碣村。清远、佛冈、廉江各有一个石角镇。东莞的塘厦石鼓和城南石鼓同名。

粤北地区，绵延着无数石质群山，统称“五岭”。《广东新语》云：“粤东之北之西北皆多石，其所为山皆石也。居人所见无非石，故皆不以为山而以为石。”近年来，广东有 21 个县（市、区）受石漠化困扰。全省岩溶区面积 15 968 490 亩，其中石漠化区域占了 45.6%，分布在乳源、乐昌、阳山、英德、连平、怀集、阳春等县（市）。在遥远的古代，南粤仍是一片茫茫海域，分布着大小不同的海岛，这些岛屿正是北部山体延伸至海的部分，珠三角就是由海岛罗列的溺谷海湾因珠江泥沙不断充填而成的冲积平原。正如屈大均所云：“古时五岭以南皆大海，故地曰南海。其后渐为洲岛，民亦蕃焉。”在南之大海渐成洲岛的进程中，水之动与石之定（古人称“碇”）起着决定性的作用。

广府文化里，“南番东顺”与“广佛陈龙”两个民间俗语早已蜚声海外，反映了珠三角核心片区在行政、经济结构中的县域和城镇的关系。南海、番禺既是广州的母县，又是广州的附郭县。明景泰三年（1452 年），朝廷将南海和新会的部分地区析出，置顺德县。南海、番禺和顺德合称为“南番顺”，又叫“三邑”。三邑会馆在澳大利亚与美国均有 150 多年的历史，与江门的“四邑”相对。东莞在清代时为广州府属地，与“三邑”并称为“南番东顺”。明末清初，与我国四大名镇相应，广州、佛山、顺德陈村、东莞石龙号称“广东四镇”，并称为“广佛陈龙”。当时陈村是广东的粮食交易重镇，有米铺 4 000 多家；顺德更是南国丝都，被喻为“广东的银行”。“广佛陈龙”与“南番东顺”由点及面地反映出明清时广东经济的整体格局。

翻开珠三角地图，“石”字地名的分布，恰恰跟广东的经济发展形成了对应关系。由广州的石井、黄石往南，在珠江的东西两岸，形成了两个“石”字地名十分集中的区域：其一是南番顺，包括现在的佛山，计有石桥、石碁、石楼、大石、石壁、石洲、石涌、石硝、石硖、石湾、石头、澜石、石梁等；其二是东莞，包括增城、惠州的部分地区，计有石碣、石龙、石排、企石、石滩、石湾、石鼓等。石字地名的集群分布，正好说明“南番东顺”因为多石，淤塞泥沙，是珠三角最早成洲的地方，也是南来移民最早定居与开发的地方，这从珠三角移民的南迁历史与家谱中，能够得到印证。宋代迁民，多集中在南海、番禺、顺德和广州、佛山郊区。以“广佛陈龙”作为典型代表的“南番东顺”，一直以来都是广东最为繁华、富庶的地域。直到改革开放，深圳、珠海被辟为特区，与香港、澳门地区连成两条经济带，广东A字形经济格局才最终形成。

珠三角的“石”字地名群，背后隐含着丰富的地理、历史、人文内涵，值得深入地研究与挖掘。

企盼式地名平洲的所指内涵

平洲，位于北江下游南海市的东部，邻近港澳地区，与广州海珠区、番禺区及佛山顺德区接壤。这里古时是平原地带，地势平坦，三面临水，河涌交错，小山丘点缀其中，故被称为“平洲”。洲，形声，从水州声，指水中陆地。《诗》云：“关关雎鸠，在河之洲。”洲原本写成州，后人加水以别州县之字。《尔雅·释水》：“水中可居者曰洲，小洲曰陼（同‘渚’），小陼曰沚，小沚曰坻。人所为，为潏。”平洲，意为“平坦的水中陆地”，说明它原是南之海域中的一个岛屿，与现在香港、珠海的平洲岛相似。历史比较语言学者雅各布·格里姆说：“有一种比骨骸、武器和墓穴更为生动的东西可以证明民族的历史，那就是语言。”平洲这个古老的地名，刻录着珠三角由群岛经泥沙淤积而成陆的历史痕迹。平洲水陆交通十分便利，涨潮慢，退潮快，少洪水之害而得灌溉之益，素有“平安之洲”的美称。早在唐代，这里就已成乡村和圩市。宋代时候，因栖息着许多吉祥鸟白鹭，曾称“白鹭洲”。明《永乐大典·南海县图经志》收录了“桂华、蟠冈、夏滘、佛山、平洲、魁冈、石耿、深村、甘溪、林岳、白鹭、桂林、叠滘”等地名，其中就有“白鹭”。

历史上，平洲真如人们所言，“少洪水之害”而为“平安之洲”吗？

《中国城市统计年鉴·1991》载：“珠江三角洲地势低，又为辐合式河系，汛期长，如遇暴雨天气，即成水灾。在1915年水灾中，死伤十多万人，广州水淹7天，水陆交通中断。珠三角水患频繁，宋代320年间，水灾记录5次；元代163年间，水灾有14次；明代水灾加剧，明初洪武到天顺（1368—1464年）的97年间，水灾21次，成化至乾隆（1465—1795年）的331年间，水灾195次；水灾最严重时期是嘉庆到民国（1796—1949年）的154年间，发生水灾137次，其中大灾62次，即3年不到即有大灾1次。处于珠三角腹地的平洲，亦不能免。”《南海市平洲街道志·大事记》中，除了记录饥荒、战乱、鼠疫、天花、霍乱、干旱、咸潮等灾难外，也多次记录了水患情况。例如，1915年，“平洲连日大雨，东、西、北江水同时暴涨，洪水泛滥，堤围崩决，尽成泽国。平洲、蟠岗、叠滘、夏教多处水浸门楣。民间称‘乙卯大水’”。可见，“平洲”之“平”，应指地势平坦，香港平洲岛和珠海平洲岛，也皆因地势平坦而得名。至于“平安”之义，是从“平”字中衍生出来的，“平安之洲”是寄寓美好愿望的企盼式地名。

南京大学王希杰教授在《修辞学通论》中指出：“渴望和平、健康、快乐、幸福、富裕、荣誉、进步，讨厌战争、灾荒、死亡、疾病、痛苦、贫穷、落后，这是人类的普遍心理状态。趋吉避凶，人之常情……地名中带‘宁’和‘安’字的就特别多，如：淮安、江宁、海安、济宁等。其实，很可能正是江河经常泛滥的地方。‘宁’和‘安’只是人们的一个美好的愿望。明明是冰天雪地的地方，却要叫作‘长春’，这是人们的一种向往。”把水患频仍的“无定河”更名“永定河”，佛山科技学院的一条臭水沟却偏偏冠名“清水河”，这跟南方人将猪舌（谐“折本”之“折”）叫“猪脷”、“招财”、“猪赚头”，“猪肝”叫“猪润”，“空屋”叫“吉屋”，“芹菜”叫“富菜”如出一辙，折射的是一种求吉心理。秋浦河考证江南名镇“大通”（南海历史上也曾有“大通”，位于白鹅潭西侧花地大通口），认为最初的命名者必定是长期生活在江畔、对水患有切肤之痛、真正体验到民众对江流通畅有热切期盼的人。平洲由“水中平坦的陆地”演变为“平安之洲”，完成了从写实到寄寓的华丽变身：“平安”二字，凝聚着水乡人民的千年企盼，与泽国民众的北帝崇拜紧密相连。平洲夏南一村的安宁桥，建于明隆庆二年（1568 年），又叫永安桥，也是典型的企盼式地名，俗称“三眼桥”。

平洲历史悠久，文物、古迹遍布境域。1964 年，广东省博物馆在平洲镇平东乡泮塘孖祠堂清理了汉墓 6 座，共出土陶器 149 件、铜器 12 件、银器 3 件、珠饰 336 颗、木盒 1 件。1982 年，在三山港林岳村发现了娥媚坑竹西岗汉墓群，出土的随葬品主要有铜镜、陶器，如壶、罐、碗、杯、屋、灶、井、仓及陶塑动物器皿。平洲汉墓的出土文物，为研究南海汉代社会的经济、文化、习俗提供了实物依据。孖祠堂、娥媚坑、古巷连枝里、孔大宗祠、五岭祠、尚书牌坊、安宁桥、龙珠桥、郭氏宗祠、黎氏大宗祠……平洲古迹众多。令人扼腕叹息的是，五岭祠、尚书牌坊等珍贵无比的建筑文物，在“文革”时期被人为拆毁。

平洲人杰地灵，涌现出了大量的历史名人。梁储（1453—1527 年），字叔厚，号厚斋，晚号郁洲，石硝人。他是明成化十四年（1478 年）进士，由翰林编修累官至吏部尚书、华盖殿大学士，加太子太师衔，入参机务，一度出任台阁首辅（丞相）。梁储为官正派，敢于直谏。庞尚鹏（1524—1580 年），字少南，叠滘乡村头坊人。他是明嘉靖三十二年（1553 年）进士，官至左副都御史，清廉自洁，深受人民爱戴。因推行旨在“均徭役”的赋税改革而闻名，史称“一条鞭法”。《明史》载，庞尚鹏“介直无所倚”，“搏击豪强，吏民振慴（shè，同‘震慑’）”。因首辅张居正的排挤，罢官南归。他于明万历八年（1580 年）卒于家，谥“惠敏”。其后，著名清官海瑞在应天府厉行此法，成绩骄人，实乃尚鹏改革的延续与深化。郭尚宾，字朝谔，夏教环溪人。他是明万历三十二年（1604 年）进士，历任江西吉安推官、刑科给事中、南京兵部主事、江西巡抚等职，累官刑部右侍郎，因不愿阿附魏忠贤而被削籍，归南海夏教乡。明崇祯十二年（1639 年），他出任兵部右侍郎，督师郊战，积劳而卒，追赠尚书。郭尚宾为官清介，遇事挺身而出，不畏权贵，敢于直言。在明代的外交国策中，南海籍高官庞尚鹏和郭尚宾观点一致，共同提出第一种方针：令葡萄牙人离开澳门，到离澳门西南约 30 多公里的浪白澳进行贸易。梁储、庞尚鹏、郭尚宾，加上佛山镇的伦文叙、伦以训、霍韬：南海西淋都真可谓是英才济济，明代尤盛。“五里四会元”，文气之旺，轰动全国。可惜的是，如此厚重的历史文化资源，南海、桂城两级政府并没有对其给予足够重视，在保护、开发、利用方面缺乏具体措施与行动。

1982 年 8 月，广州建成廖仲恺何香凝纪念馆，被广东省政府列为“广东省文物保护单位”。1997 年 4 月，深圳建成何香凝美术馆，江泽民总书记题写了馆名，它是中国第一个以个人名字命名的国家级美术馆。然而，何香凝是平洲海南棉村人，直到 1959 年，海南棉村才划入广州。

猪肉荣连锁餐厅在佛山非常有名。平洲名人林世荣的专名“猪肉荣”，经香港电影的广泛传播，如今成了广佛地区屠夫、卖肉佬的通称。林世荣，1861 年出生于平洲西河村，自幼随祖父习武，少年时曾在屠猪店里当伙计，得“猪肉荣”绰号，后师从林福成和吴全美，追随黄飞鸿二十余载。他曾任军中武术总教练，清末参加广州大型武术比赛，获第一名。1921 年，广州孤儿院发起慈善筹款，林世荣到场表演武术，获孙中山以大总统名义颁发的银质奖章。林世荣在广州开过三家武馆，20 世纪 20 年代迁居香港，传授武术，20 世纪 30 年代先后刊行《工字伏虎拳》、《虎鹤双形拳》、《铁线拳》，开“示拳谱于天下”之先河，在海内外产生了很大影响。林世荣一生授徒万余，在黄飞鸿嫡传弟子中，成就最大。三山奕东人邵汉生，是兼容南北的武术大家，门徒遍及

12 个国家，首次兴办亦贤中学，曾任香港大学武术学会导师，也是李小龙亦师亦友式的“伯乐”。

这里还有“三子皆黄甲，一门无白丁”的刘镇、刘镕、刘铎三兄弟，率义军两度攻克广州的元代农民起义首领邵守愚，名噪一时的粤剧作者“南海十三郎”，多次荣获世界冠军的举重名将何灼强……

历史上，平洲和夏教的造船、石硝的五金、叠滘的棉织都非常出色，明正德元年（1506 年）初具规模，明崇祯九年（1636 年）已成行业。如今的平洲，以制鞋、玉器、盆景而出名。

明万历三十七年（1609 年），平洲堡归属西淋都。此后的明、清两代，平洲堡一直为西淋都或五斗口司管理，下辖平洲 1 村、6 至 8 图。民国十六年（1927 年），实施区乡制，平洲乡归属第四区。1955 年，设平洲区和蟠岗区。其后，区划经历多次调整与变动，1983 年设平洲区。1985 年，从平洲区划出 8 乡，析为桂城。1987 年，平洲区改设平洲镇。1992 年，改为平洲街道，面积为 55.71 平方公里。2005 年，平洲街道并入桂城，合成桂城街道。在漫长的历史演变中，平洲由明清时期的堡，到民国时期的区再到新中国成立后的公社、镇、街道，最后并入桂城，不再是行政地名。

原来的平洲，根据东约、南约、西约、北约，早已析出了平东、平南、平西、平北等管理村，不再有命名“平洲”的村落或居委会，这样，平洲并入桂城后，其对应的地理实体不复存在。黄岐、盐步、和顺、松岗、官窑、小塘、金沙、沙头也在合并中遇到同样的尴尬。任何一个词的意义都具有概括性，即使专有名词也不例外。地名是对一个地域的历史与现状的各种特征的概括。南海并镇后，平洲的所指内涵发生了变化：其一，平洲作为历史地名，曾经是堡、公社、区、镇、街道，概括着这一区域的历史、文化内涵；其二，在现实生活中，平洲不再对应具体的行政实体，但其原来所辖的空间范围会在较长时间里留存在平洲人的记忆中，成为地名“平洲”的所指内涵——即平洲成为一个纯粹的、去行政化的自然地片名称，在交际中，有时会用“原平洲”来指称。人类寄寓在地名上的感情是非常强烈的，这决定了地名具有明显的延续性，不至于因为脱离了行政地名系统，就会很快消失。况且，平东、平南、平西、平北等地名，以平洲为视点，地名“平洲”如果被湮没，这些派生地名也将失去所倚。然而，换个角度思考，平洲作为地片名称，在行政体制内与民众日常生活之间的强制性联系被解除，使用频率大大降低，可谓是一落千丈，时间一长，必然会淡出人们的记忆。明清时期，西淋、五斗曾是辖桂城、平洲等境域的都、司，盛极一时，如果没有名叫“西淋”（在顺德）、“五斗”（在平西）的村落传承这两个老地名，建制演变以后，它们在现代社会里几近湮没。明清时期的蟠岗堡、新中国成立后的蟠岗公社、蟠岗区，如果不是在蟠岗公园中保留下来，地名蟠岗恐怕也早已消亡，成为湮没在故纸堆里的历史地名。因此，地名移植，如“平洲玉器城”之类，对保护平洲这个负载着厚重历史文化的老地名，具有非常重要的意义。平洲应作为南海的一级老地名，切实加以保护。

佛山的三个梵文音译地名

“stūpa”或“thupa”是佛教和寺庙的象征与标志，既指佛塔，也指佛堂；“buddha”早期译为“浮图、浮屠、佛图”，既指佛，也指塔，如说“七级浮屠”：两者语义有相通之处。说明塔坡与佛山这两个地名，并不只是靠着外在的历史传说而相承，内部同样具有语义相因的渊源关系。塔坡、佛山、禅城，“天下巨镇”最重要的三大地名，对应着佛教三个极为核心的词语“stūpa”、“buddha”和“dhyana”，佛山与佛教机缘之深，可见一斑。三个音译地名，是对“佛山无佛”之说的最好回应。事实上，“越人尚鬼，而佛山为盛”，据民国初期《佛山忠义乡志》载：弹丸之地佛山，“至民初，全镇有大小庙、观、寺、庵、祠等705座”。佛教与其他民间宗教信仰一样，十分发达。

佛山，起初只是岭南边陲小村，属中原文化传播需越万水千山的“徐闻”之地，与佛教结缘竟然如此之早，实乃得益于广州，得益于水上交通的便利。佛教来到佛山，与海上“丝绸之路”的蓝色文明相伴。

一、塔坡

古镇佛山“肇迹于晋，得名于唐”。西晋时期，广州渐为对外贸易的海港，佛山也有海外商船往来。东晋太元年间（约376—396年），有古印度僧人航海而来，于南海季华乡本州岛登岸，在塔坡岗上结下茅庵，宣讲佛经，传播佛教，人们把他居住的地方称为“经堂”。东晋隆安二年（398年），西域罽宾国（现克什米尔）三藏法师达毗耶舍，携三尊小佛，渡海东来，仍在塔坡岗的经堂聚徒说法。信男善女日渐增多，为他捐资兴建一寺，取名“塔坡寺”，作为奉佛讲经之所。

这是关于佛山初地——塔坡的经典叙述：先有塔坡，后有佛寺，佛寺因为建在塔坡岗上而得名。对这种因袭已久的看法，几乎没有人提出质疑；“塔坡”究竟是怎么来的，也少有人关注。“千年古镇源塔坡”，塔坡对于佛山的历史如此重要，它与经堂、佛寺在命名上到底是什么关系，值得研究与推敲。

我们认为，达毗耶舍在本州岛所建佛寺，就叫塔坡，塔坡乃巴利文“thupa”的音译，“thupa”源于梵文“stūpa”；地名塔坡，因佛寺而得名——先有佛寺，后有塔坡。历史比较语言学者雅各布·格里姆在《德语史》中说：“有一种比骨骸、武器和墓穴更为生动的东西可以证明民族的历史，那就是语言。”1936 年陈寅恪复函沈兼士《“鬼”字原始意义之试探》云：“凡解释一字即是作一部文化史。”地名塔坡，作为梵文的音译形式，记录着佛山与佛教结缘的历史，反映了广府的水性文明特征和包容外来文化的态度。

所以提出“先有佛寺，后有塔坡”的看法，是基于以下三个方面的考虑。

其一，塔坡，普通话读［tǎ　pō］，粤语读［tɑb^3 bo^1］，跟“thupa”的发音相近。梵文“stūpa”流传着许多音译：薮斗婆、数斗波、苏偷婆、素睹波、率都婆、窣睹婆、窣堵婆、窣都婆、卒都婆等。其中，以玄奘的译名“窣堵波”最为准确，意译高显处、功德聚、方坟、圆冢、大冢、冢、坟陵、塔庙、庙、归宗、大聚、聚相、灵庙。佛教传入我国，须经罽宾、沙勒、龟兹、姑臧等地，人们多据巴利文“thupa”译成双音词，如罽宾国的佛陀耶舍大师译为“兜婆”。刘正埮、高名凯、麦永乾、史有为编著的《汉语外来词词典》解释“塔”说：“佛教特有的建筑物，原为放佛骨（舍利）的地方。通常有五至十三层，下大上小，尖顶。又作'塔婆、兜婆、偷婆、鍮婆'。……源于梵文 stūpa。一说梵俗 thuba，thupa。"塔坡与塔婆、兜婆、偷婆等语音极近，况且来佛山传教的达毗耶舍也是罽宾国人，这样，塔坡寺中的"塔坡"，很可能是"梵俗"巴利文"thupa"或"thuba"的音译，标志着它是佛教的寺庙或经堂。

其二，"塔"是佛教音译词的新造字。季华乡在东晋太元年间之前，不太可能出现"塔坡"这样的地名。汉语中本无"塔"字，塔是晋宋时期为了翻译佛教梵文"stūpa"或巴利文"thupa"而创的新字，因此，许慎《说文解字》中未有"塔"字。《汉语大字典》解释"塔"字引用了三家的说法。《说文新附》："塔，西域浮屠也。从土，荅声。"王玉树拈字："塔字诸书所无，惟见于葛洪《字苑》，是晋以前尚无此字也。"郑珍新附考："塔字初亦止借鞈（tà），齐梁间乃有塔字，葛洪始收之。"塔有两个义项：第一，指佛塔，亦名"塔婆"或"窣睹坡"。"塔，正言窣睹波。"第二，指佛堂。葛洪（284—364 或 343 年）的《字苑》中提到："塔，佛堂也。"中土文献中，"塔"字出现较早的例子，当数晋王嘉的《拾遗记》。该书第四卷云："及诸天神仙，巧丽特绝，人皆长五六分，列幢盖，鼓舞，绕塔而行。"王嘉生年不详，约卒于晋孝武帝太元十五年（390 年），略晚于葛洪。南海季华地处岭南，离中原佛教中心遥远，不太可能在"塔"字新创不久就出现一个叫"塔坡"的地名。

试着设想一下："塔"是为翻译佛塔、佛寺而造的新字；东晋太元年间（约 376—396 年）之前，在新字"塔"刚出不久，季华乡恰好就有了一个叫"塔坡"的地名；碰巧，古印度僧人与罽宾国法师来到这里，将佛寺（亦即"塔"）兴建在塔坡上——这里面包含的机缘，巧合得令人难以置信，几乎是不可能的事情。比较合理的解释是：罽宾国法师兴建的佛寺叫"塔坡"，因建有佛寺，这个地方也就以寺为名，衍生出了塔坡岗、塔坡街、塔坡圩等地名。事实上，寺庙名称用作地名的例子，在佛山也是常见的。

其三，在南海地名系统中，语素“坡”几乎没有出现过。坡，形声字，从土皮声，本义为“山地倾斜的地方”。坡字进入地名系统有较强的地域性：北方有不少坡字地名，南方海口市坡字地名也相当多；南海地名系统中，岗（冈）字地名十分密集，岭字、山字地名也不少，坡字地名却几乎没有。《南海县建制志》辑录了自明清以来的堡、镇、乡、村等许多地名，除了《改革开放后的镇村》在夹注中有个小地名叫“兰坡”（属于三山的正街村，三山有不少地名是从福建移植来的）之外，再也找不到坡字地名。在百度中输入字条“南海、地名、坡”，也搜不到符合条件的目标地名。佛山自得名开始，直到20世纪20年代设市，一直都是南海县的村、堡、镇。因此，将塔坡之“坡”释为“山坡”，与整个南海地名系统不相吻合。况且，“塔坡岗”中，“岗”是类名，“塔坡”作为整体修饰中心语，“坡”不是类名，更像是一个翻译外来词的音节，对应“pa”，汉语系统固有的意义“山坡”被排除，正如“的士”（taxi）中的“士”一样。

为什么人们常说“在塔坡岗上结下茅庵”、“在塔坡岗建寺”，进而成为有关佛山起源的经典话语呢？这主要是由于无名状态难以言说，导致了叙述方式的失误：用后起地名确定空间位置或地理范围，来陈述先前的历史。这样做自然是方便、省力，但在不经意间，就造成了误解。

不管怎样理解塔坡的起源，这个地方与佛结缘却是不争的事实。“塔坡”也都可以看成是个梵文音译的地名，因为“塔”字本身就是“stūpa”、“thupa”的节译。达毗耶舍回国后，寺内无人居住，日久失修致全寺倒塌。

二、佛山

“佛”是梵语“buddha”的音译。佛教传入我国初期，“buddha”的译名五花八门：佛陀、佛驮、休屠、浮陀、浮屠、浮图、浮头、没驮、勃陀、馞陀、步他、物他。“bu”对应佛、休、浮、没、勃、馞、步、物等字，说明这些都是上古时期的译名，轻唇音尚未从重唇音中分化出来。随着佛教在我国的兴盛与流传，这些双音节外来词的使用频率越来越高，逐步单音节化，最后定为“佛”字。唐宋后，轻唇音分化，“佛”获得［fo］的声音形式。

唐贞观二年（628年），乡民发现塔坡岗夜放亮光，经挖掘得三尊小铜像和一石碣，上书“塔坡寺佛”，刻文：“胜地骤开，一千年前，青山我是佛；莲花极顶，五百载后，说法起何人。”村民以为佛显灵，于是纷纷解囊捐资，重建塔坡寺，重新供佛。同时，认为这是佛之山，便将塔坡岗改称“佛山”，并在岗脚刻石碑把事情经过记下来，碑上加置石榜，横书“佛山”两个大字，左侧刻“贞观二年”四个小字，碑前开凿一口圆形水井（现仍存在）。塔坡寺直到明洪武二十四年（1391年）才被拆毁。明天启七年（1627年）塔坡岗一带已成为热闹的圩场，人们遂在医灵铺万寿坊重建塔坡寺。

清代乾隆年间的《佛山忠义乡志·佛像》载：“旧传乡之初，聚夜辄见塔坡岗有光，掘之得三铜佛像，因建寺于其上，以奉铜像，名塔坡寺，乡称佛山，益以此也，后寺毁于明洪武时。”清代道光年间的《佛山忠义乡志》载：“当乡初聚时，乡人尝夜见其地有光烛天，乃掘得古佛三尊，并有碣曰：塔坡寺佛。遂以供之经堂，建塔崇奉，因名其乡曰佛山。”

这是佛山得名的最早记录，塔坡因此成为佛山的初地，民间传言：“未有佛山，先有塔坡。”与石榜一起镶嵌在塔坡庙前墙上的，还有红米石对联一方，阳文，联语为：“佛山初地，牧唱遗风。”刻着“佛山”和“贞观二年”字样的石榜，成为体现佛山历史久远的标志。明清时期，佛山跻身我国“四大名镇”和“四大聚”，发展成为“气标两广的人文之邦”，崇文尚武，名扬天下。武侠小说创作大师金庸曾在《飞狐外传》中对佛山镇、祖庙的风土人情，有过非常传神的描写。

佛山，即“佛之岗”或“佛家之山”，东晋时期渡海东来的西方佛僧，以及遗留下来的三尊佛像，成就了佛山千百年来与“佛”的关系。粤语里，称山时更为常用的词语是“岗（冈）”，所以，佛山也叫“佛岗”。徐珂在《清稗类钞·佛岗招牌》中说：“佛岗之汾水旧槟榔街为最繁盛之区，商贾丛集，阛阓殷厚，冲天指牌，较京师尤大，万家灯火，百货充盈，省垣不及也。”或是因为北边的清远有县邑叫“佛冈”，佛山的别名“佛岗”并未流传开来。

“佛”与“福”音近，堪舆家认为佛山有龙脉，是“福地”，于是佛山又称“福山”。清代道光年间的《南海县志》载：“佛山一名福山，堪舆家言胜地永无劫煞之患。”清代道光年间的《佛山忠义乡志》多次使用“福山”一词，佛山八景也称“福山八景”。《佛山忠义乡志》所载的“福山古洞”街名，与现存“福山古洞”石刻匾额文物相印证，福山街，至今还存留。

佛山得名后，仍属南海县季华乡管辖。南汉乾亨元年（917年），广州改称“兴王府”，南海县分为常康、咸宁两县。佛山改称“永丰场”，隶属咸宁县。北宋开宝五年（972年），常康、咸宁、番禺、四会合并为南海县，永丰场改称“佛山堡”，隶属南海县管辖。明清时期，佛山堡或佛山镇，属南海县季华乡西淋都或五斗口司管辖。至今，仍有酒家在迎客厅里赫然矗立着“南海县佛山镇”的陈年碑石，营造出古朴的历史氛围。

三、禅城

佛山简称“禅”，历史上曾叫“禅山”、“禅镇”；“禅”字频频出现在佛山的专名中，如禅之旅、禅桂新、禅炭公路、禅盟铸造。2003 年大佛山合并后，城区、石湾以及南庄，成为禅城区。

佛教中的“六度”指到达彼岸的六种方法：布施、持戒、忍辱、精进、禅定、般若。禅，是佛教“禅那”的简称，是巴利文“jhana”的音译，梵语是“dhyana”。它意译为“弃恶”或“功德丛林”，又为“思维修”或“静虑”，是佛教的一种修持方法，有祖师禅与佛祖禅之分。潜心思维研修，得以定心，谓之“思维修”；禅那之体，寂静而具审虑之用，谓之“静虑”。静即定，虑即慧，定慧均等之妙体曰“禅那”，就是佛家讲的参禅。虚灵宁静，把外缘（外在事物）都摒弃掉，不受其影响；把神收回来，使精神反观自身（非肉身）即是“禅”。

“禅”是对佛的内涵的诠释。佛山简称“禅”，究竟从何时起，如今难以考证。然而在清代，就有了不少记录。“禅山，东南一巨镇也，其西北一带上溯浈水，可抵神京、通陕洛以及荆吴诸省，四方之来游者，日以万计。”（康熙年间的《建茶亭记》碑文）云贵川西南诸省的土特产，特别是广西的大米均多由东平水道转汾江河运入佛山，由于水路通畅，以至于“禅镇扬帆，往返才数日”（乾隆五十三年《重建戎墟粤东会馆碑记》）。“东粤之雄，莫先于穗石之岑也；南海之饶，莫过于禅山之浔也。”（道光年间的《佛山忠义乡志》）清同治十二年（1873 年）的《禅镇江西义庄官示抄刻碑记》、光绪四年（1878 年）的《禅镇义庄碑记》，也都把佛山称为“禅镇”。清代，佛山书肆十分发达，例如，各种版本或名家批点的《残唐五代史演义传》，由佛山会云楼、禅山会文堂、禅山翰宝楼刊印，至今仍有部分收藏在法国巴黎国家图书馆、英国博物馆和日本福井市立图书馆。《中国印刷史》云："でも翰宝楼を広東南海県佛山镇の書肆。"禅山会文堂、禅山翰宝楼中的禅山，就是佛山，禅山和佛山相互通用。

南海、番禺和顺德合称为"南番顺"，又叫"三邑"。三邑会馆在澳大利亚与美国均有150多年的历史，与江门的"四邑"（鹤山加入其中后合称为"五邑"）相对。"南番顺"华侨在海外，习惯称自己是三邑人，离开本土，族群边界反而明晰，认同感更强。清代时东莞属广州府，与"三邑"并称为"南番东顺"，同为广府的核心片区。明末清初，与我国"四大名镇"相应，广州、佛山、顺德陈村、东莞石龙为"广东四镇"，简称"广佛陈龙"。当时陈村是广东粮食交易重镇，有米铺4 000家；顺德更是南国丝都，被喻为"广东的银行"。"南番东顺"与"广佛陈龙"两个广府民间俗语，反映了珠三角城镇和县域的点面关系，广东经济的整体格局，以及广、佛地脉相连、历史相承、语言相通、文化同源、经济互融的历史渊源。而三个梵文音译地名，更是从侧面透露出两地早期的密切关系：佛山及其初地塔坡的缘起，离不开广州，离不开海上"丝绸之路"。

广府文化是以粤语为标记，由广府民系——秦汉至唐宋中原移民和最早汉化的古南越族人后裔创造的一种岭南地域文化。中原文化的根基与拷贝，水性文化的浸润与熏陶，异质文化的融合与碰撞以及工商文化的内核与土壤是广府文化形成的四大基因。佛山的三个梵文音译地名，折射出广府的水性文明特征和包容外来文化的态度。

“佛山”别称“福山”说

提到“佛山”的得名，历来的史志都津津乐道于唐贞观二年（628 年）乡民在塔坡岗掘出铜佛，立“佛山”石榜为记这一历史事实。但是，仔细揣摩“佛山”这一地名所属或所辖区域的变化过程，我们觉得还有一些耐人寻味的历史内涵是史志或后世研究者所没有言明的。众所周知，佛山得名后在很长时期都属季华乡所辖，直至明清时期才成为天下“四大聚”或“四大镇”之一，“佛山”竟然替代了原有的“季华”称谓。那么，一个由与佛教传入中国相关的事件而来的地名为什么竟会有如此大的魅力，让官方以及民众都能欣然接受，并且在历史的演变中让它取代本土的原有地名呢？这一问题不是单纯的佛教故事所能解答的了。一个地名要根深蒂固地扎根于民众之中，就必须能在某种程度上迎合或满足民众的某种集体潜意识的需要。因此，“佛山”能从最初的源起地（塔坡）发展到明清时的“佛山镇”，除了国家政治的作用之外，似乎还需要更为内在的文化内涵才可以说得通。

之所以提出这一问题，是因为佛山在历史上还有“禅山、福山、古禅、忠义乡、汾江”的别称。“禅山、古禅、汾江、忠义乡”与“佛山”的关系都极易找到解释，而独独“福山”一词却颇为费解。但是，也恰恰是“福山”一词才可以解开“佛山”的秘密。

“佛山”有“福山”的这一别称，散见于一些历史材料中。如修于清道光十五年（1835 年）的《南海县志》（卷二十五）即引用了如下材料：“佛山一名福山，堪舆家言胜地永无劫煞之患，亦曰忠义乡，屡歼强冠……”清代道光年间的《佛山忠义乡志》中也多次出现“福山”一词。佛山八景被称为“福山八景”（包括汾流古渡、冈心烟市、庆真楼观、塔坡牧唱、孤村铸炼、东林拥翠、南浦客舟、村尾垂虹），南海人程可则有题为《初归福山承王东村、梁药亭、陶苦子过访留宿》的诗，表达回佛山后见到朋友的“哀情别绪”。《佛山忠义乡志》还载有名为“福山古洞”的街道名称，与佛山现存“福山古洞”石刻匾额文物正相印证（石刻上有“道光二十九年”的阴文，“古洞”为街道名。福山街至今还存留）。

佛山为什么会被称为“福山”呢？笔者认为，“福山”作为佛山的别称可能借助于“佛”、“福”音同，但更重要的是有着堪舆学的作用在里面，而且这是更为本土的要素。

堪舆，亦称风水。东汉许慎有谓：“堪，天道也；舆，地道也。”《汉书·扬雄传上》云：“属堪舆以壁垒兮，梢夔魖而抶獝狂。”颜师古注：“张晏曰：‘堪舆，天地总名也。’孟康曰：‘堪舆，神名，造图宅书者。’……堪舆，张说是也。”堪舆也即天地，俗语曰风水。堪舆在我国起源较早，并深刻地影响着人们与世界打交道及处理人事关系的方式。早在春秋时期，《尚书》中记载：“成王在丰，欲宅邑，使召公先相宅。”至汉代，司马迁的《史记》中即把堪舆家与五行家并行，也记载有史事：“孝武帝时聚会占家问之，某日可取乎？……堪舆家曰不可。”

堪舆对岭南的影响由何时开始，难以考究出一个确切日期，但是从秦始皇令人凿马鞍岗一事则可以推断，中原移民进入岭南的时候就将堪舆的观念带到了岭南一带，并成为岭南人根深蒂固的观念。晋裴渊的《广州记》中记载：“（番禺）城北有尉佗墓，墓后有大岗，谓之马鞍岗。秦时，占气者言南方有天子气，始皇发民凿破山岗，地中出血，今凿处犹存，以状取目，故岗受厥称焉。”马鞍岗本是以形为名，因山形如马鞍，但秦始皇相信堪舆家言马鞍岗有天子气，所以发民凿破此岗，泄去天子龙马之气，马鞍岗也由此改称“走马岗”。

尽管秦始皇的这种做法并没有改变秦王朝的命运，不过后世往往还是从堪舆上来寻找答案。如《广东新语·天语》里就记载：“秦二世二年，五星会东井，倍于南斗。说者曰：东井秦分，未分也；南斗越分，丑分也，丑与未相背。秦失王气，则越得霸气。”

上述说法在现在看来虽然显得荒诞不稽，但是堪舆之说在古代决定着上至帝王下至百姓的思想言行是事实。而岭南一域的天象地理自然而然也不会总是依其自然原貌直接就进入民众的视野。如此，当我们回顾东晋时期风水鼻祖郭璞在灵洲山上的惊叹——“南海之间有衣冠之气者，斯其地也”时，绝不会认为这是郭璞的一个简单的事实判断或富于想象的诗意言说。因为，“衣冠之气”中的“气”本身就是风水中的一个核心概念，郭璞的惊叹无疑是一个风水家的价值判断。

郭璞的惊叹在后世南海衣冠鼎盛的现象中得到了印证。如吴荣光说过：“国朝制科，广东九郡举人中额七十有二名，每科广州郡几居其半，广州十四属，南海又居其半。”（清代道光年间的《南海县志》）而后世在解释佛山这个南海巨镇为什么会取得如此巨大的成就时，又往往会回到郭璞所说的“气”中来寻找答案。堪舆家认为佛山有龙脉，是“福地”。冼沂在《佛山赋》里，曾充满激情地歌颂家乡佛山：

季华旧迹，福地佳名；星分牛宿，地接羊城。了髻峰高，百里之来龙特耸；仙人脉近，万山之降势弥清。二水分流，浈郁分源各异；五星聚美，狮龙之聚讲方成。王借几寻，望去日光始射；蠕峰一点，拥来月影初横。海外三山，旗鼓之星峰卓立；云间列帐，几屏之护从相随。外势既详，内形可视。矫若龙翔，屹如鹄峙。汾江渡口红日朝霞，古洛涌边绿波春水。旗带水兮何深，锦香池兮何弥……

如果说《佛山赋》对佛山所处地势的描写还带有诗性的激情的话，那吴荣光在《佛山忠义乡志》里则从堪舆角度对佛山的地脉进行了详细说明：

佛山，岭南一巨镇也。其来龙之远者不及详。惟自仙人岭、将军冈分支擘脉，其一由帽冈过沙口渡海，穿王借山脚入大富乡，至张槎，起圭冈、驷马、狮冈，直走石湾一路。其结佛山者，则自将军冈出脉，至桶头寨边。群山翠立，如邱延翰所云“五虎讲”者。遂从朗溪渡海入朗边乡，至张槎接龙里起后底冈、茶冈，至郁龙冈顿伏脱卸以入佛山。是郁龙冈为佛山之少祖山也。郁龙分一枝为赤珠冈、蟠龙冈，皆入石湾之圭冈、驷马、狮冈，簇于一隅。两龙固聚讲焉，聚讲既成即分去，遂由夹山开帐串田以入，而石湾各冈俨为之辅，杨筠松所谓“雌若为龙雄作应，雄若为龙雌听命”也。入佛山则以祖庙为正结，坐子向午，栅下文塔为水口，值巽辰之位，刘太保云群流来汇东南，乾亥之龙毓秀，若合符节。盖龙脉之美如此，用能结为巨镇。不特商贾辐辏货物甲于东南，且人物之盛，名贤钜公相继而起，又徒科甲文章跨于各乡已哉。

吴荣光对佛山地脉的分析中所提到的邱延翰、杨筠松、刘太保（秉忠）皆为历代风水大师，材料中所说的“五星聚美、两龙聚讲、群流来汇、乾亥之龙毓秀”等皆是好风水的特点，佛山的自然地势按照风水的观念被描述成环山抱水的福地所在。以往很多不了解佛山地貌的人会说佛山其实无山，但是上述材料里谈到，佛山不仅有山，而且其山是处于龙脉上。“五星聚美”指将佛山西北方的帽冈、王借冈、圭冈、驷马冈、狮冈这五座山冈对应于风水学中的“星聚”，这是吉祥的征兆，《广东新语》里引用王青萝的话说：“五纬惟三星合者有之，四星合则鲜矣，五则又鲜。四星合曰昌，五星合曰祥。”佛山的山脉从西北迤逦而来，至东面有蟠冈阻挡而驻脉，因此蟠冈被称为乡之“镇山”。佛山不仅有好山，还有好水。它“枕海通潮，导流以入，匝绕四垂，灵气所钟，洵凝且厚”。为了增强镇锁之功，以阻挡生旺之气急流涌去，佛山人还在栅下水口建“文塔”（一般是用于供奉魁星即文曲星）。有如此山水，龙脉才会结穴于祖庙一带。

佛山人在不断加深对佛山是福山的体认的同时，也不断地将风水观念运用在营造佛山这一家园上面。可以判定，维系佛山人精神家园的祖庙在初建时就是依据风水情况来选址的，这就是福地建祠的观念。

祖庙主要是供奉北帝，北帝信仰是佛山民众的公共信仰中心。《广东新语·神语》对于粤人为什么祀真武（即北帝）进行了解释：“吾粤多真武宫，以南海佛山镇之祠为大；称曰祖庙。其像被发不冠，服帝服而建玄旗，一金剑竖前，一龟一蛇；蟠结左右。盖天官书所称北宫黑帝，其精玄武者也，或即汉高之所始祠者也。粤人祀赤帝，并祀黑帝，盖以黑帝位居北极而司命南溟。南溟之水生于北极，北极为源而南溟为委。祀赤帝者以其治水之委，祀黑帝者以其司水之源也。”

而《佛山忠义乡志》（吴荣光）中所载的《清复灵应祠租杂记》一文则以星象之说对北帝何以佑佛山加以解释：“盖周天之度，三百六十有五而二十八宿为经。北方七宿，曰斗、曰牛、曰女虚、曰危室壁。象曰：龟蛇谓之元武，武者星形，元者水形。北帝者，元武之精也。吾粤星分牛女，同隶北垣，呼吸与帝座通。由此言之，神之为民捍灾御患，成民忠义而为累朝崇报所由归者。禅山为粤巨镇，秀气攸钟，故祖庙为灵独显其实。”

祖庙灵应祠前最初修有锦香、灌花二池也是基于风水的原因。

《龙翥祠重浚锦香池水道记》云："祠初名曰龙翥。形家者言：玄武司水，龙得水而变化斯神。乃凿池于祠之南，为锦香、为灌花。二池表里，以潴众流之汇，日久渐湮。"（见《明清佛山碑刻文献经济资料》）因此，当后来灌花池淤积为平壤，乡人认为会导致"坎离不交、山泽之气未通"，这才有重修的必要性。按照堪舆观念，水流能使龙脉止势，生气融聚。锦香、灌花二池当年的修建正反映了佛山人蓄水积财的美好愿望。

祖庙最初修于宋代元丰年间，由于抵抗黄萧养变乱有功被敕封为"灵应祠"，由此成为官祭之地，它也成为维系佛山民众的精神家园。佛山又被称为"福山"，也许就与灵应祠所祀之神的传说有着密切的关系。据《修灵应祠记》（郎廷枢）载：在黄萧养"倡乱"期间，"郡南数百里，堡落万千，无不为其所胁。至于覆官军，围郡县，锋焰所至，曾莫与撄。而佛山四面列栅，相拒数旬，贼众辄见皂麾中有巨人，元衣披发，手挥长剑，冉冉而出，故当之者无不披靡"。文中所提披元衣（即玄衣）"巨人"即是玄武帝。这样一种关于北帝伏魔降福的传闻无疑非常符合民众的北帝信仰心理。佛山本是福地，北帝降福，再加上佛、福音同［"佛"，从人弗声，敷勿切（《说文解字》）］，"佛山"一词所包含的佛教色彩自然也就极易被民众加入民间信仰的要素而同时以"福山"称谓。

通过以上分析，也就不难理解为什么佛山人会将佛山称为"福山"了。唐贞观二年（628 年）所立石榜只是一个佛教事件，最初人们也并未将"佛山"地域扩大，它仅是塔坡的代称。在心理意向上，民众在将佛山当做佛家之山的同时，也不断地加深对佛山是福地、福山的体认。正是如此，居佛山的顺德人梁九图在咏佛山时才会如此自豪地夸耀佛山："舟车云集此天涯，半是侨居半故家。福地争雄三大镇，汾江环卫四条沙。衣冠佳气标南海，忠义名乡掩季华。城祖五仙山祖佛，上游遥控更堪夸。"

儒林地名景观与区域文化精神

在现代地名学里，学者们常用“地名景观”这个术语来描述一定区域内具有某种共同因素的地名群体风貌。地名景观由地名构成。地名是人所创造的语言文字符号，既有指位功能，又有文化功能。因此，与自然地理景观不同，作为人类文明的沉淀，地名景观是一种人文景观，是人与自然相互作用的地表痕迹，或多或少地折射出一个地区政治、经济发展的历史，或明或暗地呈现出一方百姓的价值观念和文化传承。佛山市南海区九江镇的儒林地名景观，就是一道值得人们领略和探索的文化风景线。

一

九江儒林地名景观由儒林乡、儒林路、儒林街区、儒林广场、儒林书院、儒林古庙、儒林公立高等小学校、儒林师范讲习所、儒林初小、儒林小学、儒林二小、儒林中学、儒林村、儒林新村、儒林新村东（西）街、儒林巷等多个以“儒林”为专名的地名构成。

儒林乡是九江的别称，也是九江的誉称。据2009年版的《南海市九江镇志》记载：明景泰元年（1450年），代宗皇帝赐九江乡为儒林乡。明万历十三年（1585年），九江人为正觉寺铸造了一口重三百余斤的大钟，钟上刻有“南海县儒林乡众信士陈崇建等设立宝钟以永正觉寺”之铭文。可见，从明中叶开始，九江人便以儒林乡人自称。清光绪九年（1883年），由朱次琦等倡修，冯栻宗和黎璿主编的《九江儒林乡志》（二十一卷刻本）刊行。

“儒林乡”作为与“九江”并称的地名赫然出现在乡志的封面。

儒林路位于九江涌东北岸，主要路段的走向为自东南至西北，形成于明末，为九江镇城区最古老的主干道之一。清末时期，该干道东起兴福里口，西至博爱堂（今九江成人学校左侧），分为东福街、海嘴街、大正街、桥东街、伏波街、财福街、六合街、洲埠东街，约1 200米长，3米宽，路面为石板，两旁店户比肩而立。民国十八至二十一年（1929—1932年），该干道改造为水泥路面，拓宽至8米，并易名为“儒林路”。1950年12月，儒林路划分为儒林东路和儒林西路。前者东起植槐里口，西至冠江桥（今人民桥）；后者东起冠江桥，西至潭涌桥（今慈母桥）。儒林路全长约1 000米。1958年，城区改造，拆除了临九江涌的建筑物，改筑护坡石磡，沿河涌加建栏杆。“文化大革命”期间，儒林路改名为“解放路”。改革开放后，恢复原路名。21世纪的今天，儒林路分东西两段，儒林东路东起325国道，西至人民路；儒林西路东起人民路，西至洛浦大道。儒林路全长2 000米，宽15米，是九江城区最繁华的主干道之一，沿街商铺、酒楼、宾馆、写字楼林立，九江影剧院、九江图书馆、九江工人文化宫等重要的文化设施也坐落其间。

儒林街区位于九江城区中心，踞九江涌东北岸，与太平东、太平中、太平西街区隔涌相望，东北毗邻奇山街区，其名由儒林路派生而成。1983年12月，九江公社撤销后，九江镇人民政府将城区析为儒林、太平东、太平西、沙口4个街区。1994年6月，九江镇撤销儒林街区，分设儒林东、儒林西2个街区。2003年，儒林东、儒林西街区调整为儒林街区。2008年，儒林街区面积为465 240平方米，常住人口1 903户共5 286人，流动人口约1 300人。2005年工业总产值3.25亿元，统计单位658个，其中法人单位124个，产业活动单位38个，个体工商户496个。

儒林书院、儒林公立高等小学校、儒林师范讲习所，皆为历史地名。儒林书院创建于清道光五年（1825 年），院址在九江大圩海嘴（今儒林东路九江文化中心处）。民国二十三年（1934 年）12 月 3 日，日军入侵九江后，儒林书院遭破坏。民国时期，儒林书院曾为九江市政筹备处、九江市政局、九江特别区公所的驻地。1949 年，经历了百余年风雨的儒林书院被拆除。儒林公立高等小学校和儒林师范讲习所创办于清光绪三十年（1904 年），后者坐落在九江南方象岗，是九江有史以来的第一所职业学校，开启了九江职业教育的先河。

儒林中学于 1985 年创办于九江下北，由旅外华侨、港澳乡亲和九江镇各界人士集资兴建。2005 年 9 月，该学校搬迁到风景如画的西江河畔。建校 20 多年来，该校以“承儒乡古韵，育未来英才”为办学宗旨，挟儒乡之灵气，聚西江之秀色，培育了一代又一代的英才。2005 年 12 月，儒林中学被评为“广东省一级学校”。

二

儒林地名景观蕴藏着丰富而深厚的文化内涵。

“儒”，最具历史深度的汉语词语之一。在遥远的先秦时代，人们把从巫、史、祝、卜中分化出来的人称为“儒”，亦称为术士。先秦时期，以孔子为宗师的学派被称为“儒家”，其学说称为“儒学”。自西汉以降，儒家逐渐成为中国占统治地位的思想学派，而“儒”则逐渐成为知识分子或读书人的通称。

“儒林”一词的创作者是西汉伟大的史学家、思想家、文学家司马迁（公元前 145 年—公元前 90 年）。司马迁在中国第一部纪传体通史《史记》第一百二十一卷中首辟《儒林列传》，记述孔子、公孙弘、董仲舒等著名学者的生平事迹。此后，从《汉书》至《明史》，历代史学家们无不沿袭司马迁的体例，在书中辟《儒林》卷，在历史的神圣殿堂里挂上一代又一代著名学人的画像。由此，“儒林”成了中国“二十四史”的关键词之一，成了“二十四史”歌颂学人、歌颂知识文化的“曲牌”。

“儒林”，一个富于诗意的词语，以郁郁葱葱、生机勃勃的成群秀木比喻众多的儒者——读书人，本身就充满了对知识和文化的赞颂。

九江儒林地名景观凝聚了地域的文化传承和文化精神。

关于九江儒林乡雅号的来历，除了前面提及的代宗皇帝赐名说之外，坊间还有一说：此雅号为明代方献夫（1485—1544 年）所赐。方献夫，丹灶人，南海县历史上首位内阁大学士，曾一度担任内阁首辅（位同宰相），明代南海第一高官。传说明正德年间（1506—1521 年），方献夫来九江探望同窗好友，拜会乡间名士，目睹此地文人荟萃，不禁赞曰：“真是个儒林之乡也!”于是，九江遂得儒林乡之雅号。历史烟云苍苍，九江儒林乡雅号的来历或许难以究实。然而可以肯定的是，作为一种誉称，儒林乡这一地名是从九江地域文化中提炼出来的，是对九江地域文化的概括。

清人黎春曦在清顺治十四年（1657 年）出版的《南海九江乡志》曾这样概括九江地域文化特征：“人文蔚起，俗尚读书。”的确，“崇文重教”是九江地域文化的传统，也是九江地域文化的显著特征之一。

九江历来就有兴学育人的传统。明清时期，私塾、社学、书院遍布各村，鼎盛一时。

私塾又称“蒙馆”，是民间初等教育的主要机构。儿童 6 ~ 7 岁时入塾，修业期约 5 ~ 6 年。据记载，清同治年间（1862—1874 年）、清光绪年间（1875—1908 年），九江堡私塾兴旺，仅从象山到忠良岗不足两公里的地段就有六七所私塾。

社学是民间中等教育的重要机构，主要接受 12 岁以上的学生。明清两代，九江（不包括沙头）设立的社学多达 28 所，即良村社学（南方）、溪南社学（南方）、龙涌社学（新龙）、翘南社学（下西）、珮山社学（下西）、洲水社学（下西）、万安社学（大同）、蚬岗社学（大同）、明义社学（河清）、明义社学（镇南）、南溟社学（河清）、石溪社学（镇南）、梅圳社学（梅圳）、大稔社学（下西）、龙潭社学（上西）、龙湾社学（上西）、南华社学（下东）、镇平社学（镇涌石龙村）、水松社学（南方）、石桥社学（南方）、洛阳社学（南方）、仁让社学（南方）、登瀛社学（下西）、桥东社学（下北）、长兴社学（下北）、平章社学（沙咀）、安平公所（河清）、亲乐公所（河清）等。

书院是民间的成人教育机构，其主要宗旨是教习科举应试人才。明代，陈子壮在九江堡北方大洲（翘南村）创办樵南书院。清代，九江（不包括沙头）开设的书院有儒林书院（九江圩）、文澜书院（上东沙滘）、桐乡书院（大同崖山麓）、敦根书院（敦根）、显乡书院（大同凤凰岗）、河清书院（河清）、璜玑书院（璜玑）、烟桥书院（烟南）、观澜书院（镇南）、震亨书院（大谷）、三姓书院（下西）、文明书院（南方松山麓）、西成书院（下西）、象山书院（下西象山麓）、礼山草堂（南方礼山）等15所。

明清时期，九江办学机构的数量在整个南海县乃至整个广东省都是位居前列的。仅以清代道光年间的社学为例。清道光十五年（1835年）编写的《南海县志》云："南海县属社学，旧省志所载，百有二十，为岭海之冠。"南海县有社学120所，居全省首位。当时，南海县共辖70堡，其中九江堡有社学12所，占全县十分之一，居全县前列。古有竹枝词讴歌九江办学之兴盛：

极目人烟遍四方，
古榕修竹护村庄。
弦歌自信儒林盛，
到处家祠作学堂。

九江的办学质量也可圈可点。仅朱次琦先生于清咸丰八年（1858 年）开设的礼山草堂，就培养出了包括康有为、简朝亮、梁耀枢等在内的一大批国家栋梁之才。

九江崇文重教，历来人才济济，文风鼎盛，成果蔚然，可以概括为“三多”：

一是举人、进士多。封建时代，参加科举考试，接受朝廷的选拔，是读书人报效国家的重要途径。自明正统三年（1438 年）关铭乡试中举伊始，数百年间，九江的举人、进士辈出。仅晚清时期，从道光元年（1821 年）至光绪六年（1880 年），短短 60 年间，九江（不含沙头）考取的举人、进士就达 54 人。在 21 世纪的今天，你走在烟南村的石板路上，还可以看到一些刻着如“光绪癸巳恩科副贡”之类字样的厚石板。村里的老人会告诉你：这些石板叫旗杆夹。古时科举考试时，村里若有人取得了功名，就会在自家大门外的左右两边竖上荣耀的旗杆，两根高高的旗杆分别用两块厚重的石板夹住。这些记录着历史荣耀的旗杆夹，也记录着九江曾经的风尚，可以帮助我们理解为什么九江的举人、进士这样多。

二是文人学士多。明清时期，九江卓有成就的文人学士数以百计。

诗界名流：明天顺元年（1457 年）进士黄篪，明正德三年（1508 年）进士黄重，明正德二年（1507 年）举人曾俊，明嘉靖二十八年（1549 年）举人陈良珍，被拥为岭南诗坛盟主的朱樵（生卒年月不详），明万历年间（1573—1620 年）创立雅言诗社的朱继凤、朱畴、郑融，明天启年间（1621—1627 年）在象山诗社酬酢往来的朱实莲、陈子壮、陈子升等，清代诗人岑征、冯城、曾文锦、冯锡镛、明炳麟、朱次琦等。

画坛翘楚：明代有朱完（1529—1617 年），清代有何翀（1807—1883 年）。朱完善绘山水，尤以墨竹见长。上海博物馆收藏朱完《山水》扇面一帧。何翀画的山水人物和花卉翎毛广为时人称道，曾在广州开设“竹清石寿之斋”画室，求画者如云。其创作重视摹景写生，曾在西樵山设“碧云画楼”，开岭南画家点染南国风光之先河。

书家圣手：陈梦兰、朱完、陈子壮、陈进成、冯城、关仲玚、明炳麟、关器等。其中，朱完是闻名遐迩的广东书法大家。《九江儒林乡志》以“书赅众体，八分肃整清劲”十个字评价朱完的书风。朱完留存的书迹，在家乡有“良二千石”牌坊的题额，在肇庆七星岩的摩崖石刻中，有一方镌刻“帝殇百神之所”的隶书碑文。这两处书迹，字大盈尺，气势雄伟，笔力矫健，堪称书法艺术的精品。

九江更孕育出了一代岭南大儒朱次琦（1807—1881 年）。朱次琦是伟大的思想家、九江学派的开创者，又是伟大的教育家，还是康有为的老师。他不仅是伟大的诗人，引领了岭南近代诗歌的风潮，还是颇有建树的书法家。他对中国近代文化史有着不可忽视的影响。

三是传世著述多。明清时期，九江 130 名作者留下了 245 部著作。这些著作中，既有阐述政治、经济、哲学、军事、社会学、语言学等的人文科学著作，亦有专论天文、地理、历法、农学、医学等的自然科学著作，更有大量的诗文作品。九江还是南海唯一在历史上编修过乡志的地方。

三

儒林地名景观凝聚了九江崇文重教的地域文化精神，也播散着崇文重教的儒林文化精神。九江人以自己身为儒林乡人而自豪。这种镌刻在儒林乡人心中的自豪感，化为一股生生不息的力量激励着九江人不断发扬儒林精神，使自己无愧于这片被誉为“儒林乡”的热土，无愧于“儒林乡人”的称号。一代又一代，历史的风雨使儒林文化深入九江民心，化为民风民俗，派生为其他具有浓厚儒林文化风情的地名。探花桥和三元桥就是其中的代表。

探花桥位于下西翘南村大伸涌口，因探花陈子壮（1596—1647 年）生于斯、长于斯而得名。陈子壮是九江历史名人朱让的外孙，从小就住在翘南村外祖父家接受教育。明万历四十七年（1619 年）陈子壮参加殿试，考得一甲第三名进士，即“探花”。陈子壮为官正直，曾遭魏忠贤迫害，后从九江起兵抗清，就义于广州，与顺德陈邦彦、东莞张家玉并称为“明末岭南三忠”。家乡人民敬仰这位英雄，把他居住过的地方称为“探花塾”，并于清嘉庆五年（1800 年）捐建了横跨大伸涌口的“探花桥”。这座石桥长 11. 3 米，宽 1. 85 米，高 2 米，桥身下为半拱，上跨巨梁，左右设护栏，桥面铺花岗石，两边桥栏石上都刻有“探花桥”三字。（关于探花桥的来历，坊间还流传着一种说法，说该桥是陈子壮中探花后回乡探望外祖父时建的。笔者以为，以陈子壮的儒学功底和人格，似乎不会将自己建的桥高调地称为“探花桥”，所以本文没有采信这一说法。）1993 年，九江镇政府集资，旅港乡人潘新安捐资，更换了破损的桥栏石，按原状垫石提高桥墩 90 厘米，1994 年春节前竣工。潘新安先生还在探花桥旁边陈子壮旧居故址上附建探花公园一座。1994 年 7 月 5 日，探花桥被列为南海市首批重点文物保护单位。探花桥旁有一座观音古庙，多年来，这里的香火格外旺盛。古有竹枝词唱道：“两岸垂杨展绿荫，探花桥内礼观音。数行红粉阶前拜，一个祈求一个心。”显然，众“红粉”的“一个祈求一个心”，就是祈求送子观音送给她们的儿子如同探花陈子壮一般，能成为一个闻名遐迩的儒林人。由此可见，儒林乡人在出生前就开始接受儒林文化的熏染了。

三元桥坐落于儒林街区船栏街，清道光五年（1825 年）由乡人集资修建。这座东西向的单孔壁拱弓形石桥，东接船栏街，西连今天的九江文化中心，长 17.67 米，宽 2.44 米，高 2.3 米。明清时期科举考试分童生试、乡试、会试和殿试四级。童生试在县、府举行，中者称生员，即秀才；乡试在省城举行，中者称举人；会试和殿试在京城举行，中者称贡士和进士。乡试、会试和殿试的第一名，分别称解元、会元和状元。同一考生在乡试、会试和殿试时都获得第一名，叫作连中三元。九江人为激励学子连中三元而建该桥，因此，当年凡是赴试的学子，都是先行过三元桥才奔向考场的。三元桥设计之特别在于：上下阶距较高，人行不易，有“就马不就人”之说。其寓意大约是激励学子们连中三元后，不用步行，而要威风凛凛地策马过桥回故乡。1994 年 7 月 5 日，三元桥被列为南海市首批重点文物保护单位。关于三元桥，还有一个在当地广为流传的故事：九江大儒朱九江把女儿嫁给了门下高足梁耀枢状元的弟弟。有一次她回娘家路过三元桥遭遇劫匪，劫匪问：“轿里什么人，留下买路钱。”她回答：“进士女，状元弟妇回娘家。”劫匪闻言立即下跪，并护送她回到朱府。这个故事告诉人们：就连九江的劫匪都懂得尊重读书人，尊重文人学士，甚至爱屋及乌，对他们的家人也是另眼相待。可见九江儒林文化的根基之深厚，影响之巨大。

总之，儒林地名景观既是由九江儒林文化凝聚而成，又是九江儒林文化的活化石，还是九江儒林文化的传播器。

探究九江儒林地名景观与九江地域文化的关系，我们不难发现，地名与地域文化息息相关：一方面，地名是地域文化的积淀，它来源于地域文化，记录着地域文化；另一方面，地名有传承地域文化的社会功能，地域文化往往借助地名而代代相传。具有丰富文化内涵的地名有教化作用，能够对人的精神世界和价值取向产生潜移默化的影响，激励人们奋发向上。因此，保护好具有丰富文化内涵的老地名，创造出具有丰富文化内涵的新地名，不仅功在当下，而且造福千秋。

诗性地名与诗意的栖居

南海九江是珠江三角洲大地上风姿最为妖娆的岭南水乡之一。它坐落在蜿蜒清澈的西江之滨，一河两岸的城区令人迷醉，河涌纵横、鱼塘密布的村落让人流连忘返。游走在这个具有800年历史的儒林之乡，吸引你眼球的一定还有那一连串诗意盎然的地名：烟桥、一树成林、鹭鸟天堂、河清、梅圳、日曜、珮山、海心沙……它们充满情趣，饶有风致，透出清雅，你一定会忍不住品品这些地名中浓浓的韵味。

一、烟桥

烟桥自然村，位于九江镇西北部，东部毗邻西樵山旅游度假区，占地面积仅1.2平方公里，隶属于烟南行政村。它始建于明景泰年间（1450—1457年），迄今已有500余年的历史，是九江保存最完好的古村落。相传开村时，因其地貌似一只展翅飞翔的燕子，村口木板桥的桥身宛如燕子的嘴，遂将此桥称为“燕桥”，并以燕桥作村名，后因“烟”与“燕”谐音，遂改村名为“烟桥”。此地名的来历，坊间还有一说：古时村里铺桥用的木板柔韧，踏上去晃晃悠悠，粤语“柔韧”与“烟”的发音十分接近，因而名为“烟桥”，村子也因此得名。如今，村口的木板桥早已换成了水泥墩桥，“燕”、“烟”古韵也早已随着悠悠河水流失。

然而，无论其来历如何，烟桥，毫无疑问是一个诗意特别浓郁的地名。“烟”和“桥”都是频繁地进入中国古诗词的汉字。仅唐诗中“烟”字起头的名句就有：“烟笼寒水月笼沙”、“烟柳风丝拂岸斜”、“烟波澹荡摇空碧”、“烟绵碧草萋萋长”、“烟开兰叶香风暖”、“烟岚出远村”、“烟雨下微冥”等。仅唐诗中“桥”字起头的名句就有：“桥边陌上无人识”、“桥边黄石知我心”、“桥通小市家林近”、“桥回行欲断”、“桥怜再渡时”等。也有不少诗词名作把“烟”、“桥”二字连缀在一首诗中，例如，“行到小桥深柳处，人家烟火似横塘”，“流水断桥芳草路，淡烟疏雨落花天”，“新水小桥通惠畹，乱山古寺入烟萝”等。其中最著名的当数宋代柳永《望海潮》中的“烟柳画桥”。

“烟柳画桥”，是柳永歌咏钱塘（今天的杭州市）的词语，亦生动地写出了烟桥古村的美丽。烟桥是典型的岭南水乡古村，河涌环绕，流水潺潺，烟霞袅袅，绿树成荫。古村规划严整，中轴线是一条贯通南北的古街，入口为北端门楼，青砖瓦顶，麻石门，檐下绘有清代壁画，门梁上以苍劲有力的正楷镌刻着街名“烟桥正道”。古老的石板路把人们引入古巷的深处。不少小巷的入口都建有青砖小门楼，门楼上刻有巷名。呈东西走向、并列分布的四条小巷分别名为“元巷”、“亨巷”、“利巷”、“贞巷”。“元亨利贞”是《周易》六十四卦第一卦的爻辞。元，大；亨，亨通、顺利；元亨，即大为顺利。利，好处；贞，正确；利贞，即以贞而利——凭着正确得到好处。联系《周易》的相关文字，我们可以将“元亨利贞”这个爻辞解释为：依从天道循环的规律而获得利益。“元”、“亨”、“利”、“贞”四个巷名，与街名“烟桥正道”互相呼应，构成了一个富于训诫意味的地名群，寄予了先人对后辈的教诲和期望：唯有遵从天地正道，方能兴旺发达，长盛不衰。

巷子两边，古色古香的清代岭南民居比肩而立。令今天的烟桥人感到得意的是，与香港一样，烟桥也有一个“兰桂坊”。烟桥兰桂坊是一个大户人家的居屋，建于清光绪二十年（1894 年），屋主曾叱咤港澳商界风云。与具有西方风情的香港兰桂坊相比，烟桥兰桂坊充满了东方建筑的神韵。这是一座典型的清代岭南建筑群，墙上镶嵌着砖雕、灰雕，还绘有传统的壁画。历经百余年风雨的侵袭，这个建筑群仅余两间房屋和一个门楼，残垣断壁之间长出几株遮天蔽日的大榕树，既诉说着人世的沧桑，又默默地守护着昔日的荣耀。

烟桥最值得欣赏的古建筑物是何氏六世祖祠。据说该村曾有祠堂七间：村口有何氏六世祖祠，东北有厚德堂和入福堂，东南有五美堂和上智堂，西北有丹桂堂和明镜宫。如今，其他祠堂都已消失，唯有何氏六世祖祠保存完好。该宗祠始建年代不详，清嘉庆十九年（1814 年）由何文绮主持重建，清光绪十八年（1892 年）再次重修。宗祠采用抬梁式砖木结构，正面宽 20. 36 米，深 21. 48 米，二进三间。大镬耳屋脊，水磨青砖墙，典雅坚固，据说瓦顶厚达五层，连子弹都无法穿透。柱上、梁上和墙上饰有不少石雕、木雕、灰雕和砖雕，手工精巧，造型生动。大门上方“何氏六世祖祠”六个遒劲的大字，为清同治六年（1867 年）顺天举人顺德梁骝藻所书。祠内有清咸丰九年（1859 年）探花顺德李文田题匾“惇叙堂”。

文化底蕴深厚的何氏六世祖祠见证了烟桥何氏兴旺发达的历史。烟桥村民以何姓为主，又称烟桥何氏。何氏祖先经南雄珠玑巷迁入岭南，先居住在石龙。以捕鱼为生的何氏第六世祖于明景泰年间（1450—1457 年）来此开村定居。500 多年来，村中人才辈出。

距樵麓十里以南，有乡贤、有画师，胜地英豪齐鹊起；
计男丁六百余口，若举人、若进士，秀才文武更蝉联。

祠堂内这副对联记录了烟桥人的光荣，也传达了烟桥人的自豪感。最令烟桥人感到荣耀的是村中两位历史名人：何文绮（1779—1855 年）和何翀（1807—1883 年）。何文绮，字朴园，清嘉庆二十五年（1820 年）进士，授兵部主事，后加员外郎衔。他告假返乡后，多年居广州执教，清道光二十四年（1844 年）受聘为粤秀书院主讲。其学生成才者众。何氏六世祖祠外有一块“郡邑乡贤”石刻，是两广总督张之洞向光绪皇帝呈奏，为纪念何文绮“入祀乡贤”而镌刻的。何翀，字丹山，号“烟桥老人”，又号“七十二峰山人”，清末岭南画派著名画家。出身寒门，天性聪慧，自学绘画，精通艺术，所画的山水人物和花卉翎毛饮誉当时，垂于后世。曾在广州开设“竹清石寿之斋”画室，求画者如云。其创作重视摹景写生，曾在西樵山设“碧云画楼”，开岭南画家点染南国风光之先河。

或许比画家的作品更具艺术震撼力的是聪慧的烟桥人以独到的灵性绘出了村中一道独特的自然奇观：一树成林。这里所说的“一树”就是生长在何氏六世祖祠前的一棵老榕树。这棵榕树栽种于 20 世纪 20 年代。村俗重读书，认为随手扔掉写有字迹的纸张，对科考不利，所以专门在祖祠前修建了一个焚字塔，用来焚烧废字纸。榕树长大后，有村民顺势将一枝气根引种到焚字塔上，形成了今天树抱塔的奇观。1945 年，为纪念抗日战争胜利，村民又将榕树上的一枝气根引种到地面。1949 年，新中国成立，再引种一枝。此后，又分别于 1967 年（“文化大革命”第二年）、1982 年（改革开放第五年）、1998 年（香港回归祖国第二年）、2000 年（澳门回归祖国第二年）各引种了一枝气根。由此，这些榕树又被称为“国事榕”。如今，当年的小气根都已经长成大树。8 颗大树既独立生长又彼此相连，枝干虬结，叶叶交通，冠盖相连，延绵成林，覆盖面积约 900 多平方米，蔚为壮观。而“一树成林”也成了一个闻名遐迩而又诗意盎然的自然景观地名。

二、鹭鸟天堂

鹭鸟天堂指称的是位于九江镇北部璜玑风水村境内的一片占

地面积近百亩的簕竹林。这里是九江水乡的腹地，河涌交错，鱼塘环绕，土地肥沃，簕竹林生气蓬勃，茂密幽静，竹林之下，池塘如镜，成了鹭鸟栖息繁衍的家园。鹭鸟天堂因此得名。

自清道光年间（1821—1850年）起，这片簕竹林中就栖息着数万只鹭鸟，其主要品种是白鹭和灰鹭。这两种鹭鸟有着完全不同的生活习性，前者昼出夜归，后者夜出昼归。每当晨曦初露和夕阳西下的时分，出巢和归巢的鹭鸟在簕竹林上空相会。霞光中，群鹭齐鸣，上下翻飞，呈一派生机盎然的景象。

鹭鸟天堂，俗称“璜玑鹤巢”，因为当地居民称鹭鸟为鹤。今天，在风水村口建有“璜玑鹤影”牌坊，背面书“鹤巢”。路边有一侣鹤亭，亭上对联曰：“爱是处川原长岸竹影添逸趣，问当年城郭高天鹤影系羁怀。”在老人们的心中，鹤是神鸟，具有灵性，不可滥杀。因此，百余年来，人们一直对鹭鸟“相敬如宾”。这种敬鸟如宾的习俗源于古朴的图腾文化。古代岭南越人尚鬼，形成具有浓郁地方特色的图腾文化，崇拜某些动物，并将其作为本部族的保护神。岭南地区水网密布，水鸟很多。这些鸟是渔猎时代古越人的重要食物来源，有的经过驯化，还能成为他们的劳动帮手，有“田鸟助耕”、“鸟田”等传说。因此，水鸟就成了他们的图腾。广州南越王墓出土的铜筒上所镌船纹，舵上立着一只鸟，说明古越人对鸟的重视。岭南出土的铜鼓中常见身饰羽毛的羽人形象，即为原始中的图腾化装。鹤即是他们崇拜的图腾之一。因此，珠江三角洲留下了大量以鹤字命名的地名。与九江隔水相望的鹤山就是一例。

鹭鸟天堂之所以能成为鹭鸟的天堂，就是得益于图腾崇拜文化背景下人鸟和谐共处的生态环境。在风水村，鹭鸟常常飞入寻常农家的院落，与人们一同嬉戏。最受村民宠爱的是美丽圣洁的白鹭。有的白鹭被饲养成“家鸟”，常常亲昵地飞落在主人的手上或肩上。一百多年来，鹭鸟已经成为风水村人的朋友，人鸟相依，情意深深。1938年，日寇入侵九江，村民逃离家园，鹭鸟也纷纷飞迁。直到1945年抗战胜利后，村民重返家园，鹭鸟才结队归巢。新中国成立后，村民自发组成护林护鸟队，日夜守护“鹤巢”，严禁外人侵扰。1985年，南海县政府将鹭鸟天堂四周方圆3公里范围列为自然保护区。1986年，“璜玑鹤影”被评为“南海新八景”之一。1999年，凭借鹭鸟天堂，璜玑村被评为广东省首批生态示范村。

“翠竹林中景最幽，人生乐此竟何求?”今天，鹭鸟天堂已经成为九江最负盛名的旅游景点之一。每天，数万只鹭鸟与一同栖息在此的鹌鹑、喜鹊、白头翁等多种雀鸟，都在这个鸟的天堂里，以清脆的叫声和翩翩的舞姿，演绎着人鸟同乐的歌舞。

三、河清及其他

河清：河水清清，清清河水。这个颇具《诗经·蒹葭》韵味的地名，寄寓着海晏河清的企盼。河清行政村，位于九江镇西部，东连上西村，南与鹤山市隔西江相望，西连镇南，北接烟南、璜玑，总面积8.33平方公里，其中，陆域面积6.7平方公里，水域面积1.63平方公里。历史上此地曾称古谭、河溪、清溪。明、清两代设河清堡。民国时期改河清乡。村民以潘姓居多，次为陈、刘、黎、李、何等姓。河清堡河清村人陈体全（1685—1749年）为清代著名医生、药师，是“南药”名店“陈李济”的创始人之一。清康熙年间（1662—1722年），陈体全在广州大南门（现北京路）与西樵人李升佐合作开办了“陈李济”药店，店名取陈、李同心济世的内涵。清末，广东陈李济与北京同仁堂、杭州胡庆余堂并称为全国三大中药名店。2008年11月，“陈李济中药文化”被列入广州市第一批非物质文化遗产名录。

梅圳：圳，田野间的水沟。梅花盛开在田野间的水沟旁，一个充满诗情画意的地名。梅圳行政村，位于九江镇东北部，东界顺德，南邻下北，西连新龙、沙嘴、敦根，北接西樵山旅游度假区。总面积4.07平方公里，辖梅东、中和、梅北、会龙、三才围5个自然村。传说开村初期，村民习惯在榕树下栓牛，有人称之为“牛圳”，遂为村名。后来，村人嫌“牛圳”不雅，改为梅圳。今天的梅圳虽然已充满现代气息，但依然可以领略到“斜光墟落，牛羊下来”的闲适，“疏影横斜水清浅，暗香浮动月黄昏”的惬意。

日曜：阳光照耀。这个辉煌灿烂的地名，这令人联想起《诗经·榆风》描写的浪漫爱情：田野小河边的少女，看到自己钟爱的男子在朝阳映照下那么神采飞扬，不由得怦然心动，于是便有了“羔裘如膏，日出有曜，岂不尔思！中心是悼”的恋歌。日曜自然村，位于九江西北部，属璜玑行政村。这个村名的来历是否与《诗经》古老的恋歌关合？我们不得而知。但是，有着阳光如媚的田野、山清水秀的村庄、多情重义的民风的日曜肯定是能孕育纯洁爱情故事的一方水土。

珮山：珮，古人系在衣带上的玉珮。把小山喻为衣带上玲珑可爱的玉珮，一个想象大胆而瑰丽的地名。珮山，又名“象跋山”，位于九江镇西南部下西万寿村境内，呈东北一东南走向，长60米，宽40米，海拔13.8米。

海心沙：粤语河海不分，此处的海，实指西江。浩瀚西江水之中的一片沙洲，一个本色而又意境开阔的地名。海心沙，又称“海寿沙”、“下南沙洲”，俗称“裹肚沙”，位于九江镇南部，呈西北—东南走向。西北端距西江北岸1 350米，南端距西江南岸125米。沙洲长3 375米，最宽处1 200米，面积约为2.53平方公里，有上沙、上源、新中3个自然村，属海寿行政村。

当然，我们一定不会忘记，在九江境内，最重要的诗性地名莫过于“九江”了。九江：众多流派汇集于此，奔腾而下，直泻沧海，浪淘尽千古风流，展示出一往无前的力量。其气势之磅礴、景色之壮观，不由让人叹为观止，心潮澎湃！

在这个诗人辈出的儒林之乡，众多诗性地名营造出浓浓的诗意，描写出九江这美丽的诗篇。

四、诗意的地名，诗意地栖居

马克思在《1844 年经济学哲学手稿》中留下了一段名言：

动物只是按照它所属的那个物种的尺度和需要来进行塑造，而人则懂得按照任何物种的尺度来进行生产，而且随时随地都能用内在固有的尺度来衡量对象，所以人也按美的规律来塑造物体。

生理学和心理学的大量研究已经表明，人的感官对美有着本能的喜好，追求美是人的天性。美的规律是人类劳动实践的规律之一。作为万物的灵长，人能摆脱物种的尺度而以美的尺度来创造世界，从而给万物都重新赋予美的意义。

九江诗性地名，是九江人将自己对地理空间的诗性体验固化为语言文字的成果，是九江人对居住空间进行审美创造的结晶。九江人创造诗性地名的过程，既是以美的尺度创造对象的过程，也是认识世界、把握世界的过程。在创造诗性地名的实践中，人们的精神世界变得更加丰富和充实。

作为审美创造的结晶，诗性地名必然是一个审美的召唤结构，从而具有美育的功能。的确，九江诗性地名既有实用的价值，也具有审美的价值。它一旦成名，就为广大群众所喜闻乐见，家传户诵，流传开来。诗性地名还因其独特而深刻的审美价值，焕发出强大的生命力，穿越历史的沧桑，历经时间的洗礼，留下永恒的魅力。使用和欣赏诗性地名的过程，是人类追求美、体验美和享受美的过程。九江诗性地名给世世代代九江居民以及其他读者带来了丰盈的审美感受。在诗意的创造物——诗性地名面前，人们不仅体悟着人生和世界的美妙，而且能够感受到人类的伟大、人生的价值和意义。

九江诗性地名大都以自然事物命名。它们强调的既不是人对大自然的控制，也不是人对大自然的理性认知。如同风景诗一样，诗性地名是大自然在人之心灵深处激起的感性悸动。在这份悸动里，既有对于大自然的敬畏和崇拜，又有对于大自然的亲近和接纳；既深藏着人的生活理想和审美理想，又深藏着古老的中华民族“道法自然”的诗性世界观。

地名是地理语言景观。语言是人存在的家园。人的存在应该是诗意的，正如19世纪德国诗人荷尔德林创作的名句：“人，诗意地栖居在大地上。”今天，荷尔德林这句诗之所以深入人心，不仅在于20世纪德国著名哲学家海德格尔的大力推崇，而且更在于它道出了人类生命的深邃与优雅。诗意地栖居在大地上，就是要用诗意的眼光，亦即用真、善、美的眼光来看待社会和人生，来欣赏宇宙万物和自己居住的地理空间。

在21世纪的今天，随着科技的进步，随着飞速发展的城市化进程，当越来越多的人栖居在高楼大厦、被困在冰冷的玻璃和钢铁结构之中、被单调的数字所包围的时候，让我们发扬九江诗性地名的传统，多创造一些诗性地名吧。

让我们生活的地理空间再多一些诗意。

让我们在即使不得已远离大自然的时光里，也能在诗意的地名群中诗意地栖居。

破排角地名与龙舟文化

一

破排角遗址，位于九江镇下东群星自然村，为南海九江先民于南宋咸淳年间（1265—1274 年）自南雄珠玑巷顺流南迁登岸处。该遗址面积约 100 平方米，有一座宋代关氏“南雄处士”古墓，一棵木棉树亭亭玉立于古墓之后，四季常青的松柏树围绕在周边。

关于此地名的来历，清顺治十四年（1657 年）出版的黎春曦《九江乡志》记载：

破排角在大洋湾。我广州各家族谱称，始祖多来自南雄珠玑巷。相传宋咸淳间，有胡姬逃死珠玑，乡人虑祸，相率结排筏挈家顺流而下，至九江大洋湾，排为水漂坏，因登岸散处，其地以此得名。

“胡姬逃死珠玑”是一个流传甚广的历史故事。南宋咸淳年间，胡贵妃受到奸相贾似道的迫害，逃出皇宫后被富商黄贮万搭救。黄贮万将贵妃带到自己的家乡南雄珠玑巷隐居起来。不久，传来贾似道派兵追捕胡贵妃、欲血洗珠玑巷的消息。胡贵妃不愿殃及乡亲，毅然投井自尽。珠玑巷的居民恐遭不测，纷纷逃走。那时，流经南雄的浈江航道畅通，可通往韶州和珠江三角洲。人们相邀结排筏，带着家眷经浈江、北江、西江顺流而下，沿途风餐露宿，历经艰难困苦。到达九江大洋湾时，风高浪急，排筏散破，众人只好弃筏登岸，散居各地。

“胡姬逃死珠玑”是一个凄美的历史故事，其真实度今天已很难考证。而九江先民大多从南雄珠玑巷迁徙而来，其中不少在破排角登岸，却是为许多文献和文物所证明的事实。

今天，在九江上西西山村，还矗立着关树德堂宗祠。关氏宗祠始建于明万历九年（1581 年），树德堂之名，取“树品立德”之意，是九江保存得较为完好的宗祠之一。而且关氏家谱是珠江三角洲地区保存得最为完整的家谱之一。《南海九江关树德堂家谱》记载：

始祖讳贞，号赤冈，其先世相传系出解州，然屡经兵燹，莫得详其世系。宋度宗咸淳间，偕弟俊奉其考妣骨殖，由保昌（南雄）挈家南下至九江桴排角避风登岸，见其山明水秀，顾谓弟曰：天使吾兄弟肇基此土也。遂择地将骨殖安厝。复遵海而西宅于关江村居焉。

《关树德堂家谱十世孙兆熙·序》记载：

我族出于汉寿亭侯，宋咸淳元年自解州徙保昌辟珠玑里，阅七年，始祖讳贞偕奉南雄公，再迁南海县九江乡……

始祖贞偕其弟俊，携父母骨殖，至本乡现葬初祖处，排破登岸，遂奉骨殖安葬于此。后因名其地，为破排角。按破排角即大洋湾，在本乡沙口，西江至此。浩瀚无际，舟楫常遭风漂坏，破排角或以险得名。

关氏家谱告诉我们：关氏为汉寿亭侯（即关公云长）之后裔，先世居山西解州。宋咸淳元年（1265 年），自解州迁到南雄珠玑巷。几年后，关贞、关俊兄弟携父母骨殖从南雄珠玑巷南下。在大洋湾排筏散破后，关氏兄弟将父母骨殖葬于登岸处，之后便在九江生息繁衍。不过，今天的破排角遗址距西江岸边已达数百米之遥，700 余年来沙泥淤积，昔日的江岸已成了今天的陆地。1996 年 6 月，南海市文物管理委员会清理破排角宋墓，挖掘出一对骨罈，属宋末元初陶器，与《南海九江关树德堂家谱》记载的史实相吻合，同时也与清康熙、乾隆、嘉庆各代重修该墓所立的碑记相印证。1997 年春，九江镇政府在破排角遗址竖立石碑，碑文记载了关氏先人及多姓邻人乘筏至此、排破登岸的史实。2006 年 11 月，破排角遗址被核定为佛山市第四批市级文物保护单位。

此外，九江有句流传深远的民谚："九江丁共宋，有剩南雄种。"意思是：九江居民，除丁、宋两姓之外，其余各姓家族均从南雄迁徙而来。另据《九江朱氏家谱》、《珠玑村三十三姓九十七人流徙铭》等记载，九江的朱、李、陈等姓氏的先民都是自南雄珠玑巷迁徙而来，都在破排角一带登岸。

南雄珠玑巷是珠江三角洲一带主要族姓的祖居。据黄慈博先生遗稿《珠玑巷民族南迁记》，有家谱族谱可查，先后自南雄珠玑巷南迁珠江三角洲一带的有 76 个姓、166 个族。南雄县政协文史资料研究委员会、南雄珠玑巷人南迁后裔联谊会筹委会合编的《南雄珠玑巷人南迁氏族谱》，又增补了 27 个姓、31 个族，合计为 103 个姓、197 个族。仅南海就有 23 个姓、38 个族。

可以肯定，珠玑巷人南迁珠江三角洲的遗址是数不胜数的。然而，像破排角遗址这样经得起考证的却并不多见。其原因复杂多样，而遗址命名的优劣无疑也是其原因之一。我们将九江的"破排角"与中山市小榄镇的"思源井"以及佛山禅城区的"石湾"相比较，可以清楚地看到这一点。

何氏子孙为纪念祖先而挖掘小榄思源井。相传其先祖何琳、何球兄弟于宋咸淳九年（1273 年）为避胡贵妃之难，乘竹排逃离南雄珠玑巷。漂流至连江口时，竹排被冲散，两兄弟率家人奔往南海县西淋都华桂坊住歇，接着到小榄凤山下居住。何家发达后，子孙们在小榄掘“思源井”，并于迁居地凤凰山麓立碑纪念，碑文记载了何氏祖先南迁的历程。

关于石湾地名的由来。相传宋咸淳年间，为避胡贵妃之难，原居南雄珠玑巷的某族长率全族人逃走，乘木排顺流而下。在南海县境内的一个水湾里，木排因一块大石头搁浅。族长遂率领全族在这里落户。人们认为这块令木排搁浅的石头是玉皇大帝的恩赐，于是将此地命名为“石湾”。

“破排角”、“思源井”、“石湾”，三个地名都以宋咸淳年间，南雄珠玑巷人为避胡贵妃之难，乘排筏南下的历史事件为背景。然而，“思源井”和“石湾”之名，都缺乏个性化的独特的历史内涵。很明显，“思源”这个词具有无限的开放性，从理论上来说，任何一个家族都应该也都可以“思源”；而“石”、“湾”也是普遍存在的自然事物，理论上，任何一个有石头的水湾都可以叫“石湾”。因此，关于“思源井”、“石湾”之名的来历，也就成了很难加以考证的故事。人们考察老地名的来历，常常会遇到一名多种解释、多种传说的现象。其原因也在于此。

三个地名中，唯有破排角，以通俗而又独具个性的词语，非常准确地概括了一个历史事件，非常形象地记载了九江先民乘排筏顺流而至、破排登岸的历史。破排角遗址能够成为经过考证的南海先民自南雄珠玑巷南迁遗址，并非偶然。其成功留给人们的启示是：优秀的纪念性地名，除了具有地名的一般社会功能之外，还具有反映史实、见证历史的功能；而纪念性地名要实现其见证历史的功能，命名时就应该选择具有个性特征的能够准确概括历史的词语。

二

2007 年 9 月 29 日，国家体育总局社会体育中心中国龙舟协会将首个“中国龙舟名镇”荣誉称号授予南海九江。在此之前，龙舟早已让九江风行全国、扬威世界。多年来，九江男子龙舟队频频在国际、国内重大龙舟赛场中折桂。仅 2005 年，九江男子龙船队就夺得了香港国际龙舟邀请赛暨第二届龙舟精英赛冠军和国际龙舟邀请赛男子组金牌。2004 年，作为广东的代表，九江女子龙舟队分别赴江苏省常州市和常熟市参加了“中华龙城常州全国龙舟精英赛”和“全国龙舟精英赛”，并一举夺得五项冠军。

2010 年 11 月，全部由农民组成的九江龙舟队以中国国家队的身份征战广州亚运会，勇夺两枚铜牌。

九江龙舟队的胜利倚重的是九江龙舟文化的深厚基础。

九江是南海拥有龙舟数量最多的镇，仅传统大龙就有 100 多条，几乎村村有龙舟。赛龙舟，是九江最具有群众基础的民间竞技活动。其龙舟赛形式多样，有传统龙舟、五人龙舟、四人凤艇、三人农艇等，还有龙舟选美赛。平时，居民们常常自发地组织龙舟比赛。每逢端午节和国庆节，由镇政府组织的大型龙舟赛事更是全民参与的喜庆盛会。全镇上下，家家户户，男女老少，都在话龙舟、观龙舟。平时宁静的九江涌两岸，鼓乐齐鸣，人声鼎沸，喝彩声、加油声震耳欲聋，全镇居民都沉浸在集体性的龙舟狂欢之中。

九江人为什么会如此热爱龙舟？常见的解释是：九江域内河网密布，划艇成为居民出行的主要交通工具之一，龙舟也因此而兴盛。这种说法固然不错，但肯定不够深刻、不够全面。在珠江三角洲，河网密布的村镇很多，却没有一个地方的居民像九江人这般对龙舟情有独钟。应该说，九江人痴迷龙舟的原因是复杂多样的，而破排角地名的影响，或许是重要原因之一。据史料记载，早在明弘治年间（1488—1505 年），龙舟就已经成为九江居民喜闻乐见的群众运动项目。九江最早兴起龙舟运动的村落，就是破排角遗址所在的下东村以及相邻的上东村和大谷村，这应该不是偶然。除此之外，笔者以为还可以从以下三个方面来探讨破排角地名与龙舟文化的关系。

（一）破排角地名与龙舟出海的传说

龙舟出海的传说在九江流传已久。清道光年间（1821—1850 年），土匪在九江境内杀死了一名朝廷命官。当局震怒，派钦差大臣来九江追查问责。消息传来，人心惶惶，担心万一处理不当，全乡人会遭株连。危机时刻，德高望重的朱九江（次琦）先生挺身而出，亲自筹划了应对之策。在朱九江先生的部署下，钦差大臣到达之日，九江所有龙舟都出海（粤语里江海不分，这里的“海”，特指西江），所有的壮丁都登上龙舟。这支浩浩荡荡的龙舟队在龙山甘竹滩和九江文锦渡（今九江镇沙口渡口）之间穿梭游弋。而九江先生则与钦差大臣坐在附近的望海亭中，一边观看龙舟出海，一边倾谈。龙舟上的乡民们在划船的同时，紧张地注视着九江先生手中的鹅毛扇。大家知道，鹅毛扇来回摇，意味着谈判顺利，龙舟就在望海亭一带来回地游；鹅毛扇向内摇，意味着谈判成功，龙舟就可以靠岸；鹅毛扇向外摇，意味着谈判失败，龙舟只能永远离开九江，顺流而下，远走他乡。

将龙舟出海传说与破排角历史事件相对比，我们不难发现，两者有着惊人的相似。它们采用了相同的情节模式：捕捉—逃跑—拯救。它们设置了相同的捕捉者和逃跑者：捕捉者都是朝廷，势力大如天，小小百姓无法抗拒；逃跑者都是无辜的乡民，仅仅由于惹祸者来到了他们的居住地，乡民们就被卷入祸患中，面临灭顶之灾，不得不逃离家园。它们还设计了相同的拯救方案：拯救路径——顺水而逃，拯救工具——排筏或龙舟。可以推断，龙舟出海的传说是破排角历史事件的叙述变体。

与破排角历史事件相比，作为叙述变体的龙舟出海传说有两个重要的变化。一是增加了拯救者朱九江的形象。九江先生是清中叶岭南鸿儒，名震五洲。在龙舟出海传说中，这个九江居民心目中最伟大的同乡，被提升为诸葛亮式的英雄，他羽扇纶巾，运筹帷幄，谈笑之间，化解了一场重大危机。二是结局不同。破排角历史事件中，先人们乘排筏逃离了珠玑巷，靠逃离拯救了自己。龙舟出海的传说中，英雄拯救了百姓，已经乘上龙舟、准备逃离的九江人最终又回到了家园。

当然，我们不会忘记，龙舟出海传说与破排角历史事件之间最大、最本质的区别在于：前者是虚构的文本，后者是真实的历史事件。然而，在破排角遗址所在的地域，流传着一个作为破排角历史事件变体的龙舟出海传说，绝不会是偶然的。

作为一种集体创作的文学成果，民间传说是人类社会的信息储藏库，记录着不同时代、不同地域人们的生活、思想、情感和追求。因此，虚构的民间传说中往往蕴含着一些真实的信息。龙舟出海传说至少储藏着以下思想和情感材料：一是九江人对祖先的眷念之情，对破排角历史的深刻记忆；二是九江人强烈的危机意识，虽然现实中破排角历史事件并未重演，但他们居安思危，在想象中不断地体验危机时刻，不断地设计逃离方案。这些真实的思想和情感材料说明，对于九江人来说，破排角地名既是历史的见证，又是长鸣的警钟，警醒他们永远居安思危，随时准备应对危机事件。而龙舟也因此在九江人心目中有了一个不可或缺的重要位置。他们必须常备着比排筏结实得多的龙舟，并且他们也必须是龙舟高手，以应付随时可能发生的无妄之灾。

（二）破排角地名与龙舟出海民俗

龙舟出海是九江流传已久的一种民俗，指的是九江的龙舟出征西江，以祈求来年风调雨顺。每年扒龙舟的最后一天（通常为新历 10 月 2 日），中午 12 点钟左右，早早吃完中午“龙舟饭”的龙舟健儿们，先将龙舟划到老城区慈母桥附近的河涌列队集合，再向沙口水闸进发。分批穿过沙口水闸之后，龙舟继续顺流而下。在下东村附近的江面上矗立着一个人造龙门，龙舟穿过这个龙门后调头，驶向岸边，接过岸上工作人员颁发的彩旗，然后就近再调头，再穿过龙门，反复转圈。等所有龙舟都接过彩旗以后，龙舟队再按原路回到九江城区。

如果说龙舟出海传说以隐喻的形式表达了九江人对破排角历史事件的回忆的话，龙舟出海民俗活动则以直喻的形式传达了九江人对破排角历史事件的纪念。首先，我们不会忘记活动的核心地点下东村正是破排角遗址所在地。其次，活动的主要工具——龙舟，就是一种高级的排筏。再次，活动的主要流程：从上游漂至破排角遗址—驶向岸边—接过彩旗—就近调头，明显是对先人破排登陆行为的模仿。通过龙舟出海民俗活动，九江人体验和感悟了祖先曾经历过的情境，实现了与祖先精神上的对话和沟通。

龙舟出海民俗活动是对破排角历史事件的模仿，更是对破排角历史事件的超越。当一只只龙舟穿过具有象征意味的龙门并成功抵达岸边的时候，当舟上的健儿兴奋地接过胜利彩旗的时候，当岸上观众纵情地欢呼自己的龙舟队凯旋的时候，涌动在人们心中的既有对先人的思念，又有对先人的告慰；既有对族群力量的认可，又有自我尊严感和安全感的满足；既有对过去的纪念，又有对现实的珍惜，更有对未来的美好向往。

（三）破排角精神与龙舟精神

破排角地名之优秀，不仅仅在于它见证了历史，具有文物的价值，而且还在于它弘扬了一种破排角精神：在赖以栖身的排筏被无情击破的危急时刻，能勇敢地弃排登陆，就地结庐开村，拓荒筑堤，生息繁衍。这是一种怎样的精神？这是一种不屈不挠、坚毅果敢、奋勇当先、自强不息的精神。先人破排登陆的历史时刻定格在破排角这个地名之中。在这个地名里，后人们看到了祖先坚强而伟岸的身影，领受了祖先不屈不挠、坚毅果敢、奋勇当先、自强不息的精神感召力。渐渐地，破排角精神融入了九江人的血液之中，内化为一种难以磨灭的文化基因，凝聚成九江地域文化精神的一个重要组成部分。而龙舟文化正是这种地域文化精神的结晶。

同样，赛龙舟的精髓也在于它所弘扬的龙舟精神。龙舟赛，是一幅龙争虎斗的壮观图画：在碧波之上，浪涛之间，伴随着激励的鼓点和观众的呐喊声，一只只龙舟飞速挺进，健儿们齐心协力，奋力挥桨，你追我赶，气势如虹。龙舟精神就是团结一致、激流勇进的精神，也是奋勇拼搏、力争上游的精神。毫无疑问，龙舟精神与破排角精神是血脉相通的。

方位地名景观与居民的归属意识

作为人类文化的结晶，地名随着地域文化的产生而产生，也随着地域文化的发展而发展。地名记录了地域文化的方方面面：不仅记录了一个地域的地理、历史、政治、经济、军事、交通，同时也记录了一个地域的文化传承、道德观念、民风民俗，甚至还记录了一个地域居民的心理轨迹。南海区九江镇的方位地名景观就以独特的地理语言刻录了九江人独特的心灵世界。

一

九江方位地名景观主要由上东、下东、南方、上西、下西、下北 6 个行政村的地名组成。

上东村位于九江镇东部，总面积为 3.3 平方公里，东邻大谷村和下东村，南与南方村相望，西与城区和下北村相连，北与顺德龙江镇接壤。辖上东沙、腾滘、奇山、沙溪（沙滘）、三路（下东沙）、四路（下东沙）6 个自然村，村委会驻奇山自然村。2010 年，常住人口 11 391 人，外来人口 4 673 人；全村经济年总收入 76 244 万元，人均年收入 11 306 元。

下东村位于九江镇东南部，总面积 5.34 平方公里，其中陆地面积 3.1 平方公里，水域面积 2.24 平方公里。南方村东界顺德龙江镇，南与新会、鹤山两市隔西江相望，西连文昌、上东两村，北与大谷村相邻。辖群星、南中、南华 3 个自然村，村委会驻南中自然村。2010 年，常住人口 5 332 人，外来人口 1 244 人；全村经济年总收入 54 408 万元，人均年收入 11 195 元。

南方村位于九江镇南部，总面积为5.22平方公里，其中陆地面积2.87平方公里，水域面积2.35平方公里。南方村东与上东村一涌之隔，南与鹤山市隔西江相望，西与下西村毗邻，北与太平东街区相连。其辖柳木、八约、上南、金星、东升5个自然村，村委会驻柳木自然村。2010年，该村有常住人口7 594人，外来人口2 293人；全村经济年总收入为77 557万元，人均年收入为10 900元。

上西村位于九江镇西南部，总面积8.21平方公里，其中陆地面积4.8平方公里，水域面积3.41平方公里。该村东连下西村，南接城区滨江街区，西连河清村，北靠新龙村。其辖西山、相府、长龄、贤和、先锋、龙回6个自然村，村委会驻贤和自然村。2010年，该村有常住人口7 577人，外来人口2 814人；全村经济年总收入为64 973万元，人均年收入为10 613元。

下西村位于九江镇西南部，总面积4.35平方公里，其中陆地面积3.98平方公里，水域面积0.37平方公里。该村东与下北村、城区、南方村相邻，南与海寿村隔西江相望，西连上西村，北接新龙村。其辖翘南、大稔、侯王、万寿、乐只、太平、洪圣7个自然村，村委会驻侯王村。2010年，该村有常住人口11 021人，外来人口2 083人；全村经济年总收入为72 285万元，人均年收入为11 316元。

下北村位于九江镇东部，总面积2.9平方公里。该村东界顺德龙江镇，南接上东，西连下西村，北邻梅圳村。其辖长兴、祖社、岳湾、西川、古滘、铁滘、东岸、石塘、花社、李涌、大伸11个自然村，村委会驻祖社自然村。2010年，该村有常住人口12 638人，外来人口7 648人；全村经济年总收入为83 527万元，人均年收入为11 304元。

与其他的方位地名相比，九江方位地名有一个显著的特点：全部由单纯的方向词构成。我国大多数方位地名，都采用名词 +

方向词的偏正结构。例如，山东、山西、湖南、湖北、河南、河北，其中的“山”、“湖”、“河”都是表示地理实体的名词，分别特指太行山、洞庭湖和黄河。而九江方位地名景观中的地名全部由纯粹的方位词语构成。从词性看，除了“南方”之外，其他5个地名都属于并列结构：上东、下东、上西、下西、下北，5个地名中的“上”与“下”的内涵分别是“北”与“南”（依据地图上北下南的惯例）。所以如果意译，可将其分别翻译为北东、南东、北西、南西、南北。可见，这一组地名全部由单纯的方向词构成。

地名是个体地域的指称，在日常生活中，其主要功能是帮助人们划分地理区域，让人类明确自己的生存空间。大多数方位地名在方向词前加上一个特定的地理名词，表明该方向词所依赖的参照地，就是为了指位清晰明白。从理论上说，离开参照地名词，纯粹的方向词是无法有效地指称个体地域、实现其指位功能的——因为方向是相对的，仅有方向词，人们无法明确其地理内涵。

九江方位地名能够超越这个具有普适性的规律吗？不能。那么，作为一种历史的客观的存在，仅由方向词建构的九江方位地名是如何有效地指称个体地域的呢？答案只有一个：省略。它们省略了客观存在的实体地理名词——九江。

《南海县建制志》收录的1995年版九江镇地图有力地证明了这个结论。随着1997年九江镇政府北迁到西江之滨，在今天的地图上，下北村位于九江镇东部。而在1995年版地图上，下北村确实位于九江镇老城区中心的北部，读者可以看到，上东、下东、南方、上西、下西、下北这6个地名分为四组，分别从东、南、西、北四个方向围绕着九江镇中心。于是，仅由方向词建构的九江方位地名照样有效地指称了个体地域，因为这些地名的主要使用者——当地居民大都知道，“上东”意为九江东方北部，“下东”意为九江东方南部，“南方”意为九江南方，“上西”意为九江西方北部，“下西”意为九江西方南部，“下北”意为九江北方南部。

对“九江”这个实体地名的省略，不仅不是地名创作者们对于九江的忽视，恰恰相反，在这种省略中，我们看到的是一种不言而喻的共识和约定俗成的习惯。如同大多数人称谓自己的父母无须在父母称谓前加上其大名一样，对于这些居民而言，他们居住的地域当然属九江，这是无须声明的。

正是在这种不言而喻的省略中，我们触摸到了九江方位地名景观以隐喻的形式所传达的居民心灵深处的归属意识：我是九江人。

“九江不认南。”这句流传深远的民间谚语，佐证了笔者从九江方位地名景观中解读到的居民心理内涵。

二

“九江不认南。”与南海其他乡镇的居民不同，九江人报籍贯时，往往不说“我是南海人”或者“我是南海九江人”，而只讲“我是九江人”。

“我是九江人。”在九江人心中，九江是最正宗的家乡。家乡这个词，将人格赋予土地，把家与一个指定的地域联系在一起，把这片地域想象成一个温暖的大家庭。家乡成为亲缘与故乡土地的结合体，故乡的土地被看成是文化归属意识的容器。

于是，人们总是通过某个地名来定义自我。例如，我是广州人，我是佛山人，我是南海人，等等。在这个定义里，地名成了一面旗帜，可以聚集一个地域的人心，也让他们与自己的祖先紧密相连。这个以地名为核心的自我定义语，不仅说明了你生于何地、长于何地、曾经居住于何地；而且说明了你对自我身份的定义和认同，即你的归属意识。

归属意识是人们心理现实的一个重要组成部分，也是人们精神生活的一种基本需要。归属意识中包含着人们对家乡的一种眷恋和依附，充盈着人们对整体防卫的期盼，对族群力量的信赖，对团队威力的崇拜，对自我尊严的渴望。因此，说到底，人们需要归属意识，即需要安全感、稳定感、强大感、尊严感。

“九江不认南。”并非九江人不承认南海，而是对于九江人来说，尽管南海这个地名代表更高的行政级别，但是，九江这个地名，已经满足了他们对安全感、稳定感、强大感、尊严感的基本需要。

九江，这个处于珠江三角洲腹地、位于佛山市南海区南端的滨江小镇，有着悠长而又显赫的历史。

九江开发于宋代，其名已有 800 年以上的历史。关于这个地名的由来，主要有四种说法：一是因开村时此地有九条河涌连接西江而得名；二是境内众多河涌通西江，古人以“九”概指数量多而名之；三是因九江汇众流入海，与江西九江相仿而得名；四是因西江下游有九江大洋湾河段而得名。四种说法虽异，但都不离西江。

西江赋予九江一个响亮的地名，更孕育了这片水土的繁荣。明正统五年（1440 年），九江人开始在西江设埠捞鱼花（苗）。明弘治十四年（1501 年），经两广总督刘大夏奏请，朝廷授予九江乡人鱼花专营权。凭着世代相传的高超技艺和西江优良的水质，九江出产的鱼花品质一流，不仅畅销全中国，而且还远销东南亚。鱼埠由 80 ~ 90 所发展到 900 余所。明末，鱼塘已占全乡耕地面积的 80%。渔业的兴旺给九江圩带来了蓬勃的生机。鱼花专营权，造就了众多的九江富商，更造就了一个富裕繁荣的九江乡。清末，九江大圩东西两岸有街巷 26 条，店铺 1 500 多间。民国初期，小小的一个九江乡竟有“九市十三墟”之称。酒楼、金铺、银号、戏院林立。大小商店 3 000 余家，人口过 10 万，其名气一度直逼中国“四大名镇”之一的佛山镇，人称“小广州”。鱼花专营500年，九江富甲广东500年。民间曾有广东“四首之说”：首省，广东；首府，广州；首县，南海；首乡，九江。其意为：广东为首富之省，广州为首富之府，南海为首富之县，九江为首富之乡。

与经济比翼齐飞的是九江的文化教育事业。自明代始，九江就以“儒林之乡”闻名遐迩。几百年来，这里崇文重教，文风鼎盛，人才辈出。儒林之风使这个首富之乡没有暴发户式的低俗，而展现出儒雅高贵的风度。

在鱼花专营的霸气和儒林之乡的雅气中，九江的政治地位日益提高。从宋代建乡始，九江一直隶属南海。清乾隆五十一年（1786年），南海县增设九江主簿，主簿署驻九江堡南方柏子山前（今南方上南村），辖九江、大同、河清、镇涌、沙头5堡，提高了九江的行政级别，扩大了九江的管辖范围。此后，九江的重要性在行政建制上越来越突出。民国初年，南海县撤销九江主簿，改置南海第一区。民国十四年（1925年），政府决定成立九江市，李卓峰被委任为九江市政筹备专员。民国十五年（1926年）3月16日，广东省政府从南海县第一区划出九江堡，设置省辖九江市。当时，一同设市的还有江门、海口、佛山、北海等八地（此前广东省已设广州、汕头两市）。1926年6月4日晚，锐意改革的九江市政筹备专员李卓峰被土匪吴三镜枪杀。九江的历史终因这个令人叹惋的事件而逆转。民国十七年（1928年）9月11日，广东省决定撤销九江市政筹备处，改设九江市政局，并让九江市回归南海县管辖。民国二十五年（1936年）下半年，南海县撤销九江市，改设九江特别区。

日渐富裕、日渐儒雅、日渐强大的历史给了九江乡人充分的骄傲和自信。他们完全有理由，也完全有底气，觉得自己不是一般的南海人，而是具有特别优势的九江人。17世纪法国贵族曾经发明过一套标记自己高贵身份的雅语。或许与此有些类似，九江也形成了一种与南海其他乡镇有较大差异的方言。九江是著名的侨乡。数百年来，虽然许多九江人少小离家，落籍世界各地，但是他们中的许多人及其后裔乡音不改。2006 年夏天，时任香港特别行政区惩教署署长彭询元回九江镇南方金星村寻根，让乡亲们诧异的是这位第一次回故乡的九江后裔，可以讲一口纯正流利的九江话。他解释道，他一直牢记自己是九江人，因此跟香港的九江亲戚们学会了九江话。别具一格的九江话不仅是九江人识别同乡的显著标志，而且成了九江人表达归属意识的标志。

三

九江方位地名景观正是在九江崛起的历史进程中，在九江人的骄傲和自信中，在九江人鲜明的归属意识中逐渐形成的。

九江方位地名景观形成于明末。获得鱼花专营权 82 年之后，明万历十年（1582 年），随着经济和文化的繁荣、人口和村落数量的迅速增加，九江堡下属的图已达 228 个之多。现代管理学研究证明，在一个组织结构中，管理幅度过宽会直接影响管理效率。因此，拥有 228 个图的九江堡必须设置一个中间管理层，以提高管理效率。于是，九江堡划分为东、西、南、北四区，东区辖 34 图，西区辖 35 图，南区辖 79 图，北区辖 80 图。

东区、西区、南区、北区，这个方向地名群作为连接堡和图的中层行政单位应运而生。从诞生之日起，它就以自己的方式指示并且强调了九江堡这个中心。

到清末，四区改称为四方。清宣统二年（1910 年），《南海县志·都堡》记载："九江堡内，地分四方：东方、西方、南方、北方。东方有奇山、腾滘、沙滘、大谷、闸边、太和、双涌 7 个自然村；西方有回龙、龙潭、上游、先锋、和睦、上洪圣、仁德、贤和、长龄、相府、西山、大稔、下洪圣、太平、万寿、乐只 16 个自然村；南方有上三社、下三社、大冈脚、上二围、壹稔、南头围、下二围、十一社、保安围（原名木盘围）9 个自然村；北方有会龙、沙嘴、梅圳、龙涌、新涌、李涌、翘南、侯王、大正坊 9 个自然村。”

明清时期是九江方向地名景观发展的第一个阶段，其特点是：作为行政单位的地名而存在。

九江方位地名景观鼎盛于民国时期。在经历了省辖九江市（1926—1928 年）和县辖九江市（1928—1936 年）的历史荣耀之后，民国二十五年（1936 年）7 月，九江特别区原辖的 18 个乡被缩编为 4 个乡：东方乡、南方乡、西方乡、北方乡。其中，东方乡合并了原奇山、腾滘、东沙、沙溪、大谷、六社 6 个乡，南方乡不变，西方乡合并了原龙潭、上西、下西 3 个乡，北方乡合并了原沙嘴、新涌、龙涌、会龙、梅圳、翘南、侯王、李涌、大正坊 9 个乡。至此，九江方向地名景观不仅具有了行政单位的意义，而且具有了实体地域的内涵，还囊括了除镇街之外的九江全部地域。九江地域地名格局实现了前所未有的简明——一镇四乡：阛商镇、东方乡、南方乡、西方乡、北方乡，四个方向地名簇拥着九江镇这个中心。这个地名景观告诉人们，这里居住的只有九江镇街以及九江东方、九江南方、九江西方、九江北方乡的居民，一句话，这里只有九江人。

民国三十四年（1945 年）12 月，九江特别区改称九江乡。民国三十五年（1946 年），南海县实行联保制，第一区九江乡分为阛商、东方、南方、西方、北方 5 个保。东方联保辖奇山、腾滘、上东沙、下东沙、沙溪、大谷、上六社、下六社 8 个村，南方联保辖上南、柳木、仁义、十一社、八约 5 个村，西方联保辖回龙、先贤、长龄、相府、西山、下西、海寿 7 个村，北方联保辖梅圳、沙嘴、新涌、龙涌、李涌、翘南、侯王、大正坊 8 个村。

中华人民共和国成立后，1951 年，九江乡划分为九江圩、东南乡、西乡、北乡，同属南海第五区。1953 年，九江镇、上东乡、下东乡、南乡、上西乡、下西乡、上北乡、下北乡同属南海第五区。1955 年 10 月土地改革全面结束后，南海第五区改称九江区，直辖一镇两乡，即九江镇、九江乡和西南乡。其中九江乡辖海寿、上东、下东、大谷、上西、下西、上北、下北、南乡 9 个村。9 个村名中，有 7 个采用了方位地名。此后，在人民公社、“文化大革命”时期和改革开放的新时代，九江经历过多次的行政区划调整。大浪淘沙之后，上东、下东、南方、上西、下西、下北 6 个方向地名终于保留到今天。它们不仅刻录着九江人鲜明的归属意识，而且也能帮助人们记忆历史。例如，今天，随着九江镇政府驻地的北迁，下北村已经位于九江镇的东部，而非这个地名所标志的北部，但是它却以独特的方式记录了这个区域曾经的沧桑。

研究九江方位地名景观与居民的归属意识，至少可以给我们提供以下三点启示：

首先，地名是人赋予自然和社会的一种知识秩序。这种知识秩序包含着人们的心理现实。归属意识是人们心理现实的一个重要组成部分。严格说来，归属意识不具有政治、法律和经济的意义，然而，归属意识的产生和发展与归属地的政治、法律、经济有着千丝万缕的直接或间接的联系。刻录着归属意识的九江方向地名景观诞生在鱼花专营的霸气和儒林之乡的雅气中，鼎盛于经历了省辖九江市（1926—1928 年）和县辖九江市（1928—1936 年）的历史荣耀之后，绝非偶然。

其次，地名与人们的心理现实是一种互动的关系。人们的心理现实可以造就相关的地名，相关的地名也可以影响和塑造人们的心理现实。九江居民鲜明的归属意识造就了九江方向地名景观，而方向地名景观也不断地强化着九江人的归属意识。

再次，地名景观是“活化石”。一方面，地名景观是“化石”，它有着深厚的历史积淀，有着高强度的稳定性。另一方面，地名景观是活的，尽管速度缓慢，但它一直都在生长着、变化着。在历史的云雾中，有的地名膨胀了，有的萎缩了，有的变异了，有的消亡了……自诞生之日起，地名景观就开始了自己的生命运动，今天，这种运动还在继续。与任何生命体一样，运动也是地名景观生存的基本方式。运动贯穿于地名景观生命的历史，生生不息，运动不止。一方水土养一方人，一方人又创造了一方水土。赋予地名和地名景观生命的是人，推动地名和地名景观生命运动的也是人。因此，其生命运动中蕴藏着丰富的关于地域和居民的文化信息。考察地名景观的运动史，可以帮助我们解读一个区域人文运动的历史。

人以地杰，地以人名

——朱九江文化地名群漫谈

源于朱九江的文化地名群，包括朱九江故居、朱九江纪念堂、九江中学、朱九江墓、朱九江先生祠遗址、礼山草堂遗址、朱九江先生纪念碑，以及正在筹建的朱九江故居纪念公园等。

朱九江原名朱次琦，生于清嘉庆十二年（1807 年），卒于清光绪七年（1881 年），字稚圭，又字子襄，南海九江人，世称“九江先生”。朱次琦先生于宋咸淳末年从南雄珠玑巷迁居珠江三角洲的九江，从此，世居当地太平村。朱次琦出生之际，九江桑基鱼塘经济渐趋发达，逐步摆脱传统的农耕模式而转向商品生产；加以地处近海，不少亲属都漂洋过海，外来文化的影响亦巨，形成尚读书、敦礼义、重气节的乡风。其母张氏略知文史，在朱次琦幼时就常常教之以唐诗，早期的启蒙教育培育了他孜孜向学的渴求。他 7 岁能诗，13 岁那年，同乡曾钊带他到省城拜见两广总督阮元，应命作《黄木湾观海诗》，阮元阅之，惊叹再三，激赏不已。他 18 岁入广州羊城书院，22 岁中秀才。尽管他才智过人，并先后得到翁文瑞、陈继昌、钱仪吉等显贵名流的举掖，声名远播，但仕进之路并不顺畅，33 岁才中举，此后又历经 8 年困顿，于 41 岁时中进士，以知县候用，分发山西。奋力科场半世，终于金榜题名，实现“学而优则仕”的理想，本应扬眉吐气，他却表现出出奇的冷静，甚至对未来忧心忡忡，“曷以宣上德、曷以通下情”。一方面岭南的人文地域环境早就铸就了他特立独行的品性，淡升华而薄名利的处世态度；另一方面官场的腐败和险恶也令他预测到报国纾民的艰难。孤身赴任时，他就准备好了回程的路费，表明绝不敛财；进入山西，途经关帝庙，他发誓清正守节，倘“有载一钱归者，明神殛之”。

朱次琦的高风亮节、远见卓识早在青年时期就显露出来。他26岁入广州越华书院深造，书院山长陈莲史以“赋得新松”为题考查学生，朱次琦立作一首七律，“栋材未必千人见，但听风声便不同”，写出了松的风格，也表现了自己的志向和品性，备受赞赏。1839年秋，洪水肆虐，九江堤围岌岌可危，乡民取土固堤，挖到一些坟墓，都惊慌失措，不敢取土。情况危急，不容怠慢，他大声地宣告：“如果决了堤，这块地都会被洪水淹没，墓冢枯骨还保得住吗？假如死鬼不能原谅，有祸就由我一人承担吧！”在他的带领下，家园终于保住了。山西任上，他同样以道义为先，解决复杂而尖锐的民族纷争。咸丰二年（1852年），数万晋北边民倚仗人多势众，不按租约向蒙古人缴纳地租，导致矛盾激化，形成剑拔弩张之势。朱次琦亲临险境，查明原委，一方面劝谕边民父老交出杀人罪魁，让蒙古人处理；另一方面说服蒙古人放弃武装复仇的行动，及时阻止了一触即发的大规模械斗。蒙民感其恩德，馈赠200袭皮裘，被他婉言谢绝。同年七月，朱次琦调任襄陵县令（今襄汾县），旋即公告乡民：无论何时，有无状纸，但有击鼓，一定坐堂审理案件。他出巡视察，只带两个县吏、一个老仆，自备衣粮笔札，路遇投诉，随即办案，从不给百姓添麻烦。襄陵、临汾两县都靠平河水灌溉农田，而豪绅垄断水源，常因争水引发械斗，血案连年不断。朱次琦采取“以地随粮，以水随地”的制度，会同临汾知县兴建平水水利工程，合理使用河水，不仅消除了祸端，解决了水务，而且扩充良田3万多亩。百姓树碑撰文，铭其功德。他还在当地肃清境内强盗，根绝狼患，维护百姓安宁。朱次琦前后在山西任职七年，刚正耿直，终因得罪权贵而被排挤去职，襄陵全县父老联名挽留也无济于事。朱次琦启程离开之际，百姓扶老携幼，遮道把盏，沿途相送，从县到郡不过30里，竟走了两个昼夜。他为官清廉，身无长物，途中接连遭遇战乱和疾病，最后靠典当毛裘才归乡，山西的士绅尊称他为“后朱子”。他离去后，百姓建生祠供奉，在县学刻其石像缅怀。朱次琦从52岁起，在家乡礼山草堂讲学。广州学海堂曾礼聘他为学长，被他婉谢，为之虚位20多年。同治初年朝廷诏用，他也坚辞不就。因其功德卓著，清光绪七年（1881年），两广总督张树声等奏请朝廷，准加其“五品卿”衔。同年十二月十九日，朱次琦病逝，终年75岁。他素无积蓄，仅存书籍数万卷，由学生集资治丧，葬于西樵右凤翼岗（后迁回九江镇下九坊）。数月间，吊唁者络绎不绝，史馆为他立传。康有为墓表称之“始于为士，终为圣人”。

朱次琦从青年时代就关心国事，具有强烈的民族正义感。1856年，英国侵略者发动第二次鸦片战争，首犯广州，继而北侵。已经回乡从教的朱次琦悲愤交加，积恨成疾，写诗斥责琦善：“卖国通番贼，天津起祸胎。离乱民似草，远近炮如雷。江海含冤气，烽烟逐劫灰。楼船诸将帅，何日得生回?”1875年，英国强迫清政府订立《烟台条约》，朱次琦拍案成文，斥责李鸿章等人“损中国之威，长夷虏之气”。

朱次琦一生主要贡献在学术和教育。他与陈澧并称为“岭南两大儒”。今天朱九江先生纪念堂高挂着一副门联“千秋新学开南海，百世名儒仰九江”，对其学术地位和历史贡献作了精辟的概括。他提倡“经世致用”，反对空谈。归隐家乡后，他在礼山草堂开设经学、史学、掌故、性理、辞章等“五学”课程。他的思想成为中国古代儒学走向近代社会的中介。朱次琦非常注重培养学生的道德修养，他要求学生“诚心、谨慎、克己、力行”，努力上进，为国效劳。由于朱次琦高风亮节，教学有方，许多学者都慕名而来，投其门下，如康有为、简朝亮、梁巨川、何屏山、胡少恺、梁耀枢、黄鲁逸等。康有为回顾受业的经历时，曾感叹道："先生壁立万仞，而其学平实敦大，皆出躬行之余，不为无用之空谈高论。"关于朱次琦生平，《清史稿·列传》中有记载。他著作甚丰，晚年尤甚，著有《国朝名臣言行录》、《国朝逸民传》、《性学源流》、《五史实征录》、《晋乘》等七部著作。可惜他临终前两月发病，亲手把所有书稿尽行烧毁。弟子简朝亮事后辑其诗文言论，于清光绪二十三年（1897 年）出版《朱九江先生集》十卷，其中诗、文各五卷。康有为《广艺舟双楫》推崇朱次琦"于书道用工至深"。遗憾的是他的手迹传世不多。《广东文物》著录其手卷 4 种，字轴、册面、条幅、对联各一种，遗墨卷、琐记册、墨迹卷各一种，共 11 种。广州博物馆藏有他的行书笺。广东省博物馆藏有他的行楷楹联——"幽士高怀云出岭，骚人秋思水周堂"。

人以地杰，地以人名。九江这片岭南沃土养育了学界奇人朱次琦，而朱次琦又使九江名扬四海，名垂千古。他被誉为"二百年来大贤巨儒"、"后朱子（熹）"，入选南粤先贤馆。

为纪念乡贤，1932 年春，九江乡人和旅外侨胞捐资创办九江中学；1938 年底九江陷日军手，学校迁香港；1941 年 12 月香港沦陷后停办；1948 年复校。其址在桂城镇南偏西 25 公里、九江镇区东北，背倚奇山，面临曲水，山川相缭，环境优美。朱九江先生纪念碑前绿草茵茵，繁花似锦，生机勃勃，熠熠生辉。

朱九江先生纪念堂位于九江中学校内，1933 年 7 月由旅美乡侨捐建，同年 10 月落成。原是一座红墙绿瓦、建筑独特的小礼堂，面积约 700 平方米。部分建筑毁于抗战时期，1991 年由市政府拨款及国内外热心人士集资重建。其外形保持民族传统建筑风格，梯级和栏杆采用大理石砌成，红墙绿瓦，重檐歇山顶，琉璃瓦，巨柱回廊，基座宽广挺拔，整体气度恢宏，庄严肃穆。建筑面积约为 1 500 平方米。纪念堂高三层，首层为会场，第二层为奉朱九江先生礼堂，第三层文物馆内设有“朱九江先生生平事迹展览”，展出朱九江先生及其弟子、再传弟子的墨迹和著述等。最引人注目的是朱九江于清道光二十七年（1847 年）殿试的策论。这份试卷反映他治国安邦的胸怀和思想，具有珍贵的历史价值。朱九江先生纪念堂现已成为爱国主义教育基地。

朱九江先生之墓在南海九江镇下西坊龟山。其墓向西南，墓地面积为 25 平方米，为花岗石建造太师椅形墓。墓后竖有“后土”小石碑刻，坟头下竖墓碑，高 1. 34 米，宽 0. 79 米，墓碑上刻有“光绪八年岁次壬午孟春”、“赐进士出身、诰授奉政大夫、赏给五品卿衔，前署襄陵县知县、在籍叠奉，特旨召用，子襄朱先生墓”，并刻有朱九江始葬时间及迁葬原因、时间和迁葬立石人等。迁葬题书为清同治辛未科状元梁耀枢。朱九江发生之墓 1994 年被南海人民政府公布为文物保护单位。

寨边村
——黄萧养事件的地名记忆

开村于南宋咸淳年间（1265 年前后）的寨边村，原名“宁埠乡”，又称“宁埠里”，是当年黄鼎司衙门所在地。它位于罗村村委会东面，前临汾江，村前水道旁有“宁埠渡”（因建在黄鼎司前，又称“司前渡”），从水道可直达下属的十多个堡，是周边水运交通中心；后依小山，广茂铁路纵贯而过，环境优美，确实是安宁的乡村。为什么改名呢？这要从明代黄萧养农民起义说起。

明代自宣德时期（1426—1435 年）以来，“臣僚宴乐，以奢相尚，歌妓满前，纪纲为之不振”（《明史·刘观传》），至英宗正统时期（1436—1449 年），皇室和地主阶层土地兼并愈演愈烈，民众赋税徭役日益加重，加上旱灾、蝗灾、水灾等天灾频仍，黎民百姓流离失所。全国爆发了各种规模的农民武装起义，史书所称“黄萧养之乱”就是其中之一。

黄萧养（1410—1450 年），原名懋松，明永乐八年（1410 年）生于南海县黄鼎司兴贤堡松柏乡（今南海罗村下柏村），一说生于今属顺德的冲鹤堡。年幼时因家境贫寒，被送给近邻庄步村萧姓人家收养，改名黄萧养。萧养好舞拳弄棒，打抱不平，结识了一批江湖好汉和农民兄弟、水上疍民。

明正统十一年（1446 年），珠江三角洲一带洪水泛滥，农田失收，黄鼎司属地大部分被浸，罗村境内更是一片汪洋泽国。但官府苛捐杂税不减，人民生活困苦不堪。黄萧养带头抗粮抗税，被官府逮捕入狱。逢大赦出狱后，他流落到沿海的经商贸易集市，替人当佣工。当时海禁极严，官府不允许沿海人民出海贸易，不允许私自与外国商人进行买卖，黄萧养参与了自由贸易商人武装走私，被“问以海洋强盗罪”（清咸丰《顺德县志》），于明正统十二年（1447 年）再度被抓，囚于广州司监。

据明代学者黄瑜《双槐岁钞》（卷七）记载，智谋和胆略超群的黄萧养并不想坐以待毙，一方面组织在押难友伺机越狱；另一方面想办法联络江湖好友准备接应。一天，黄萧养发现“所卧竹床，皮忽青色，渐生竹叶”，同囚一室的江西商人认为复生之竹是祥瑞之兆，怂恿黄萧养带头越狱造反。黄萧养激励众难友，共谋起事。他分化狱卒，贿赂狱吏，让人藏利斧于饭桶中，砍开囚械，率 19 人于明正统十三年（1448 年）9 月冲出牢门，奔至军械局夺取武器，撞开东城门，登上预泊河边的接应船只，啸聚马头岗。

明正统十四年（1449 年）5 月 13 日，黄萧养在赤岗出海口一带将拦截的官兵打败，当场杀死统兵官张百户，之后转至南海番村招集人马，当地老百姓闻风归附，“赴之者如归市，旬月至万余人”。这些人马大部分都是水上人家，很快就造出了一百多艘战船，集中到西村（现顺德勒流镇富裕乡），利用这里岗丘起伏、河网纵横、依岗面水的有利环境，加强训练。

同年 6 月中旬，黄萧养祭出“天威将军”大旗，在南海县冲鹤堡横岗二龙山前（今顺德勒流镇龙眼村内）起义，现在山前还有一个石孔，相传就是插旗之处。义军首先向冲鹤堡进军，镇压了潘姓大户，其他土豪劣绅闻风而逃；随后攻下桂洲、逢简、大良、马齐、龙江、新开、涌口、太艮堡，“各村无拒敌者”。义军以太艮堡为根据地，一方面修筑工事，封锁河道，储备粮草，厉兵秣马；另一方面开仓济贫，发动群众。当时朝廷无力能敌。初战告捷的黄萧养乘势发展水师，战船由 100 多艘增加到 500 多艘。

同年 8 月中旬，黄萧养开始执行“拜佛”（取佛山）、“劏羊

（下羊城）”的军事行动。他将水师兵分两路：一路由王彦章率领，从苇涌趋广州城下，进攻南门；一路由陈搏统领，杀回家乡黄鼎司，牵制佛山，两路夹攻形成钳制之势。陆路则由邓大力率领，围攻广州西关。同年8月27日，黄萧养亲率300艘战船，从苇涌直插广州，沿途官兵节节败退，起义军声势大振，队伍不断扩大，直抵广州城下。水军进军南门，陆路则进军西关，形成水陆夹击之势，将广州城围得水泄不通。义军“制云梯吕公车冲城，几为所破”。

广州城内的官军不敢应战，派人向朝廷告急，紧闭城门，死守待援。明朝都指挥王清，统帅200余艘战船和5 000人的军队，奉命由高州驰援广州，船至沙角尾搁浅。预先设伏在此的义军扮作逃难百姓，驾着装载着柴、米、油、盐的小艇，穿插在战船附近。王清骄傲轻敌，毫无防备。义军乘其不备，冲上大船，活捉王清，失去指挥的明军被一举歼灭。同年农历九月初六，广西总兵张安奉命从西江领兵前来解围。张安狂妄轻敌，根本没有估计到围城义军会分兵拦截，居然在醉酒之时率十余艘战船，“轻进”广州城西南面之白鹅潭，立即陷于数百艘义军战船的重围之中，张安于惊慌之中坠水溺毙。

围城打援，黄萧养部队从两次战役中，“得火枪等器，其势遂大”，拥有十余万之众，战船千艘。这时，明英宗御驾亲征蒙古失利，在土木堡被俘。朝廷人心惶惶，京师一片混乱。同年10月，黄萧养在广州城南五羊驿（今南关清水濠街处）自立为“顺民天王”（《英宗实录》），以五羊驿为行宫，建立“大东国”，年号“东阳”，并设天下总兵都元帅、五府都元帅、庞国公侯伯总督元帅、都统、都督、总兵、大将、大将军、太王、公侯伯、太傅、尚书、都御史、驾前指挥使、指挥等文武百官共百余人，控制着南海、番禺、新会、高要、东莞及香山诸县。起义军以广州河南漱珠岗附近原南汉离宫为指挥所，赶造吕公车、云梯等器械，抓紧攻城准备。

义军围攻广州八个月，广州外围沙田地区农民也纷纷起义策应。黄萧养统兵三万进攻新会，与新会义军王三联合起来，杀死官军六十余人；又分兵进攻南海、番禺等县，考虑到“得之以利器，城可攻，民可服，斧资铧铳可赖而继”（道光《佛山忠义乡志》），同时为扩大围攻广州的威慑力，他们将矛头直指佛山镇。陈搏统领的水军，占领了黄鼎司衙门宁埠乡，并在此安营扎寨，因遭乡绅梁广等顽强抵抗而未能攻克。广东义军的兴起使明王朝慌了手脚，朝廷正式任命“都督同知董兴为左总兵”，调遣江西两广官军往广东“讨广东贼”（《明史本纪·第十一》），同时又任命曾经在广州当过布政司参议、有“清操绝俗”之名的杨信民为广东巡抚。一方面，杨信民施行怀柔招抚政策，作分化瓦解义军的工作。“开城门，发仓廪，刻木契（作凭证）给民出入，避贼者悉收保，民若更生。”（《明史列传·杨信民传》）此时义军粮食不继，加上杨信民一向为官清正廉明的好名声，不少人开始动摇，队伍受到分化，“叛萧养者渐多”，“留者不满千人”。另一方面，杨信民对黄萧养实行劝降。黄萧养信任杨信民，曾说：“杨大人，我父母也。”与杨信民在城头隔濠相见时，蕉萧养还送大鱼为礼。面对杨信民的诱降，黄萧养一度攻势转缓。但七天后杨信民“暴卒”，董兴率领3万多精兵，水陆并进，逼近广州外围，彻底打破了黄萧养的归降迷梦。生路已绝的义军，只有背水一战了。明景泰元年（1450年）4月11日，义军与官兵在珠江洲头咀水面展开激战。董兴把500多艘战船分成三队，从东西两翼进逼波罗庙、白蚬壳一带江面。黄萧养则把1 000多艘战船分成两路迎敌，一路由都统曾贤率领，向波罗庙进击，展开激战；另一路由他指挥，从白蚬壳直插白鹅潭，与董兴等主力官军对垒。起义军有人数优势，但装备、素质远远不如官军，加上围城日久，分兵各地，锐气大不如前。董兴的广西狼兵作战勇敢，双方激战五昼夜，黄萧养始终身先士卒，不幸“中流矢死，函首诣京师，枭于市”（《英宗实录》），义军群龙无首，死伤惨重，围城之役失败。关于此，《双槐岁钞》的记载则为“中流矢而卧，为官军所擒，于是奏捷于朝，萧养伏诛，余党悉平”。

黄萧养死后，大东国瓦解，义军分两路撤退。一路有万余人，由黄大牙率领，退守三山、太艮等处，凭借倚山面海的地形与明军激战，终因孤立无援而在明景泰元年（1450 年）4 月 23 日被攻破营寨。黄萧养之父、侄以及将领 33 人被俘，俱械送京师，义军被斩杀、淹死无数。另一路由黄公庞率领退至钦州一带，一度联合当地起义民众攻陷钦州府，坚持至明成化三年（1467 年）。

黄萧养起义前后 10 个月，席卷珠三角，震撼明朝廷，起义虽失败，但是，毕竟对明朝统治者造成了沉重的打击，迫使朝廷不得不在政治、经济上作出一些改变：下令整顿广东吏治；实行均徭法，限制官吏和地主豪绅对农民的过分掠夺；把上至德庆、下至沙口的西江河段，划给“自卫有功”的九江人免税捕捞鱼苗。为加强封建统治，明朝廷对数十万“战俘”采用怀柔政策安置，在广州北，划出土地，置县“从化”；在西南，将南海县的东涌、马宁、鼎安、西淋四都，以及太艮、冲鹤等 37 堡划分出来，加上新会县的白藤堡另置一县，取名“顺德”，企望群众永为顺民，不再造反；将自卫“守土有功”的佛山季华乡，改为忠义乡，以示安抚。

民间还有不少关于黄萧养的传说。黄萧养起义时，舟经今白鹅潭，两只经常在江面随意游弋、时隐时现、被视为“神鹅”的大白鹅竟然为他的战船引航导路。而当黄萧养带着箭伤撤退到珠江边时，茫茫大水，挡住去路，正是前无去路、后有追兵的紧急关头，还是这两只“神鹅”，突然从深潭中浮出，伸颈拍翼背着黄萧养游向远方，敌兵赶到，引强弓发劲箭皆不可及，只好望着白鹅消失在烟波之中。对于萧养受伤后被缚以大石沉水的传说，有民谣称："大石沉底，白鹅浮游，三十年后，萧养回头。"这道出了人们对这位义军将领的不舍与思念之情。

黄萧养起义时，曾领兵占领黄鼎都衙门所在地宁埠村，并在村旁屯兵扎寨，为表达对英雄的纪念，乡民们将宁埠村改名为"寨边村"，将宁埠渡改称为"寨边渡"。在珠江三角洲，还有不少地理名称与这位起义英雄有关：比如，"王借岗"是传说中黄萧养借用过的佛山沙口的一座山岗；"胜门头"（今城门头）是佛山乡绅为标榜抵挡住黄萧养进攻、自卫得胜而修建的一个门楼（门楼已然不存，但城门头地名仍在使用）；"大王滘"是黄埔当地群众为黄萧养所挖的一个小涌；"黄萧养寨"则是义军进攻新会时驻扎过的山寨；"白鹅潭"是根据与之有关的白鹅传说，对广州海珠桥一带的河道命名。五百多年来，这些地名一直沿用至今。

为了缅怀黄萧养的功绩，人们在白鹅潭沙面岛上的沙面公园内，立有黄萧养的雕像，为起义英雄留下了永久的纪念。今天，白鹅潭已成为"羊城八景"之一，名为"鹅潭夜月"。这里水深流急，潮汐顺畅，白天阳光普照，碧水粼粼；晚间明月朗朗，辉映江中。生活在幸福中的人们，行过白鹅潭时，已不再有多少人知道其得名的来历了。一想到广州城内珠江河道最静谧深邃的一段河面，竟然与一个"贼首"有那么深的渊源，不免让人悠然回首已逝的历史。今日高居楼台，俯瞰流水，凭谁问：萧养安在？

联星江氏宗祠的孝文化元素

南海联和果岗村与联星上边村，是以江姓聚族而居的村庄。据有关资料记载，他们都是江一龙（在唐朝，官至光禄大夫）的后代。宋崇宁五年（1106 年）其先祖从原籍四川避祸南迁，经南雄珠玑巷到广州江村落籍。宋绍兴三年（1133 年）江西斋携长子文远、次子文旺又从广州迁居罗村，长子落籍联和果岗村，次子落籍联星上边村，分别成为两村开村始祖。

果岗原名“果冈”，作为地名，明嘉靖年间编撰的《广东通志》已有记载，距今至少有 500 年历史。据说江文远卜居此地时，这里只是茫茫一片大沙滩，因邻近的山冈上有野生大芒果树数株，果实累累，故取名“果冈”。时有童谣曰：“想食芒，嫁果冈，想食蚌，嫁大塱……”此可作佐证。果岗还曾名“果江”，现存的明清时期的《南海县志》记载，果江地名几乎存续了近三百年时间，“江”应代表江姓。也许由于“江”、“冈”在广东话中读音相近，也许为了表征此地地貌特点，清宣统二年（1910 年）的《续修南海县志》中果冈取代果江，后修的志书中果江地名不再出现。由于“岗”在山脊山岭义项上同“冈”，故现名为“果岗”。

在每个血缘村落里，最辉煌壮丽的建筑便是宗祠。宗祠是团结全族成员的纽带，是家族的精神支柱，是供奉祖先神位、祭祀先祖、婚丧嫁娶、议决重大事务、执行族规家法的公共场所，一向被视为宗族的象征。在传统宗法社会中，宗祠对于传承文化，敦宗睦族，弘扬孝道，启迪后人，维护家庭、宗族和整个社会的稳定，都具有十分重大的作用。

果岗村与上边村都建有宗祠，其中，上边江氏宗祠是第四批佛山市文物保护单位，整座建筑华美辉煌，2010 年被评为“罗村十大古建筑”之一。它位于联星上边村北入口处，是一座极有岭南水乡特色的大宗祠，始建于明永乐八年（1410 年），清光绪三十年（1904 年）重建，2001 年按清代模式修旧如故，现保留有早期人物石雕及清晚期典型岭南风格的砖雕、木雕。该宗祠临街而建，坐西朝东，总建筑面积约 1 000 多平方米。其为青砖墙，石墙基、硬山顶，有挡风墙，三进深，中轴三座主殿为抬梁木架构。祠前殿大门外有马台、石狮、长方形石柱，还有昭显家族荣耀的两座旗杆夹——这是清光绪三十年（1904 年），江孔殷（1864—1952 年）高中进士时所立。“江氏宗祠”匾额高悬于前厅正门门楣上方，字迹苍劲。进入前门后，还有礼仪门。转过礼仪门，有一个广阔的丹墀，这是晚辈们向长辈祝寿礼拜的地方。走过丹墀步上台阶进入第二座（正殿），是长辈接受“礼生”献礼、敬酒的地方，转过虎门便是第二个台阶，再上便是第三座（后殿），是供奉祖先神位的地方，庄严肃穆，在每次祭祖时，后人都要向其跪拜。

为强化宗族的凝聚力和向心力，鞭策和激励后人光宗耀祖，每座宗祠的营造必然采用堂号、楹联、匾额、绘画、雕塑等方式，宣扬家族的历史与功业，歌颂先人的道德与伟绩。在各地江氏宗祠中，江淹及“梦笔生花”出现的频率相当高。江淹（444—505 年），字文通，济阳考城（今河南省兰考县）人，南朝著名文学家，历仕南朝宋、齐、梁三朝，官至金紫光禄大夫，封赠醴陵侯。江淹在辞赋、骈文、诗歌等方面都有不凡成就，辞赋方面尤为突出，他是南朝辞赋大家，与鲍照并称，其《恨赋》、《别赋》与鲍照的《芜城赋》、《舞鹤赋》是南朝辞赋的佳作。相传江淹在被权贵贬黜到浦城当县令时，有一天，漫步浦城郊外，歇宿在一小山上。睡梦中，神仙赠他一支五彩笔，自此他文思如涌，下笔如有神，成了一代文章魁首。

中国历史上历来存在慕名认祖的习俗，许多江氏后人都将自己家族的祠堂命名为“梦笔堂”，罗村江姓一族是否源于江淹已难以稽考，不过，罗村江氏出于江淹之说由来已久。联和果岗村又称“笔花里”，所据也正是“江淹妙笔生花”的故事。果岗村至今还保存着一块完整的清朝乾隆年间石碑，碑长1.5米，宽约0.8米。碑石上刻着阴文“笔花里”三个楷体大字，上款签署“乾隆壬辰”（1772年）；下款为“孟夏重修”等字样。此石刻原为果岗村门楼额，门楼已毁，刻石尚存。此外，上边村宗祠右侧花园名为“笔花园”，祠联中，“笔花开五色文通有后继书香”、“别赋情悭江淹文思千虑生花梦笔”等语句表达了江氏族人对江淹无限崇敬的心情和重视文化教育的态度，他们希望儿孙们人人文采出众，个个妙笔生花。

与其他江氏宗祠相比，联星上边村宗祠文化中，特别强调“孝德”，其孝文化元素尤为突出。

“孝道”是中华民族的传统美德，古往今来，子女对父母的“尊重孝敬”，已成为衡量个人道德品质高低的重要标准之一。联星江氏宗祠有一祠联，“俎豆幸千秋谏议当年称孝子，笔花开五色文通有后继书香”，它记载了江氏先辈恪守孝道，事亲敬祖的故事。联中“谏议”指二十四孝之一“行佣供母”的江革。江革，字次翁，齐国临淄人。他少年丧父，侍奉母亲极为孝顺。为避战乱，江革背着母亲逃难，几次遇匪盗想杀死他，他总苦苦哀求：老母年迈，无人奉养……匪盗见他如此孝顺都不忍杀他。后来，他与母亲迁居江苏下邳，在举目无亲的异乡，日子过得非常艰难，常常衣不蔽体。为了生活，他打着赤脚到别人家里当佣人，赚取微薄的收入以供养母亲。但即使赚的钱非常少，只要是母亲日常生活必需的物品，都尽量想办法去获得。建武末年，他又带着母亲回到老家临淄。每到清理户籍和人口时，江革考虑到母亲年迈，经不起车内颠簸，他必定弃牛马，自己亲自挽车送母亲到县廷接受主吏验视。江革背母、行佣、拉车的孝行很快在天下流传开来，被人称为“江巨孝”。后来，母亲去世，哀伤的江革结庐住在母亲的坟旁。三年服丧期满，他还不忍脱去孝服。明帝时他被推举为孝廉，聘为谏议大夫；章帝时因贤良方正，出任五官中郎将。

与江革相映生辉的还有宋代的杰出人物、民族英雄江万里。联星江氏宗祠另一楹联“醴陵梁锡爵，益国宋名宗”则诉说了江万里以身殉国、尽忠全孝的故事。

江万里（1198—1275 年），字子远，号古心，江西都昌县林塘柏树下江村人。自幼神隽颖异，少有文名，宋理宗宝庆二年（1226 年）进士。作为著名学者，史书称江万里“问学德望，优于诸臣”，“议论风采，倾动一时”，是公认的与欧阳修、司马光齐名的历史文化名人，文天祥称江万里“都范（范仲淹）、马（司马光）之望于一身”。

江万里还是一位著名的教育家。一生热衷于教育事业，成就斐然。他曾游学于白鹿洞、东湖书院和太学三所著名的学校，先后创办了白鹭洲书院、道源书院、宗濂精舍三所书院，又两度出任国家最高学府国子监行政长官——祭酒，负责天下人才培养与选拔，江万里一生奖掖后学，不遗余力，培养出了一批以文天祥、刘辰翁等为代表的杰出人士。

使江万里青史垂名的更在于其慷慨殉国的壮举。江万里 40 余年宦海生涯中几度沉浮，历官 91 任，既做过地方官、封疆大吏，又入主中枢多年，官至左丞相兼枢密使。但他无论是在位高权重时还是贬谪期间，爱国之心始终不变。宋咸淳十年（1274 年），元军大举侵宋，而权臣贾似道之辈不理朝政，江万里补天无力，以疾退居饶州（今江西鄱阳）芝山，他凿池芝山后圃，名其亭曰“止水”，借物明志，表示将于此以身许国。宋德祐元年（1275

年）2 月，饶州被元军攻破，江万里以 78 岁高龄与元军血战，寡不敌众，率子江镐及家人投水自尽。南宋抗元将领张世杰收复饶州，得悉其事，奏报朝廷，朝野闻知，为之震动。恭帝也辍朝志哀，并诏赠太傅、益国公，后加赠太师，谥“文忠”。江万里之门人后学，或追随文天祥起兵，或与义军转战南北，或与岳麓书院诸生保卫潭州，或隐匿山林屡征不出，或就教书院终老林泉。其弟江万顷（授翰林院中书）被捕后，大义凛然，至死不降，遭肢解遇难。万里与子镐、万顷与子铎均同日殉国，他们用血肉之躯，谱写了一曲慷慨赴死、气壮山河的壮丽凯歌。

“兄宰相，弟尚书，联璧文章天下少；父成仁，子取义，一门忠孝世间稀。”后人把这一副楹联镌刻在都昌江万里老家古心堂的门楣上，正是对一代名相最客观、真实的评价。“益国宋名宗”也体现了上边江氏后人对江万里及忠烈满门的江氏前辈无限崇敬和怀念之情。

“夫孝，始于事亲，中于事君，终于立身。”（《孝经·开宗明义章》），中华民族自古都是家国一体的。在家为孝，在国为忠。孝是忠的前提，忠是孝的必然。江氏孝子忠臣，以实际行动践行了孝道，其孝德与日月同辉。

最能体现上边村江姓敬老尊贤、恪尽孝道的还有他们精心制作的传世珍宝——寿幛。

这幅寿幛制成于清光绪十四年（1888 年），高 3.6 米，宽 2.88 米，由八房众子孙敬立。寿幛顶端为“龙凤呈祥”，双凤伴着一条龙，龙两边各绣有“福如东海”、“寿比南山”的丝带。丝带下方是福、禄、寿三星图像。图像下为寿幛中心，其右边写有 72 位长者寿星公的名号，左边是福建省布政使司王德榜撰、翰林院编修陈序球书写的寿文；两旁是八大仙的肖像。寿幛下端是“狮子滚球”，周边绣上各项图案，布局匀称。整幅寿幛用西金线及各色绒丝线刺绣而成，造工精细，巧夺天工，栩栩如生。

寿幛现已由村民送进保险柜，由专人保管。百年寿幛见证了江氏后人尊重长辈的传统美德，它刺绣的是寿幛，弘扬的是孝心。

特别值得一提的是，罗村江氏的“孝”既有对中华美德的恪守，又有对传统糟粕的摒弃，按照封建道德观，“不孝有三，无后为大”，为延续家族血脉，男子三妻四妾被视为理所当然。而上边村江氏宗祠的花园内有一著名的“生仔石”，它诉说的却是感人至深的爱情故事。相传有一男子，娶妻多年，一直未能生育，其妻劝说丈夫娶妾，以继香火，男子坚决不允。清光绪元年（1875年）正月初九，按乐安民俗，正是买花灯、赏花灯的“行灯地”的日子。男子携妻来乐安圩闲游，在此买了一盏“观音送子莲花灯”，其妻累了，便坐在一块石头上休息。意想不到的是，回家后的第二年，其妻便诞下一子。后来人们都称这块石头为“生仔石”。祈盼早日添丁和多子多福的妇女，每年正月初九买完花灯后，必到传说中的“生仔石”上坐一坐，力图交个好运气。这个传说告诉人们，挚爱与孝道并行不悖，同样能感动上天，美梦成真。这块红褐色的“生仔石”，在“文化大革命”时期因修整道路而被移作他用，2001年宗祠重修时，人们重新找来一块青褐色的石头，安放于后花园中以作纪念，同时还放了一块“行运石”在其旁边作陪衬。虽然此石非彼石，但前来祈嗣的人依然络绎不绝。

每年在江氏宗祠举办的乡宴也洋溢着浓浓的孝意。自明代开始，南海乡村就有设宴为本村60岁以上的老人祝寿的传统习俗，少则几十席，多则上百席，称为“乡饮节”或“乡宴”。乡宴的时间由各村自定。新中国成立后，一些乡村恢复了乡饮节，尤其是改革开放后，各乡村敬老爱老的习俗更加浓厚，许多乡村都自定敬老节，举行敬老活动。上边村的乡宴就定在正月初九乐安花灯会期间，每年此时，宗祠都会将百年祝寿锦幛摆出祠堂，供游人鉴赏，并开设寿宴，为村里60岁以上的老人祝寿，同时把他们的名字另纸列出，挂在寿幛之下，表示尊老敬老。

总之，江氏宗祠的孝文化元素内容丰富，形式多样，具有一定的历史资料性、文学艺术性、道德思想性，对子孙后代有一定的启迪、教育作用。

自2007年至现在，罗村镇政府已成功举办了五届孝德文化节，为了向老人们表达一份关心、关爱和尊重，每年节日期间，都会邀请1 000多名60岁以上的老人观赏花灯联展、游春园，还在活动现场举办千叟宴，让老人们吃上一顿开心的大餐；举行花灯义卖，并将义卖款项全部作为罗村“孝老爱亲基金”，用于关爱、帮助孤寡老人。2008年，政府在罗村中心广场西面修建了孝德墙，整个主墙体长约50米、高3.8米，墙体两面各雕刻了12幅以“二十四孝”为主题的大型浮雕图，并配有相关文字进行介绍。2010年，罗村两名孝老爱亲人物入选“中国好人榜”。2011年，罗村镇政府又打造了孝德文化馆、文化景观大道、孝德园三大孝德文化景观，并在重阳敬老节期间正式启用。孝德文化已成为罗村最具知名度和影响力的文化品牌之一，2011年1月，中央精神文明办在中央电视七台的《生活567》节目中，设置周末版块《文明乡风》，并在全国挑选了13个重点报道的农村精神文明创建工作先进典型，罗村的“孝德文化”作为广东省唯一一个精神文明建设的先进典型，首次走进央视，推向全国。可以说罗村目前正如火如荼开展的孝德文化建设，正是对江氏宗祠孝文化元素的继承和弘扬。

快乐、安宁之乡——乐安

富贵如意、安居乐业是每个人朴素而美好的愿望，人们往往将这些愿望、感情，通过所居地名反映出来，予以寄托。翻开中国地名词典，安、仁、丰、兴、福、和等字随处可见；在南京旧城区走走，会与双乐园、人和桥、长春巷、永康里、吉祥街等老地名不期而遇；在广州，11 条平安里，11 条五福里，8 条吉星巷等，足见人们对于吉祥地名的喜好。在南海罗村，最能代表人们对居住地安宁、幸福的希冀的地名就是乐安。

乐安位于罗村镇东部、佛山禅城北侧，东边紧连广佛公路，南边是佛山火车站和汽车站，西边是佛山机场，北与大沥相邻。城区建于 1990 年，辖乐城南和乐城北两个社区居委会，占地面积 1.6 平方公里，常住人口为 5 050 人。

乐安历史悠久，古属南海县黄鼎司西隆堡。清廖延臣所编的《广东舆地图说》中有关于乐安圩的记载。一位熟悉罗村历史的长者，给我讲述了关于乐安地名的传奇：相传三国时，江东名将黄盖携两龟南行，到现在乐安龟冈时，龟繁殖了不少小龟，黄盖就安安乐乐地住了下来。当地曾有两块石头，像两只一公一母的龟，目前龟阴石还可见到。传说因石衍生，乐安之名可能也由此而来，但没有文字资料可证。

开村于唐末的孙姓始祖在乐安水部西头居住，开枝散叶之后，一部分孙姓村民于北宋时期搬到村东头，当时的村民们总有些小鱼小虾的东西拿到乐安圩来卖，乐安圩逐渐成形。明代以来，质优且丰厚的铁矿资源与优越的地理位置的区位配合，使佛山一跃而成为天下“四大名镇”之一，而佛山商业贸易的繁荣，又促使四周的乡村围绕着这一巨大的市场发展起各种手工业并形成不少圩市。据统计，南海在明永乐六年（1408 年）有圩市 23 个，至万历年间（1573—1620 年）就发展为 46 个，桑市、茧市、丝市、鱼市等专业性圩市也大量涌现。位于汾江河上游、扼广州省城与佛山镇之出入咽喉的乐安圩得地利之先，成为邻近五堡六十多个乡村的商贸集散地，一时间商贾云集，市面繁华，每逢初四、初九圩期熙熙攘攘，人头涌动。

使乐安在众圩市中名声大显的是当地的传统习俗——行灯地。

自明洪武三年（1370 年），设立黄鼎都（司）治所后，乐安民众就有年初十在家挂灯求子和在元宵节举行灯谜会的风俗，正月初十为“开灯”，正月十五为“庆灯”。恰逢初九为乐安圩期，所以每年正月初九，乐安圩就会在这条一公里多长的街边的各档口摆满各种花灯、鲜花盆景、纸扎风车，花团锦簇，五颜六色，汇成一条艳丽的灯河，渐渐地乐安圩市有了“灯地”之称。人们将买花灯、赏花灯称为“行灯地”。

正月初九，一群穿红着绿的姑娘们在朝阳初露、春风微暖的早晨，相约去逛灯市，她们一路嬉戏打闹，满怀着对甜蜜爱情的憧憬，每人买了一盏心爱的莲花灯……曾在当地大受欢迎并获得过多个大奖的罗村文化站舞蹈队演出的舞蹈《逛灯市》，反映的正是“行灯地”——这与“行通济”一样，在佛山同样是有名的民俗活动。在很多罗村人眼里，正月初九“行灯地”已成为生活中一个非常重要的“庆典”，是人们快乐、幸福的源泉。

乐安灯会在明朝末年就已存在，清乾隆年间开始兴旺，至今已有 300 多年历史的“行灯地”，起源于一个感人至深的爱情故事。

相传当地有一男子，已娶妻室多年，却一直未能生育，为继香火，其妻力劝丈夫继娶妾氏，男子坚决不允。清光绪元年

(1875 年) 正月初九，乐安圩花灯如海人如潮，男子携妻来行灯地，在此买了一盏“观音送子莲花灯”，其妻累了，便坐在一块翻转了的碓坎（旧时用来碾米的石具）上休息。意想不到的是，回家后的第二年，妻子便诞下一子。为感谢神恩，夫妇二人每年正月初九都到乐安圩一游，并再买一只莲花灯还愿。此事一传十、十传百，其妻子行灯地、坐石头怀孕生子的故事被人们传得神乎其神，一些希望多子多孙的妇女（尤其是结婚多年没有生育的）纷纷效仿，据说结果都颇灵验，于是乐安圩声名鹊起。人们称乐安灯地为“圣地”，称花灯为“生仔灯”，称那块江妻坐过的石头为“生仔石”。赏花灯，买花灯，在传说中的“生仔石”（原来圩市上那块红褐色的“生仔石”在“文化大革命”中丢失，人们便重新找来一块青褐色的石头，放在江氏宗祠当“生仔石”，同时放一块“行运石”在其旁当陪衬）上坐一坐，成为花灯会必做的项目。精明的商家和周围村民们从中看到商机，开始大量制作花灯，以观音送子莲花灯为主，在正月初九那天拿到乐安圩售卖，“灯”与“丁”近音，无论是乡绅富豪，还是贫苦人家，都会在正月初九到乐安行灯地，祈求新的一年“添丁”发财，生活顺意。恰逢这一天又是狮会期，圩市还搭棚舞狮做大戏，邀请邻村的人同台助兴。数万人齐聚灯地，整条街上，叫卖声、欢笑声不绝于耳，热闹非凡。广州、港澳及远在南洋的乡亲还会提前回乡观花灯、叙乡情。这个风俗由此沿袭下来，形成流传百年的“花灯会”。《南海县志》中记载：“花灯会，每年农历正月初九，乐安圩 1.1 公里长的大街，挂满各式造型的纸制花灯，各地游客络绎不绝。”

正月初九行灯地，趋吉避凶，洗刷掉旧年的烦恼和厄运，祈求新年多子多福、平安如意，这样温暖而朴素的意愿，闪耀着人性的光芒。在人们心里，行灯地更多的是一种象征，一种心理需求，一种情感上的自我安慰。它祈求的是人与人的和谐相处以及由此带来的吉祥如意，所以行灯地活动能代代相传。

中国的传统灯会多在正月十五，所谓“元宵闹花灯”，而乐安的花灯会则选择在正月初九举行，这与乐安的民间信仰和民俗有关。乐安的民间信仰是道教，玉皇大帝被认为是天界的主宰，尊贵非凡，其神诞之日为正月初九，乐安人俗称此为“天公生”。乡俗对“天公生”的注重，与庆祝新春相比有过之而无不及。每年正月初八晚，新一天来临前夕，乐安圩气氛热烈，家家户户点了灯笼挂在门前，备清香果品、花烛、斋碗，膜拜苍天，求天公赐福。由于上天有好生之德，所以与生育有关的花灯会自然就选在正月初九的“天公生”来办了。

古往今来，彩灯一直被人们视为喜庆节日里象征如意吉祥的饰物。年年有元宵，年年有灯庆，乐安花灯会催生了罗村花灯制作业，产生了造花灯的专业户和专业村。以制作花灯声名远播的联和岗头村（吴姓），晚清时期几乎家家造花灯，被人们美称为“工艺村”。那时造的灯，有“年年有余”的鲤鱼灯、“吉祥如意”的橘灯、莲花灯等数种，其中以“观音送子莲花灯”为主。莲花灯以竹篾、铁线、丝绸、花边、彩穗等为主要原料，配上各种衬色剪纸、图案制作而成，造型美观，富丽堂皇，玲珑纤巧，着色鲜艳，像一朵盛开的莲花。每盏花灯下面都有几节彩纸做的莲藕，上面有两个慈姑。它象征花开富贵、连生贵子。此外还有“转运风车”、“如意吉祥”等纸饰制品，主要销往广州、佛山、盐步、大沥、平洲等地。除了常年供应客商之外，还会在广州、佛山等地定时、定点上市供应。曾经，联星上边村也有很多做灯人家，其村口牌坊楹联便是：“花灯胜地望上边云锦星辉，笔绘宏图看前路风生水起。”

乐安花灯蕴含着为家人“祈福”的和谐元素，多子多福在当时也是孝道的一种体现，因此乐安灯会在当地有着很好的群众基础。乐安灯会期间，灯地附近的联星上边村村民，都会在江氏宗祠举行祝寿活动，他们将祖传百年的“寿幛”摆出祠堂供游人鉴赏，并请村里 60 岁以上的老人入座，接受晚辈的祝贺，隆重的敬老活动与乐安灯会同日举行，让整个灯会充满了敬孝的气氛。

乐安花灯会在“文化大革命”期间中断多年，改革开放后又重新兴旺起来。花灯会的愿望也由原本的祈求早生贵子、多子多福扩大到新年行好运、保平安等多种寓意丰富的愿望。

花灯会原本只是一种民间习俗，2006 年年底政府开始介入，不仅取其精华部分重墨渲染，突出岭南传统民间文化，还将它打造成有岭南特色的传统民间活动来申报“广东省民间文化之乡”。为解决与许多其他传统花灯一样面临的品种单一、传承人少、不易保存、市场竞争力低的尴尬境地，政府采取了一系列措施：举办花灯创作大赛；请民间艺人现场教授制灯工艺；将花灯制作过程编制成本土教材，走进校园，作为兴趣课让学生学习；制作了 5 000 套花灯特种邮资封在灯会上发售；将“生仔石”传说人物和上边村珍藏的百年寿幛，设计、制作成一套完整的花灯纪念品，在灯会上进行义卖。2011 年 1 月，罗村镇街还策划举办了以“岭南花灯 闪耀南海”为主题的首届广东省民俗花灯交流联展暨花灯文化论坛，全省 8 个地区约 250 盏花灯在风中“绽放”。作为参展方之一，乐安展出了 100 多种大大小小的传统莲花灯。在该联展开幕式上，广东省文化厅副厅长杜佐祥、非物质文化遗产处处长张梅都表示 2011 年会着力将乐安花灯申报成国家非物质文化遗产项目。罗村镇街负责人也表示，罗村将大力发展乐安花灯，争取与新光源企业合作，在保留乐安花灯外形的基础上，融入科技元素，制作出能够通电发光的新型乐安花灯；在公共场所和街区的路灯、市政设施中也将融入乐安花灯元素。

现在的乐安花灯会已逐渐成了为家人祈福的“圣地”和现代孝德教育的场所，而在不断被赋予现代文明新元素后，乐安花灯会越来越受到人们的喜爱和认可。每年正月初九的花灯会，不仅是乐安等南海各镇群众的盛大节日，而且吸引了来自佛山、广州、香港、澳门等地的乡亲们，不少外国游客也慕名前来行灯地、赏花灯。2000 年以来，每年到乐安“行灯地”的人都有 15 万左右。人们带着祈福的美好心情来畅游乐安这块福地，徜徉在彩灯和鲜花的乐安长街中。乐安花灯会已与叶问咏春、孝德文化成为罗村三大精品品牌。2010 年，乐安花杰灯更是作为广东非物质文化遗产项目代表，先后登上上海世博会和广州亚运会的舞台，展示岭南文化，为中国喝彩！“但愿年年春常在，明春约你看花灯。”我们相信，明年春天盏盏精美的乐安花灯将把罗村点缀得更加璀璨夺目！

地名是最为大众化的文化形态，民众的风俗习惯等因素影响着地名，花灯会使乐安成为吉祥的代名词，现在乐安城区大部分道路都以“乐安”、“乐城”的派生新词命名。如果说在罗村要选一个实至名归、名副其实的快乐、安宁之乡，自然首推乐安，谁曰不然？

“朗”还是“塱”

——也谈“地名岂能随意用字”

2011年7月16日《佛山日报》刊登了招泽江所写的《地名岂能随意用字》一文，读后颇有感触。招文以佛山“上朗村招永思堂族谱”、“下朗村明礼堂《朗边招氏家谱》”等为例，力证朗边、上朗、下朗为地名的标准用字，断言目前佛山通行的“上塱、下塱”属于不规范用字。他主张将上塱、下塱及相关地名塱沙路、塱宝西路、塱宝中路等加以规范，将“塱”更正为“朗”。笔者十分赞同招先生关于规范地名用字的建议，然而，对于改“塱”作“朗”的意见却持异议。

2011年的1月6日，《羊城晚报》刊登记者梁怿韬的文章，文中谈及西塱站。1997年广州地铁1号线通车之际，由于当时的电脑字库没有“塱”字，便用“朗”字取代，“西塱”变成了“西朗”。之后“塱”字选入了电脑字库，但地铁站名却没有更正过来。2010年底，广佛地铁通车时，与广州地铁1号线衔接的广佛地铁起点站，站名依然写为“西朗”。而1997年至2011年间，原本因电脑打不出“塱”而用“朗”取代的各行各业，已经纷纷改回了“塱”，其中包括公交站牌和路牌，于是便出现了同一地名的不同写法，外地乘客常常发问：“西朗和西塱是不是同一个地方?”因此记者发出了“请为西塱站正名”的呼吁，主张“返璞归真”。

作为社会公共资源的地名，与人民群众的生活息息相关，同地异名，会给人们的生活带来诸多不便。因此，1986年国务院颁发的《地名管理条例》、1996年民政部颁发的《地名管理条例实施细则》、2007年公布的《广东省地名管理条例》都规定：对一地多名、一名多写的，应当确定一个统一的名称和用字。可见，招、梁二文规范地名用字的提法完全符合国家相关法规条例，是值得肯定的。至于变“朗”为“塱”，还是变“塱”为“朗”？则应具体问题具体分析。

广佛地铁站使用的“西朗”站名无疑应该变“朗”为“塱”，因为当时“朗”取代“塱”的原因，是电脑字库没有“塱”字，现在“塱”字已选入了电脑字库，自然应该将误写的地铁站名更正过来。

而招泽江提出将上塱、下塱、塱沙路等中的“塱”变“朗”的依据是多本招氏家谱。的确，在广东省立中山图书馆我们查找到的《朗边乡北房招敦本堂重修族谱》和《张槎下朗招明礼堂旧族谱》这两本谱书，其题名就是直书“朗边”、“下朗”的，但笔者以为，仅以此为据，变“塱”为“朗”，还是轻率了些。

实际上，明清时期的《南海县志》中也有“上塱（塱）、塱（塱）边”的记载，这两个地方正是招泽江提到的上朗、下朗，它们在明清时期一直属于南海大富堡辖村，1984年划归为佛山市石湾区，现为佛山市禅城区张槎街道办事处所辖。面对“塱”、“朗”同地异名的现象应作何取舍？答案显然应该是前者。

首先，从地名命名方式和两村地貌特点来看，应以“塱”代“朗”。

地名作为一种语言符号，是对自然环境的描绘，它的词义往往反映着人们对地形、地貌及地理位置的具体认识。细细研究南海历史地名，我们不难发现南海地名的不少用字与其所处的地理环境有密切关系。珠江三角洲是西北部高、东南部低的冲积平原，它具有地势低平、土地丰腴、岗丘错落、河道纵横的特色。位于珠江三角洲核心地区的南海，其西北部多为低山、丘陵、台地，面对河涌密布、常有水灾的自然现实，不少南海先民们选择了高处结庐，依岗而居。岗、岭，正是指小丘，于是南海地名中就出现了一批以“岗”或“岭”为通名的地名，如松岗、马头岗、务岗、大岗头、岭背、狮岭等；洞，指低丘环抱之处，仅以狮山镇为例，以“洞”取名的就有陈洞、罗洞、黄洞、马洞、洞神堂、洞田、新誉洞、新源洞等。而在南海的东南部，由于承接了西、北江上游带来的巨大水量和泥沙，淤积迅速，沙田、围田联片，河涌交错，因而又有不少“沙”、“涌”字地名。沙，是指上游水流带来泥沙并淤积形成的沙地。南海区东南部以沙为地名的仅罗村镇就有沙坑、沙堤、上罗沙、下罗沙等。

“塱”也是反映岭南特定地形地貌的专用字，作为岭南先民们创造的方言土字，《新华字典》、《现代汉语词典》、《广州音字典》等工具书都以“㙟”的异体字收录了“塱”字，注为：㙟（塱）[lǎng]［元㙟］地名，在广东省；这无疑表明“塱”的确是地名的专用字。由詹伯慧主编、广东人民出版社于2004年出版的《广州话正音字典》将“㙟”作为“塱”的异体字，注粤音为[$long^5$ 朗]，其释义除了指明其是地名用字外，还特别指出其意为“江湖边的低洼地”——此说代表了目前学界对“塱”字的共识，同时也是“塱”字的由来。至今广东人都将近海的地上低沙田称为塱田，在珠江三角洲、西江沿岸、粤西一些小河入海口地区，“塱”字地名较为常见，如广州有西塱、塱口、塱头、塱溪、黄竹塱、松柏塱，东莞有大塱，阳江有新塱、阮塱、司塱等。上塱、塱边也属于低洼积水地，《张槎下朗招明礼堂旧族谱·序》中说：“……我祖寄楼河南，乃后远趁南雄郡。一日商回，舟泊海旁，经游朗边，喜窃沙水环抱，可卜居之”可为佐证。由此看来以“塱”代“朗”理所应当。

其次，从地方志与族谱提供资料的可靠性来看，应选择以“塱”代“朗”。

我国《地方志工作条例》指出，地方志书是指全面且系统地记述本行政区域自然、政治、经济、文化和社会的历史与现状的资料性文献，它一般由地方政府机构主持编修，中国方志学的奠基人章学诚对地方志书评价颇高，认为“方志者，乃一方之史也”，且由于“地近则易核，时近则迹真”，地方志的记载不仅内容丰富，而且记录也比较可靠，它往往能提供其他书所没有的珍贵资料。在“始皇郡，隋帝县”的佛山南海，也有着编修地方志的优良传统，现存的明清时期编修的南海旧县志就有七套，这七套旧县志成为我们了解昔日南海自然、社会等方面的基础性资料。而在这七套旧县志中，遇低洼积水地的地名无一例外的都是写为“塱”或“塑”字。比如，成书于明万历二十七年（1599 年）的《南海县志》中就有“上塱、塱边、塱下、小塱、大塱”的记录，表明南海的这些与“塱”有关的地名至少有 300 年历史。新中国成立后出版的一些由地名管理部门主持编纂的地方志书也因袭了这一说法。2008 年出版的《南海市地名志》这样解释开村于明成化年间（1465—1487 年）的狮山镇塱下村得名由来：“东、南、北三面为低丘环抱，唯有西面有 300 亩的塱地（低洼地），村址位居下方，故称小塱下。约在清康熙年间改称塱下”。而位于丹灶镇最南端、东南距西樵民乐圩 4 公里的塱心村则被注释为“一望平原，耕地连片，方言称‘塱’。村落居其中，故名”。1989 年出版的《广东省佛山市地名志》前言中明确指出，“所收入的各类地名是经过各级政府或地名委员会审定的，因而具有法定效能”，这一具有“法定效能”的志书在正文和所附地图中使用的文字也都是“塑”字。

族谱是记述一个族姓人源流世系的资料书，是同族人崇宗敬祖、论辈分序长幼的一种特殊形式的文献。它为族人寻根问祖提供了依据，也在一定程度上保存了一些历史人文和民俗风情等各种资料。比如新中国成立以来我国公开发行的第一本族谱——

《洪氏宗谱校补本》，对研究洪秀全家世及死因具有一定参考价值。编修、续修宗谱是民间自发组织进行的，主持修编的人员大多是族内德高望重者或知识相对渊博的人，但由于缺乏专业的学习、培训及其他一些原因，他们在修编宗谱时或多或少地存在一些问题，例如，编宗谱的基本要求，是把本族姓的人都编入，但由于修谱没有公共的经费，一般都是按人口进行分摊。而一个大族姓中，总有些人经济困难，交不出人头经费，也不排除有个别人不关心、不支持修谱，不愿交人头经费。不少修谱者都明确规定，不交经费的人口就不编入宗谱，这就人为地造成入谱人口的缺漏，如果仅以入谱人数作为实有人数很显然不准确。事实表明，族谱中的资料可供参考但不足以成为凭据。相对而言，官修的地方志在材料来源的准确性、可靠性方面远大于族谱。

最后，从保护特色地名的角度来看，应以“塱”代“朗”。

“塱”、“朗”作为地名用字目前混用的现象比较普遍，这与人们的认识有关。一方面，不少人认为两者是字音相同的异体字，而“朗”写起来简单，自然以“朗”代“塱”。《说文解字》的释义为：“朗，明也。”“朗”本义是明亮，一直以来，它的意义就没有超出“明、亮”的范围，显然，“塱”、“朗”只是形近音同的两个字。另一方面，人们没有意识到地名用字规范性的意义，表现出对地名用字的漫不经心，有的书涉及“塱下”、“塱心”地名时其前后表述的不一致就很能说明这一问题。

“塱”是独具岭南地方特色的地名用字，也是南海地名的常见字，有学者还认为“塱”字属于壮语地名（司徒尚纪《岭南地名文化的区域特色》），透过它，可窥见古代广府地区社会经济风貌。因此，对于“塱”这一特色地名用字予以保护是非常必要的，而保护地名的最佳办法就是使用。所以，笔者强调，地名用字中，应以“塱”代“朗”。

古庙盛极一时，如今仅存记忆

——“生菜会”原址之凤山白衣观音庙

一、官窑生菜会闻名遐迩

官窑，位于南海区狮山镇北部，与三水、花都接壤，是有着1 100多年历史的文明古驿，古时为南粤北入中原的枢纽，享有“百粤通衢”的美誉。五代后梁贞明三年（917年），刘龑在广州称帝建立南汉小王朝，得知官窑一带陶土资源丰富，民间制陶业相当发达，于是派员到官窑属地镇龙圩（即和顺逢冲）文头岭，兴办了一家规模较大的陶窑。因是官府所办，故称官窑。官窑独特的地理位置使得多元的文化在此交汇，历经悠悠历史长河的荡涤，沉淀并形成了独特的民间民俗文化，最为突出的是源于明代、兴于清代、盛于民国，并延续至今近600年的闻名遐迩的官窑生菜会。生菜会完好地保留了岭南地区的过年民俗，成为当地独特的地域文化符号，同时也是近代岭南民俗文化研究的重要考证之一。

每年农历的正月二十六为观音开库，信众赶往白衣观音庙借库或还库，为求子孙、求发财而参神，并有吃生菜包的习俗。清代宣统二年（1910年）续编的《南海县志》中非常详细地记载了官窑生菜会的盛况：“金利司官窑乡有白衣观音庙，前临河后倚冈。俗传正月二十六为观音之开库之期，故该庙每年是日开库。庙前雇梨园一部，灯火通宵，笙歌达旦，前后数日，远近到庙祈祷者，络绎不绝，士女云集，画舫塞河。祷毕籍藁坐地，以蚬肉拼饭生菜包食之，云取生子之兆，故俗人多挈眷往祷迩来。小轮日盛，逐利者多凭小轮以备香客来往，每日小轮十余艘，往返五六次，仍异常挤拥，游人之多，可与悦城之龙母诞，波罗之南海神诞，鼎足而三。”生菜会期间，还伴有搭台舞狮子、演粤剧，醒狮沿街“采青”，以及烧炮抢炮（据说抢得闰三炮最吉祥）等活动，以正月二十六为最热闹，富贵人家前来参与活动所乘的紫洞艇，常常泊满官窑河岸，清末民初更被著名画家以民俗风情画的形式发表在上海《申报》附送的《点石斋画报》上。由此可见，早在晚清时期官窑生菜会已经成为南粤有名的民俗活动，名声远播上海乃至全国。

二、白衣观音庙的前世今生

官窑生菜会与凤山白衣观音庙有着千丝万缕的关系。凤山古庙在古大榄堡官窑圩。《南海县志》（卷五）记载：“多诸赛神，礼毕，登凤山小饮，啖生菜，名生菜会，是岁多有梦熊之喜。”凤山是一座红色砂岩小山岗，古时传说曾有凤来仪，故名之为“凤山”。凤山白衣观音庙的前身乃一道士馆，名“白莲观”，建于唐代，位于官窑水道河畔，颇有名气，苏东坡曾到此游览并留下诗句，民间传诵至今。生菜会的前身设在大岗村，据说在明朝的时候，官窑街头还有一尼姑庵名金莲寺，白莲观就在驿市街尾，善男信女吃罢生菜包便前往这两间寺庙顶礼膜拜。有一年，火烧了白莲观，道士走散，然后兴建了凤山古庙（又名“白衣观音庙”，简称“白衣庙”），香火绵延到了清代。

凤山白衣观音庙为两进，依山而建，坐南朝北，花岗石脚，青砖墙，琉璃瓦，门前为白石台阶，台阶前是几百平方米的石砌广场，庙左右两侧有高达半米的石狮子，精工细刻，栩栩如生。正门前二石柱雕刻有蟠龙，含珠不溢。大门横额石上刻有“凤山古庙”四个大字，大门前石刻对联“凤听灵音明佛法，山登彼岸有慈航”，铁划银勾。古庙飞檐斗角，叠叠层层，气势磅礴恢宏。庙两侧迴廊曲折，金漆木雕精细入微，流光溢彩，瓦脊上两条相对称的金龙在烟雾中摇头摆尾，意欲腾空。每年“生菜会”期间，白衣庙内便佛灯高照，香塔盘旋，轻烟缭绕，气氛肃穆庄严，在薄雾氤氲、帐幔飘垂之间，慈眉善目的观世音安坐莲台，接受跪于蒲团上的善男信女们的顶礼膜拜。左右两侧的地藏王、关帝、天后等菩萨安然同受。因为参拜的人实在太多，庙祝及其助手们往往忙得不可开交。香刚插稳，需即时拿走，否则再多几个大香炉也无香烛的立锥之地。

叩拜过观音，捐罢香油钱的信女们，纷纷从侧门往庙后走去。茂林修竹下，有近似圆形、直径半米、深近 0.6 米的石洞斜向内伸，积水盈尺，养有生螺活蚬，螺代表“仔”，蚬代表“女”，这就是传说中充满了神秘色彩的摸仔岩了。信女们圣水净手之后轻挽衣袖，慢伸玉手，心虔胆怯而又小心翼翼地向岩内水中摸去，问卜生男生女。摸到石螺者自是喜笑颜开，摸到蚬的人不禁黯然失色，好在摸的次数并无限制，于是继续诚心祈求再摸，最后绝大多数都能了却心愿，满意而归。至于日后是否应验，则只能是“且听下回分解”了。据说民国二十二年（1933 年），陈济棠的七姨太莫秀英也前来进香参神，莫秀英从摸仔岩内摸出来的是螺，十分兴奋，吩咐随从向进香者每人派送一个银元，后来莫秀英真的怀孕了，并产下一男婴。此事从官窑老人口中传下来，是否属实难以考证。

从正月二十三至正月二十七，官窑十里长街都会摆卖神香蜡烛、道咒神符、丁财灯饰，一些老婆婆在自家门口用脸盆盛清水，放上柚叶，名曰“圣水”，供游客洗手，每次有一文钱进账。在当地这是一项重大的民间活动，有“生菜会大过年”的说法，参与人数常常多达十余万人。

凤山古庙在1968年被拆毁，当时的官窑革命委员会为了建设露天广场，以方便进行宣传活动，就作出了拆除凤山古庙的决定。拆除古庙后，古庙和庙前广场的石料、砖、瓦等被搬运到官窑礼堂前，铺砌起露天广场。庙中菩萨都被砸烂并扔进江中，朝拜白衣观音之举也被当做“四旧”而废除。盛极一时的凤山古庙便湮灭在新中国那场史无前例的浩劫中，同时也留在了当地百姓的依稀记忆中。

官窑生菜会重现于世是在20世纪80年代初，将举办时间从过去的正月二十六改为正月十五元宵节，并赋予其新的含义。

三、古庙遗存物诉说当年繁华

在七甫村“后围园”小河边的大榕树下，安放着一对石狮子。石狮子为花岗岩质地，体长约65厘米，高约50厘米，雕刻得十分精美。据村民介绍，这对石狮子左为公、右为母，原来安放在凤山古庙正门俗称“虾公梁”的两个石梁上，为岭南祠庙建筑必有的装饰构件，有近百年历史。1968年凤山古庙被拆毁后，七甫村村民将它们安放在埠头阶梯的两侧，作守护埠头之用。凤山古庙被拆毁后，这对石狮子便静静地站在这“铁网陈埠头”守护着村民，已经过去了四十多年。

厚福村一位老人当年冒着被批斗的风险，在凤山古庙的残垣断瓦中“淘宝”，并将之偷偷运回家中收藏。其中，三件陶瓷是原来安装在凤山古庙大雄宝殿屋顶上的瓦脊。按照他的判断，该陶瓷雕塑中的龙口是张开的，龙的鳞片等文饰都是乾隆年间龙的特点，估计这三块陶瓷云龙瓦脊应为清代乾隆时期的产物。遗憾的是，这三件陶瓷构件因经历拆庙等浩劫而破损严重。还有一件凤山古庙的文物，就是“生菜会”抬神出游的“都天致富财帛星君”木雕贴金神牌。该神牌是凤山古庙的遗存物。当时的“生菜会”都有抬神出游的环节，而抬出来的除了白衣观音娘娘是比庙中所供奉神像小的另一个塑像外，其他诸神都以神牌代替，均称为“行宫”。出游的神牌在沿途都会受到信众的顶礼膜拜。原来木雕文饰和花饰上均贴金箔，可惜基本已被岁月所磨掉，因其上的龙纹为“草尾龙”样式，所以判断应是明代产物。

在七甫村陈氏宗祠中存放着凤山古庙的盘龙石柱。石柱原本在凤山古庙前，是清宣统元年（1909 年）重修白衣庙时竖起来的，分东西两根，保存至今的是西面那根。石柱虽然经过一百多年的风雨洗礼，但保存尚好。近地处有“宣统元年仲冬吉旦”字样，据介绍那应是重修凤山观音庙的时间。石柱上雕刻的主要纹饰为盘龙，可惜只见龙尾，不见龙头。石柱稍下位置有凤凰以及蝙蝠等纹饰，整个柱体雕刻非常精美。

随着“官窑生菜会”项目于 2007 年被列入佛山市第二批非物质文化遗产名录，并纳入“佛山春节习俗”项目，官窑人重修白衣观音庙的呼声也越来越强烈。许多孩童时曾经陪母亲到过凤山古庙的人，虽然现在都已经成了老人，但提起古庙，即使是一些遗存物，也还是很有感情的。一些如今身在海外的上了年纪的官窑人说起白衣观音庙，如数家珍，古老的庙宇成了他们童年不可分割的一部分。古庙已经不仅仅是一座被拆毁的庙宇，它在很多人心中是一种对母亲的怀念、对美好生活的向往，甚至它本身就是一个过去时代的象征。

俗话说：“皮之不存，毛将焉附?”民俗作为文化遗产是一种“符号”，需要同物质文化遗产——历史建筑紧密相连，建筑是“符号”的载体。如果没有了载体，“符号”就是虚的；如果载体和“符号”不相符，符号也就失去了原来的意义。所以，历史建筑保护同民俗保护同等重要。建筑是社会历史、文明发展的见证，是人们纵览一个地方历史的最直观印象。历史建筑是不可再生的文化资源，是先人留给我们的宝贵遗产，是一个地方文化沉淀的体现，我们要保护自己的文化，就要从保护这些弥足珍贵的历史建筑开始，唯有如此，才能让文化遗产流传下去。如何将文脉延续中历史留给我们的“活化石”以各种形式保留下来，并且将它们作为了解社会风貌的窗口，以及文化研究的重要资源与凭证传承下去，是摆在我们面前的重要课题。

官窑古桥

桥，连接着山与水，它不像亭台楼阁那样系出名门，引得无数文人骚客吟咏抒怀，它默默立于山水之间，为渔樵耕夫沟通天堑，也点缀和美化着大自然。桥梁是实用与艺术的融合体，梁桥的质朴、索桥的惊险、浮桥的温婉、拱桥的涵影，无不摇曳着艺术的风采。桥，是一条意味深长的文化纽带，在此岸和彼岸之间引申出阻隔与沟通、离别与欢聚、思念与向往、故园与天涯。鹊桥相会是千年不变的相思；断桥离别是咫尺天涯的寒影；灞桥折柳是依依惜别的哀伤。蓝桥下尾生坚守信义抱柱而死；奈何桥上今世的记忆消失在阴阳分界的又一个轮回中……

我国古代桥梁数量很多，凡在沟渠、溪谷、江河、湖泊等处，甚至房屋、街衢之间，常常有桥梁存在，以解决跨越、过渡的需要。我国造桥历史悠久，在西安半坡村距今五六千年前的原始社会村落遗址中，发现了原始的木梁桥。《诗经》里描写周文王曾经在渭水上“架舟为梁”，想来应是一座大浮桥。其后随着科技的进步，三千多年来，各个朝代、各个地区相继建造了许许多多不同结构、不同形式的桥梁。千百年来，很多古桥消失在岁月的烟尘里，但仍有大量的古桥保存了下来。在南海官窑有四座远近闻名的古桥：古岗桥、福星桥、新村桥和鹧鸪坑桥。它们有的随着河道的改变而失去了原有的作用；有的已被改建得面目全非，不再有昔日的风采；有的保存完好，至今还在发挥着重要作用。残破的条石、斑蚀的桥墩都在向我们诉说着官窑数百年的沧桑变迁。

官窑地处珠江三角洲腹地，在古代这里基本上是海湾，后经北江带来的大量泥沙长期冲刷、沉积，形成陆地。域内河涌纵横交错，水资源丰富，北江支流西南涌、大榄涌横贯境内，现保存的四座古桥全部横卧于大榄涌之上。

一、古岗桥

古岗桥，四座古桥中最美的一座，其名源于所在的村名。它坐落于游鱼浦村与古岗村之间的紫水河上，是一座三孔四墩的红砂岩石拱桥。桥宽 2.85 米、长 30 米、高 4 米，桥面及三个拱圈都是花岗岩，桥身用红米石砌成。古岗村建村已有 500 多年的历史。明代成化年间（1465—1487 年），刘氏三兄弟从南雄珠玑巷南迁而来，刘万才、刘万石分别立刘边村、厚村，刘万龄在此建古岗村。建村时先在村子四周开挖鱼塘，挖出的塘泥堆在村内，使得村内的地势高于四周平地，看上去就像一面鼓，因而得名“鼓岗”，后因“古”与“鼓”谐音，遂改称“古岗”，村落由东北方向向西南方向延伸。

古岗桥在 2006 年时被佛山市人民政府确定为市级文物保护单位。桥南头曾经立有一块石碑，碑文记载了修桥的时间、建桥的原因以及出资人、建桥人等，但遗憾的是石碑已在“文化大革命”时期被砸毁，碑文便无从考证，就连当地人也说不清碑文的内容。据说它的建桥年代在明朝，已经历了 300 多年的风吹雨打。南海区人民政府在桥头立了两块石碑作为保护性的标志。

这座明清时期南海古道上的重要桥梁，如今桥面的 70 多块石板已经坑洼不平，桥下的河水也不再流淌，在不远处被截断了去路，河流的改道使得古桥无人问津。桥北头曾有一棵大树，树下建有小庙，供奉北帝石像，以镇水患。每当黄昏时分，晚归的渔船行驶在一湾碧水之上，河边的麦田散发着氤氲的香气，古桥、大树、小庙，渔人的长啸，孩子的嬉闹，一切都是那么和谐。可如今只有古桥还在坚守着，其他的都已经随着历史的脚步渐渐远去。

二、福星桥

福星桥在大榄村，据嘉靖年间的《广东通志》记载，大榄堡是金利都八堡之一。相传明代正德年间（1506—1521 年）何姓人祖先在此定居，村名来历已不可考，聚落呈东北—西南走向分布。大榄一带曾是洪水肆虐之地，“大榄涡”集雨范围的十三条村更是地势低洼之处，村民常年饱受水涝灾害，这里自古就是著名的水泽之地，农民往返于村与村、村与镇之间，都得靠俗称“禾艇”的水上交通工具，犹如“水城”威尼斯。在新中国成立前，由于陆路交通不发达，福星桥成了大榄、刘边一带村民出行官窑的唯一陆路通道。

虽然福星桥的建桥年代已不可考，但据文博专家介绍，当地有一条途经官窑古驿站的古驿道，于明代万历年间（1573—1620 年）修建，该官道从官窑街往南经游鱼浦的古岗桥，再转往西北方向经大榄转向狮山等地到达三水西南，福星桥就坐落在该古官道上。由此可以推断，福星桥最晚应始建于明代。桥墩底部砌有近十层呈暗红色的“咸虾石”（当地俗称），经南海文博部门有关专家鉴定，“咸虾石”是明代建筑经常使用的红砂岩石板，而这暗红色的红砂岩最晚也是在清代康熙、乾隆年间使用的。

福星桥有着典型的古代弧形石拱桥建筑风格，桥体形状古朴。桥面分三层，从桥东路面拾级而上，经五级石阶到达第一层，前行四条青石板宽的平台，跨五级石板上第二层，再前行十条青石板宽的平台，上两级台阶达第三层，该层铺设有 19 条青石板宽的桥顶平台，然后又依次下桥西。桥体为四桥墩三拱，桥面宽约 3 米、长约 32 米，中间孔宽约 5 米、高约 6 米，两边孔宽约 4 米、高约 5 米。整座桥由上百块约 3 米长、20 厘米厚的花岗岩石修砌而成，桥面平整。在中间桥拱两侧，各镶嵌着一块石匾，刻有“宣统元年己酉春月重修”字样，可以确定是1909年重修的。

与一般石板桥不一样的是，福星桥三个桥拱的两侧都分别装有两扇对半开的红漆木质“防汛大闸”，每扇门约2平方米，25厘米厚，材质是“南洋坤甸木”，门的上弦里外都有铁圆圈以控制闸门的开启。在石桥中间桥墩侧，还各有两个向河道延伸的锥形结构。锥形结构的水利术语是“导流锥”或“导水锥”，是为了减少水流对桥墩的阻力而设。大榄涡上承大榄涡水系的雨水，下游直接连珠江支流出海，每天都有两次以上的海潮沿珠江一直涨到大榄涡内。在雨季，桥下游的河涌大面积积水并受潮水顶托，倒灌入涡内，加上大榄涡内的积水，造成内涝，大片农田受浸。考虑到防潮的需要，福星重修时特地装上了六道大闸门。雨季时，把闸门关上，将“龙舟水”抵在外头；旱季时，当外涌的水位低时，关闭水闸，可以防止大榄涡内存水流失，保证农业灌溉用水。1958年，大榄排灌站建成，与福星桥连在一起共同发挥着排涝灌溉的作用。

福星桥只在20世纪90年代时进行过基础灌水泥浆的小工程，其他部位至今都没有维修过，可见其设计的巧妙和稳固的程度。见证了大榄乃至官窑几百年来交通变迁的福星桥，目前还在大榄涡地区发挥着排涝灌溉的作用。

三、新村桥

新村桥在新东村东头村口，始建于明嘉靖三十年（1551年）。桥头立有青石碑，碑文记载了桥的修建时间、修桥的缘由以及集资修桥人的名单。460多年的风雨侵蚀使得碑文的颜色已经消失，但是文字的凹凸尚存，有些内容凭肉眼仍可分辨。该桥建筑体为四桥墩三方孔，桥宽3米、长30米、高5米，桥身红米石间花岗岩。

石桥的四个桥墩将桥身分成三段，中间一段平台最高，两边两段平台略低。高层平台和低层平台间有三级台阶。低层平台和平地间分别有七级和九级台阶。每级台阶都由两块长条石并排铺成，每层平台则由五块特厚的花岗岩条石并排铺成。桥面所用的十五块长条特厚花岗岩，其中有一块已经断落在桥下河水中，其他的基本保存良好。如此巨大的条石在本地是找不到的，据说是从福建运来的。

新村桥是和旁边的路一起修的，当时村中的彭氏族人为了村人往来交通便利，集资修建了路和桥。虽然已经过去四百多年，但是古桥依然发挥着很大的作用，在当地居民的生活中扮演着重要的角色。

四、鹧鸪坑桥

鹧鸪坑桥位于鹧鸪坑村以北 300 米，始建于清道光十三年(1833 年)，为四桥墩三方形孔拱桥。桥身建筑材料为花岗岩，桥墩修砌得非常整齐，方形空洞比较少见。1993 年政府重修石桥，桥面改为钢筋水泥，两边加设钢管扶栏杆，虽然更加坚固安全，但也削减了古桥的韵味。

鹧鸪坑村由东、西、中社组成，丘陵地形起伏不大，古时多山林雀鸟。大榄涌从村西向东北方向流淌，通往雅瑶水道。据《南海县志》记载，鹧鸪坑村在明代天启年间（1621—1627 年）被称为“凤凰村”，明代崇祯年间（1628—1644 年）改称为“鹧鸪坑”。关于改名的原因，在当地有个有趣的传说。那时候，地方上每年交的税都是县里的税务官来收的。有一年，两个新上任的税务官从南海县府到凤凰村收税，他们徒步走了一天的时间，疲惫不堪，傍晚时分方到达目的地。他们询问当地村民“凤凰村”在哪里，“这里没有凤凰村，只有鹧鸪坑村”，当地村民指着一排破旧的草房说，“那就是了”。收税官走了一天看到的竟是这样一些破房子，想来也收不到什么税，一气之下，就一把火烧了那一排房子。他们回去之后禀报上级：此地并无“凤凰村”只有“鹧鸪坑村”，且已被烧掉。从此凤凰村就改名为“鹧鸪坑村”，而那一年，此地的老百姓也没有交税。

在官窑境内原本有五座古桥，除了以上的四座之外，还有一座叫作“白沙桥”。如今“白沙桥”的名字还在，但是桥早已没了踪迹，原址已经变成一条宽阔的马路。

桥梁是架空并延伸的路，它实现了空间的跨越与衔接。北方的桥雄浑壮美，江南的桥灵秀俊美，岭南的桥则兼具实用与大气。就像岭南人低调、务实的性格一样，官窑古桥的共同特点是古朴、敦厚、坚固，注重其实用性而不大讲究修饰与美化。古桥的淳朴就像它们的名字一样，没有华丽的辞藻，也没有故弄玄虚的意味，只是本本分分地用着它所属村落的名字，寄予着一些最朴素的希望。它们承受着生命之重，长期在恶劣的环境中与强大的自然力相抗衡。古桥不断地被岁月的风雨侵蚀着，但它们依然执着地坚守着自己的岗位，为我们沟通彼此而默默奉献着。我们有责任去保护它们，让它们的生命能够更长久地延续下去。不仅因为它们给我们的生活带来了便利，还因为我们可以越过它们回到久远历史的那一端，回到祖先垦荒拓耕的那一刻，与先人坐在桥边促膝长谈……

“百粤通衢”，“铁网流芳”

南海官窑地处珠江三角洲腹地，地理位置优越，是南海、三水、花都三地的交汇点。境内水陆交通发达，北部的珠江支流西南涌直通广州，为广州与西、北江广大地区的交通纽带，千百年来一直是珠江边一个重要的城镇。

官窑历史悠久，东晋已建有金山寺，五代后梁贞明三年（917年），南海王刘龑在广州称帝，建国号“大越”，第二年改国号为“汉”，史称“南汉”，将现在的广东和广西的南部地区都纳入其统治范围之内。南汉王在位期间，得知官窑一带陶土资源丰富，民间素有制陶的传统，制陶业相当发达，于是派官员到属官窑地界的镇龙圩（今和顺逢涌）文头岭兴办了一家规模较大的陶窑，烧制陶器。因出产陶器大部分为皇家内宫及官府所用，故名官窑，并称当地圩市为官窑圩。现当地镇龙圩旧址尚存有陶瓷残迹，历史文物馆亦保存有古窑所烧制的刻有“官窑内造”字样的陶瓷器皿，由此推算官窑已有1 100多年历史。其明清时期属三江司三江都白石、骆村、大榄等堡，民国时期先为彰善乡、官窑乡、逑安乡，后为官窑乡、共和乡。

官窑得郁水（现象称“西南涌”，为珠江支流）之便，唐朝时已有人群聚落。清代《南海县志》记载：“刘万石始祖逢时自浙徙广，唐僖宗（873—888年）时为广州偏帅，后复迁于官窑厚村，遂世居官窑。”

“官窑水道”直通广州，是北上中原的主航道。《南海县交通志》记载：“官窑水道指西南涌（古称郁水）官窑至文教口河段，从官窑洲头起，经逢涌、金溪圩至文教顺天口止，全长 17 公里。”唐宋时期，西南涌比较宽广，其中金溪至鲁冈涌一带与白泥河交汇处被称为“万顷洋”，河面宽阔。唐朝以后，作为岭南政治、经济、文化中心的广州与中原交往，主要经北江水路。当时西南涌是北江通往广州的主要航道和捷径，因而西南涌水上运输日趋发达，促成岸边官窑古镇的繁荣。明代以前，官窑境内交通以水路为主，陆路只有乡间小道，未建有主干大道。明崇祯五年（1632 年）两广总督熊文灿批准并主持修筑四条约 3 米宽的主干道，以设在广州的南海县署为中心向四方辐射，西路由石围塘经亨蛲、横江、江夏等地出境与三水接路，全长 55 公里，又从联表分叉北行，经潭村、坑美、古岗、游鱼浦而达官窑，长 10 公里，这就是历史上的南海古道之一。宋、元、明、清时期，官窑成为连接广东南北两地的水运枢纽，交通发达，商旅频繁，经济繁荣，故有“百粤通衢”之称。

千年古驿官窑在明清两朝至民国初年期间最为鼎盛，当时有一条明代万历年间官府从广州水陆并进修筑的古道途经官窑，十里长的古驿道上，经迎阳门牌坊进入市集，自东往西为铁网陈市、驿市和石市，最后到马步头。铁网陈市有“铁网流芳”门楼，驿市有“百粤通衢”门楼。三市各成市集而又互相连接，组成繁华的商贸重镇官窑街，商铺林立，圩内人口过万。

一、石市

石市又名“上街”，现官窑旧街上段，清代前这里就有铺户，经商铺户多以凿石为业，工艺素著。新中国成立初期，尚存七八户凿石匠。

二、驿市

官窑以北有着 1 000 多年文明历史的郁水，上连西江梧州、北江韶关等地，下接广州城，是南粤一带上京的便捷水道，自隋代设立科举以来，佛山一带的举人上京考试，都要经过官窑，为方便传达官府文书和学子上京赶考，早在元朝就已经建立了驿站。明万历年间设有邮铺、驿馆，供来往邮递文件之人以及官宦和文人学士歇宿。[一说官窑驿设于清康熙十六年（1677 年）。] 此地也是南北商货转运地，故官窑旧街的下段称为“驿市”。下街道中有横匾，题为“百粤通衢”。周边的地名包括和顺的“马村”（古时称“禄马村”，据说就是当年一些为驿站放养马匹的人聚居而成的）等，至今还隐含着当年驿站的痕迹。驿市也有不少的祠堂、庙宇，当地简称为“十庙、三祠、一寺”。十庙，基本囊括了珠江三角洲一带人民喜欢供奉的观音、天后、华光、主帅、洪圣、宴公、吕祖、关圣等道教诸神。保存至今的有建于明代弘治十二年（1499 年）的七甫村陈氏宗祠，清光绪年间建造的“吕大仙（吕洞宾）庙”，还有寓意为“善与人同”的“同人善堂”等。

三、铁网陈市

“铁网陈市”指七甫东至迎阳门一段，因“铁网书屋”而得名。铁网书屋于乾隆四十八年（1783 年）建成，坐落在官窑古驿道旁，是标记官窑三市之一“铁网陈市”遗址的重要建筑。铁网书屋的石匾额上的“铁网”二字，是目前发现的唯一还能标明该处是“铁网陈市”之所在的实物证据。

官窑历史上孕育了不少达官贵人，书屋取名“铁网”，据说是意喻“网住心思，潜心读书”，即所谓的“两耳不闻窗外事，一心只读圣贤书”。铁网书屋为三进式院落布局，坐北向南，长约 25 米，宽约 11 米，屋顶为硬山顶结构，内为台梁式木架结构。大门口的牌匾两边是用楷书写的“清乾隆四十八年”、“癸卯春立”，中间用篆书写着“铁网书屋”四个字。逢年过节，书屋门前都会点起两盏约 1 米高、写着“中宪大夫”的圆柱形灯笼，以彰显家族荣耀。

铁网陈村曾经由两个门楼和围墙围起，可谓自成一格。门楼的一侧有一对“孖土地”（所谓的“孖土地”就是土地公和土地婆并排挨着坐的白石雕像）。据陈氏族人介绍，“孖土地”是铁网陈村独有的标志。凡是从铁网陈村分支出去的，长辈都会告诉后人，认祖归宗时要看看村口门楼有没有“孖土地”。民国十六年（1927 年）修缮的陈氏宗谱里面刊印有“铁网流芳”门楼的原貌照片。

四、马步头

马步头又名“马步埠”，是官窑驿道上往来的行人、车马互换水陆交通工具的码头，因旧时陆路交通工具为马车，故名“马步埠”。清同治年间的《南海县志》记载：“咸丰六年丙辰（1856 年），马步埠建谷圩，定二、四、七、九日为趁圩期。民国四年（1915 年）七月上旬，暴雨使得东、西、北三江同涨，马步头堤围被冲缺尽毁，这一带的谷圩更是被洪水冲成深潭，民间称‘乙卯年大水’。南海县知事陈嵩礼邀聘当时官窑三大善人之一的刘凤翔为治水灾总理，刘欣然应聘。”

刘凤翔名岐绍，号杰臣、璇星，官印凤翔，官窑厚村人。清光绪壬午武科举人、甲午武科进士、二甲第三名钦点花翎侍卫，乾清门行走。光绪四年奉旨游击补用梧州三江缉捕统领，署理六路后营右龙游府，历任潮州海门营参府，嘉称“武功将军”。刘凤翔生得膀大腰圆，身高 1.9 米，体重达 90 余公斤，力大无穷，能舞弄与他同等重量的大关刀。其为官清廉，时为乡民造福，曾献田一百亩予广州慈善机构，又于 1898 年与小江村乡贤黄梓林合作建一善堂于官窑，取名“同人善堂”。当时善堂内设有免费行医，并对穷人施米施药，使贫困者获得救济。刘凤翔应聘治水后率先捐资并广泛发动侨商，于旧址后退几十米处，重修了堤坝。

如今，宏伟的石堤依然矗立在马步头。

然而，到了明清时期，由于西南涌出现了淤塞等情况，巡水路南下广州的人们开始选择佛山镇的汾江河，“百粤通衢”的官窑逐渐淡出了人们的视线。一千年前，西南涌自身的充沛水量及其连接广州的水路优势，成就了官窑古驿的繁华景象；500年后，西南涌河道淤塞，将“广佛第一水道”之位让给了汾江河，真可谓“三十年河东，三十年河西”。但是无论历史怎样变迁，它曾经有过的辉煌不会因时间的流逝而消失，“官窑”这个有着千年历史的名字本身就是承载着历史文化的“活化石”，烟波浩渺的历史长河留给我们的许许多多的遗产，都蕴含其中。它不仅是一个历史悠久的地理坐标，更是灿烂文化的生动写照。

龙唐与龙唐社学

——小塘地名变迁与小塘历史之一

亚热带的岭南地区，一条大河奔流不息，这条河在韶关与武江相会后被称为“北江”。北江下游东岸，坐落着千年古镇小塘。漫步在小塘的土地上，岁月的痕迹依稀可见：华平村的李氏大宗祠，走马营的古石道，莲子塘的红门楼，官家巷的镬耳大屋，奇石村的古窑群遗址和陶瓷残片……光阴荏苒，穿越千年的沧桑风雨，它们无声地诉说着小塘曾经的辉煌。

远古的小塘就像黑暗的夜空，我们已无从得知它的面貌，直到一千多年前，小塘燃起了星星点点的窑火。1962 年和 1979 年，奇石村发现了古窑群遗址和陶瓷残片，经鉴定属于唐宋窑的石湾窑系统，这意味着一千多年以前，先民们已开始在小塘生活、劳作、繁衍。到了宋代，小塘拥有了第一个名字：龙唐。

龙唐的历史就是小塘早期的历史，龙唐的发展则与珠玑巷南迁的中原族群密切相关。珠玑巷，也称“敬宗巷”，位于南雄市北 9 公里处，是古代中原人迁徙岭南的重要中转站。唐代张九龄开凿梅关驿道后，珠玑巷成为岭南驿道上的商业重镇，聚集了大批中原人口。北宋时，金人入侵，更多中原人入粤避乱，来到珠玑巷。他们中的一些人在珠玑巷永久停留下来，还有一些人在短暂的休憩之后，继续南下，深入到岭南腹地。由于在珠玑巷得以休养生息、重振家业，这些曾经的中原人往往把珠玑巷看成自己的桑梓，珠玑巷也因此成为岭南诸姓氏的发源地。阮元的《广东通志》中记载："广州诸旺族俱发源于此。"中山黄慈博的《珠玑巷民族南迁记》中提到："有家谱族谱可查，先后在南雄珠玑巷南迁珠江三角洲一带的有 76 姓、166 族。"据《2002 年小塘镇村小组开村姓氏来源一览表》统计，小塘镇的 13 个行政村 69 个村小组中，有 8 个行政村的 31 个村小组的开村姓氏来源为南雄珠玑巷。小塘境内的大部分姓氏族群实际上就是从珠玑巷南迁的中原族群。

北宋雍熙元年（984 年），宣义郎李九九携族人从英德琶江口南下，为他的子孙寻找梦想的乐土。一千多年前，小塘河涌交错，土地肥沃，地貌和现在相似，于是他们决定在小塘建立新的家园，时称"九九李"（即今鹤巢）。天禧年间，鹤巢李姓开枝沙园村。南宋开禧元年（1205 年），珠玑巷麦氏有良公二子秀发、三子秀岐、四子仕清也沿江南下来到小塘，定居南社、西社，时称"聚龙塘"（或"聚龙村"）。此后，定居族群逐渐增多，形成了以鹤巢、沙园为核心的村落。由于鹤巢、沙园的李姓先民源于英德琶江口龙唐村，于是村民们将这一带村庄定名为"龙唐"。除上述移民外，小塘南迁的中原族群还有：五代后周显德二年（955 年）至宋乾德三年（965 年）间，高姓族人从中原南迁珠玑巷，后到狮西大梁坑、洞田开村；宋乾道九年（1173 年）退隐宰相叶隅第十子到狮岭大珠岗定居，开叶家村；宋咸淳九年（1273 年），大理寺评事、敕授宣都郎黎应韶从南雄珠玑巷携眷到狮岭定居，开黎边村，后分枝东西两房。南宋至元初一百多年的时间，是南迁最集中的时期，先后有二十五批三十多个姓氏从珠玑巷南迁到小塘。明清两代仍陆续有珠玑巷族群南迁小塘，直到清代中叶，族群迁入才完全停止。

"龙唐"，小塘的第一个名字，寄寓了小塘先民的忧思，更寄托了小塘先民的期望。小塘先民大多久居中原，他们或是为了避乱，或是为了寻求更广阔的发展空间来到岭南，虽然已在小塘开枝散叶、安居乐业，但内心深处对故土的思念与日俱增，因此他们用原迁地之名，表达对家乡的深切眷恋。另一方面，离开故乡多年之后，他们凭借自己的聪明才智，在陌生的土地上重建家园，胸中也涤荡着前所未有的自信。龙唐，蛟龙之居所也。他们坚信，总有一天，他们会如蛟龙腾空而起，大有作为。

自从拥有了“龙唐”这个名字，小塘逐渐显露出勃勃生机。南迁族群带来了中原的生产技术，他们将先进的生产技术与小塘良好的自然条件结合起来，使得小塘地区的农业迅猛发展，一跃成为岭南比较富庶的地区。南迁族群也带来了比较发达的中原文化，随着经济实力和社会地位的提升，他们兴办学校，教化乡里，小塘地区的教育水平也得到了空前提高。明、清两代，小塘教育发达，社学书院极为繁荣。

社学制度起源于元代。元制50家为一社，每社设学校一所，择通晓经书者为教师，施引教化。农闲时令子弟入学，读《孝经》、《小学》、《大学》、《论语》、《孟子》，并以教劝农桑为主要任务。明清时期，龙唐境内社学书院星罗棋布。明万历年间龙唐共有社学18所，清道光年间社学书院共23所，其中社学17所。龙唐社学是当时规模较大、办学较早的一所。

龙唐社学位于小塘旧圩，始于明万历十年（1582年）的唐溪别墅（书馆），最初是富裕乡绅为惠泽乡里而出资兴建的。清道光十四年（1834年），黄边黄锡麟、邓宝琦，沙园劳光泰、劳宝胜，罗岗曾渐逵、曾伴儒，区家区光祖，江湄黄新亭，茅洲徐博隆，莲塘徐子翔，黄鼎张业南，谢家谢寿康等当地名流又出资进行了重修和扩建，使得社学的规模进一步扩大。在科举取士鼎盛的明清时期，龙唐社学极为繁荣。龙唐社学的师资极为雄厚，多年来执教的都是进士或举人。当时号称“十二唱友”的黄锡麟、邓宝琦、曾渐逵等名流都曾在社学任教，明代名臣李光宸不仅在社学授业，还亲自为社学题写了牌匾。另外，社学还实行免费教育。为让社学有稳定的经济来源，乡亲们各捐出部分田地，命名“文汇田”，将田租用作维持社学之用。为了鼓励学子向学，社学还每年举办一次“童生赛大会”，从附近各私塾选学童参加，大会设金银、彩缎、袍料等物品，优秀者给予奖励，并保送到广州的书院学习。龙唐社学，“环境幽雅，师资一流，从学者众”，贫寒学子在社学中可以获得免费教育，优秀者更能赴京赶考，一时传为佳话。

龙唐社学的兴盛标志着小塘历史上第一个发展高峰的到来。经过几百年的发展，昔日的蛮荒之地已成为经济昌隆、教育兴盛、名家荟萃的龙唐。龙唐社学始因龙唐而得名，龙唐之名因社学之盛而益昌，龙唐成为名副其实的卧虎藏龙之地，小塘先民的美好愿望终于变成了现实。明代以后，小塘地名虽屡有变迁，龙唐社学之名却始终沿用不变，成为龙唐历史的有力见证。

清末，随着社学书院被新式小学学堂取代，“龙唐社学”结束了它的使命。辛亥革命后，龙唐社学改为第五区第四初级小学，1919 年更名为“福音堂文化学校”。1928 年曾任黄埔陆军军官学校总事务长的黄润博等人改办为小塘“平民义学”，抗战胜利后为小塘乡中心平民学校。1951 年小塘解放，改建为“南海第四区中心小学”，1953 年改名为“红星小学”，1973 年复名为“小塘区中心小学”。1994 年小塘镇政府为改造基础薄弱的学校，将其迁址新城区，改名为“城区小学”，1998 年正名为“小塘中心小学”。龙唐社学历经改造，旧物仅剩下一块“龙唐社学”的牌匾，有一段时间，这个废弃的牌匾还曾被人拆走，用作地塘的石栏基。1961 年原小塘中心小学校长找回“龙唐社学”的牌匾，把它嵌进正门屏风里，以鼓励学生们勤奋向学，龙唐社学的唯一纪念物才得以保存下来。今天，如果我们到小塘沙园，在原小塘中心小学旧址门前的屏风上仍可看到“龙唐社学”的牌匾。牌匾由白石雕刻而成，一代名臣李光宸的题字遒劲有力，清晰如昨。龙唐社学不再，中心小学也迁新址，只有“龙唐社学”的牌匾静静地伫立在那里，默默回忆着百年前龙唐以及龙唐社学的鼎盛时光。

值得欣慰的是，龙唐人重教育的传统一直延续至今。2004 年小塘被评为“广东省教育强镇”。从 1998 年起，小塘中心小学正式开始改造工程，先后合并了萝岗、洞边、奇石、新境、五星、塘小六间乡校，在迁址办学十多年的时间内，共吸纳资金 5 000 多万元。现在的小塘中心小学已经成为一所规范的花园式中心小学。学校占地 66 700 平方米，建筑面积 21 909.6 平方米；绿化占地 28 000 平方米，绿化覆盖率 100%；现有 49 个教学班，学生 2 500多人，教职员工 160 人，专任教师 110 人。走进校园，只见花草点缀，绿树成荫，鸟语花香。龙唐社学虽然已成为历史，但新一代的龙唐学子仍然在小塘快乐地学习、成长。

一代名臣与小唐传说

——小塘地名变迁与小塘历史之二

从北宋至今，小塘已走过了漫长的旅程。经历了千年风雨的小塘常常通过多种方式向我们昭示它的历史，有时伴随古老的遗迹进入我们的视线，有时透过优美的文字触摸我们的心灵。不过，对于大多数的小塘人来说，曾经的小塘以传说故事的形式存活在他们的记忆里，一代又一代，永不止息。

小塘，宋代时被称为“龙唐”。明隆庆四年（1570 年）后，更名为“小唐”。这次更名是明代李光宸和海瑞的交谊引出的一段佳话，小塘的历史也因此和这两位名臣紧密联系在一起。

李光宸（1516—1597 年），字仲熙，龙唐沙园村人。道光《南海县志》中记载，李光宸自幼聪颖过人，“年十一为郡诸生，文名籍甚”。明嘉靖己酉年即嘉靖二十九年（1550 年），李光宸考中举人，庚戌年间，又顺利考中进士。李光宸不仅文章超拔，政治才能也相当出众。他初任漳州知府时，漳州连年歉收、盗贼猖獗、倭寇侵扰，但他到任仅仅一年，就把漳州治理得井井有条，倭患也得以平息。更难能可贵的是，李光宸为官清廉，他任户部主事期间，和同僚李介互相砥砺，相约任职期间除俸银收入外丝毫不取。由于执法不避豪贵，铁面无私，朝野上下称他为“铁面郎”。李光宸晚年时对自己的一生进行了总结，他说自己有三不能：“一，不能营名利；二，不能近名利客；三，不能作谀世文字。”明清两代小塘人才辈出，李光宸是其中最负盛名的一位。

海瑞（1515—1587 年），字汝贤，自号刚峰，广东承宣布政使司琼州府（今海南省海口市）人。《明史·海瑞传》中记载："明世宗享国日久，不亲朝，专意斋醮。督抚大吏争上福瑞，礼官则表贺……瑞独上书（《平安疏》）。"嘉靖皇帝始大怒，后为之感动太息，称赞海瑞"可方比干"。海瑞因清廉正直，深得民众的尊敬与爱戴，百姓称其为"海青天"，与宋代包拯齐名。

李光宸与海瑞幼年读书塾时，便是心心相印的挚友，为官后他们一起参奏权臣、惩治贪官，更是朝中意气相投的同僚。嘉靖四十四年（1565 年），居台州三年后，李光宸因"议论峭直，与当事者不合"，辞官回龙唐故里，在家乡闲居，终日以养花、钓鱼、读书为乐。无独有偶，明隆庆四年（1570 年），海瑞也因黜贪官、搏豪强、整治宿弊，触怒权贵，被弹劾离职回故乡海南。返乡途中，海瑞乘船经过北江，便到龙唐沙园村拜访昔日好友李光宸。

就这样，两位明代清官在小塘相聚了。报效国家的愿望已成往事，整肃贪官的志向亦成烟云，小塘与知己重逢，他们的心中一定充满了"同是天涯沦落人"的感慨与无奈。然而，正是这次重逢给小塘历史添上了浓墨重彩的一笔。李光宸与海瑞的相聚不仅直接导致小塘的更名，更为小塘历史增添了不少动人的故事。

明代中叶以后，小塘农业持续发展，手工业生产水平进一步提高，商品经济日益繁荣。明洪武三年（1370 年），朱元璋昭告天下，大兴科举："自今年八月始，特设科举。务取经明行修、博通古今、名实相称者。朕将亲策于廷，第其高下而任之以官。使中外文臣皆由科举而进，非科举者，毋得与官。"［《明史》（卷七十），《选举志》（卷二）］为给参加科举的士子传道授业，小塘兴建了大批社学书院，文化教育也渐趋发达。海瑞小住期间，龙唐呈现出物阜人丰、欣欣向荣的景象：北江沿岸陶瓷发达、集市兴旺，村民安居乐业，大街小巷书声琅琅。看到偏处岭南的龙唐居然有盛唐气象，海瑞不禁发出了龙唐似小唐朝的赞叹。海瑞离去后，村民便将龙唐更名为“小唐”。

海瑞的称赞契合了龙唐经济发达、文化繁荣的盛况。龙唐更名为小唐，缘自村民的自信心和自豪感。不过，除此之外，这次更名还有更深层的原因。明中叶以后，表面繁荣的明王朝隐藏着种种危机，土地兼并严重，吏治日趋腐败。由于臣僚宴乐，以奢为尚，贪污成了官场积习，连负有监察职责的御史都贪纵无忌。官吏们依仗着自己在政治上的特权鱼肉百姓、横行霸道。朱国祯记：“（首辅徐阶）家富，传言有田十八万亩，诸子嗜利，奴仆多藉势纵横。”［《皇明史概·大事记》（卷三十八）］在这样的背景之下，企盼清官、敬仰清官成为普遍的社会风气。作为清官的典范，海瑞的事迹在民间一直广为流传。据说，明隆庆三年（1569年）夏天，海瑞以右佥都御史身份巡抚应天十府。因心生畏惧，很多贪官污吏都自动免职。甚至有显赫的权贵听说海瑞来了，把大红色的大门改漆成黑色。海瑞在吴地任巡抚半年将去，百姓听说海瑞解职而去，呼号哭泣于路，家家绘制海瑞像纪念他。

因此，龙唐的这次更名更表达了民众对清官的敬仰和企盼。为了纪念海瑞的小塘之行，村民们将龙唐更名为“小唐”，并且编织了不少脍炙人口的传说。比较著名的有以下三个：

忠臣脚：小塘一景。小塘沙园村文笔塔下有一块9米多长的石头，石头上有个深深的脚印，称为“忠臣脚”。据说一天晚上，海瑞和李光宸在此纳凉，谈到奸臣当道、民不聊生时，海瑞激动地站起来一脚跺了下去。由于过于激愤，脚踩在石头上，竟入石五寸许，如刀刻一般。

双下巴鱼：小塘特产。小塘有一种鱼，下颌呈双叠形，肉质鲜嫩肥美。这种外形独特的鱼据说也和海瑞造访小塘有关。据说，一日正午，海瑞与李光宸在家中庭院下棋时，李光宸命家人沏茶给海瑞喝。海瑞啜之，只觉清润可口，芳香扑鼻，知是好茶，便问茶从何来。李答：举人曾某赐之，杭州名产也。海瑞闻听此言，居然将茶泼到地上，坚决不肯再喝第二口。原来曾某任职期间，命手下每天至少索一升银子交差，否则棍棒伺候，人送绰号“曾一升”。海瑞泼到地上的残茶流到附近的“鬼仔塘”里，鱼儿吸食之后就都变成了“双下巴鱼”。

桧树：小塘李氏祠堂前曾有两棵桧树，这两棵树和其他树不同，笔直向上，少有曲枝，高达二十多米。据说，这两棵树是当年海瑞亲手种植。几百年来，这两棵桧树像海瑞一样受人敬仰（“文化大革命”期间被砍掉了）。海瑞临行前还曾为李氏祠堂写了一副对联，上联是“义门不吁千溪水”，下联为“遗族长存万古流”，横批“义门遗族”，希望龙唐人能以忠义为本，让太平景象像千条溪水一样源远流长。

海瑞虽然在小塘只停留了一个多月，但在小塘人心中留下了难以磨灭的印象。在那些口耳相传的故事中，村民们将家乡的山山水水、草木虫鱼与他们所敬仰的清官海瑞，特别是海瑞清廉正直的品质联系在一起：文笔塔下入“石”三分的足印，象征着海瑞疾恶如仇的浩然正气；李氏祠堂天井中的桧树，由于是海瑞亲手种植，因而秉承了海瑞刚直不阿的品行，笔直冲天，毫无斜枝；那被海瑞所唾弃的残茶，因曾为殃官所沾染，自然也会殃及池鱼了。当然，龙唐更名为“小唐”是海瑞在龙唐留下的最深刻的印迹。从那以后，每逢谈论起小唐，小塘人都会忆起海瑞的龙唐之行，并向这位明代清官致以深深的敬意。

百年老站与现代小塘

——小塘地名变迁与小塘历史之三

从佛山禅城乘坐小塘方向的公交车，几十分钟便可抵达小塘火车站。由于旅客列车在小塘并不停留，小塘火车站似乎已失去了实质意义。没有候车大厅，没有乘车的旅客，只有铁轨一如既往静静地伸向远方。每隔一二十分钟，播音警告响起，铁路工作人员会放下栏杆，车辆和行人则在护栏边耐心地等待，直到列车呼啸而过。与铁路平行的是一条热闹的小街，除了杂货店、商店，最多的是各种口味的餐馆。人们就餐时，抬起头，隔着丛生的树木，可以看到路基上的铁轨和偶尔飞驰而过的列车。这就是今日的小塘站，狭小、破旧、平常。然而一百多年前，小塘的现代文明就是从这里开始的。

英国铁路史研究专家大卫·罗斯认为，在所有定义为现代发明的事物中，铁路具有最突出的地位，铁路的兴建是一个国家现代化的真正开始。不过，一百多年前的19世纪，中国铁路发展的开端并不顺畅。闭关锁国的清王朝认为西方科学技术乃洋人的“奇技淫巧”，铁路会破坏中华风水，给中国带来灭顶之灾，因而强烈反对修建铁路。1865年，英国人杜兰德在北京宣武门外沿护城河修建了一里长的展览铁路，希望向清廷展示铁路运输的巨大优点，但是满朝文武大惊失色，认为“不合大清国国统”，因而这条示范铁路很快被清政府拆毁。12年后，即1876年，上海怡和洋行英商在上海以修“马路”为名偷偷修建了全长14.5公里的吴淞铁路。清廷认为铁路会惊动地下的祖先，破坏“天朝风水”，乃“极恶之物”，“有大害于朝廷”。建成后不久，吴淞铁路也被拆毁，路基被铲平，火车头甚至被装船抛入大海。

随着中西方文明冲突和对抗的不断加剧，清廷逐渐认识到铁路的益处，中国的铁路逐渐发展起来。地处珠三角腹地的小塘得风气之先，1898 年，美国美华合兴公司承修粤汉铁路，修建过程中，他们发现广州至三水一线地处珠江三角洲鱼米之乡，修建铁路投资少、收益快，于是提出将修建广三铁路（当时称为省佛支路）作为粤汉铁路支线并先修建的议案，得到清政府的同意。同年，铁路督办大臣盛宣怀、驻美国公使伍廷芳与美国美华合兴公司订立修筑三佛铁路的条约，决议由广州至佛山一段，先行修筑。广三铁路共耗资 4 000 万美元，自广州珠江南岸石围塘，经三眼桥、佛山、小塘至三水。其中穿越小塘 15 公里，内设小塘、狮山、走马营三个上下站。1901 年 1 月起，开始修筑广州石围塘至佛山一段，长 16.5 公里，并于当年 10 月竣工。通车以后，铁路效益大大增加，商务更加发达，激发了投资者的兴趣和干劲，于是加紧赶筑佛山至三水段，第二年宣告竣工。1903 年 10 月 5 日，佛山至三水一段建成通车，时任两广总督的岑春煊主持了盛大的通车典礼。

广三铁路穿越富庶的珠三角北部，把广州、佛山和三水联结起来，同时与西、北江航运连接，成为通向粤西、粤北的主要通道，建成伊始，日均运送旅客就超过万人，盈利高达 50%，年盈利 80 万元。当时，广三铁路的客运量占广东铁路客运人数一半以上，路线短而收入大，效益奇佳，被认为是世界铁路之冠。小塘站是广三线上物流量除佛山站以外的第二大站。铁路的开通极大地刺激了小塘经济的发展，从此小塘与广三铁路紧密相连，广三铁路也成为小塘的骄傲。有了铁路，小塘人逐渐学会了按照整齐划一的规律调整生活和社会行为；有了铁路，小塘人开始认识和理解现代科学，物理学、化学、工程学、电学等现代学科开始出现在小塘的学堂上；铁路的潜能后来还激发了小塘人的奇思妙想，工程、隧道、桥梁等现代事物也开始在小塘出现。过了十几年，铁路又给小塘带来了电灯和自来水，千年古镇真正走上现代文明之路。广三铁路的修建至今仅有一百多年的时间，这一百多年在小塘千年历史上只是一个片段，但是这个片段在小塘历史中的作用至关重要。今天，小塘已成为一个现代化的城镇，拥有新境、五星等现代化工业园区，陶瓷、化工、五金、电器、医疗器械等行业飞速发展，而这一切的开端，若追根溯源，谁能否认一百多年前的那个秋天那列冒着黑烟的火车开到小塘的意义呢？

广三铁路兴建时并非国有，路权的国有化经历了相当长的时期。清光绪二十四年（1898 年），广三铁路由清政府与美国美华合兴公司签订借款合约而修筑。清光绪二十七年（1901 年），建成第一期工程石围塘至佛山段，钢枕双轨，长 16.5 公里。清光绪二十八年（1902 年），建成第二期工程佛山至三水段，木枕单轨，路权归美国美华合兴公司所有。清光绪二十九年（1903 年），三水县境段于 10 月竣工，12 月 10 日全路通车，全长 48.9 公里。由湖南、湖北、广东三省商人集资 675 万美元（折合银元约 1 350 万元）赎回广三铁路路权，改名为“三省铁路”，这是中国商办铁路的开始。1913 年，当时的北京政府交通部将湖南、湖北商人所有的股份收归国有，与原来广东有股份的商人合办，改名“广三铁路”，广三铁路成为官商合办的铁路。1918 年，广东省政府收私股，广三铁路成为官办的铁路。1938 年，日本侵略军占据佛山后，把石围塘至佛山双轨段拆改为单轨，佛山至三水段全部拆除。1946 年 7 月，修复石围塘至佛山双轨段和佛山至三水单轨段，为官僚资本所有。直到 1949 年，广三铁路才收归国有，成为全民所有制企业。

小塘火车站的设立直接导致了小塘的第二次更名。“清光绪二十九年（1903 年），广三铁路通车，设小唐站。因站前有口鱼塘，遂将‘唐’字加‘土’旁为塘”，以后也就将错就错成了小塘地名的正式写法。南海诗人劳炳楠对小塘的这次更名作了比较细致的解说，他在一首名为《小塘正名》的诗中说：“小唐本是喻唐时，清代流传汝可知；加上土旁非达意，故将来历正名词。”其意思是说，小唐名字本源于明末清初，清官海瑞到此，闻书声琅琅，文人辈出，觉得此处如唐朝文风兴盛，故名“小唐”。后来广三铁路兴建，铁路工作人员不明就里，以为“唐”是指地名，见站前有一口鱼塘，因此加上一个“土”字旁，成了“小塘”。由于广三铁路是广东西部的交通枢纽，也是人们进出小塘的交通要道，谬音流传、约定俗成，“小唐”也就被后人改为“小塘”了。如此看来，小塘的这次更名是出于极其偶然的因素。在中外地名史中，因误解或错误而导致地名改变的例子不胜枚举。不过小塘的这次更名除了偶然因素之外似乎也蕴含着某种必然。添土为塘的偶然失误让小塘脱去了浓厚的历史色彩，与小塘现代文明的开端奇妙地契合，实在耐人寻味。

因工作人员的臆断与误解，小唐变成小塘。不过，小塘的最终定名却经历了相当长的时间。1926 年，为方便旅客旅行，广三铁路局编辑出版了《广三铁路旅行指南》一书，该书在广三铁路各站相距里程表和搭客乘车价目表里，都仍然用“小唐”站的名称。由此可以推测，小塘与小唐两种写法在相当长的时间内一直并行使用。《南海县志》记载：“（小塘）民国称小唐乡，……1958 年与狮山乡合建红星人民公社；1961 年体制下放，大公社分为狮山、小塘（‘小唐’自此改为‘小塘’）、联安、罗行四个小公社。”也就是说，直到那时，小塘的地名才最后确定下来。

从 1903 年到现在，小塘站几经沉浮。从 20 世纪后半期开始，小塘站风光不再。1970 年代，客货同运，小塘站平均每天还有 800 多人的客运量。改革开放后，随着公路交通的发展和广三铁路延伸至茂名，快车不停小塘站，从小塘出入的火车锐减。1980年代初，走马营站和狮山站先后停止运作。2002年，小塘站也停止发运旅客，只装卸货物，小塘站的发展终于告一段落。

百年老站小塘的衰落标志着小塘迈入了新的发展阶段。今日的小塘，交通便利，水路、公路、航空也都非常方便。镇内供水系统、供电系统、通信系统配套完善，商业服务、文化娱乐、园林绿化等公共设施一应俱全。2002年，小塘经济总收入43.85亿元，勤劳的小塘人在新的时代正在谱写更加壮丽、灿烂的诗篇。

感和顺瑞气　忆灵洲古韵

《管子·形势解》曰："父母不失其常，则子孙和顺。"唐代元稹在《才识兼茂明于体用对》中云："争夺之患销，则和顺之心作。"可见，"和顺"一词古已有之，是和睦、顺从、融洽之意。"和顺"用于地名在国内为大家所熟知的有云南省腾冲县的和顺乡与山西省的和顺县，前者位居"中国十大魅力古镇"之首，后者则有"中国牛郎织女文化之乡"的美称。而南海的和顺则少有提及，甚至在百度搜索也难觅其芳踪，搜得的只言片语多为交通、地址等生活信息，而少有历史、文化等有价值的信息。其实，南海"和顺"是一个有着深厚历史、文化价值的老地名，承载着昔日的瑞气与辉煌。据史料记载，南海"和顺"在古代亦称"灵洲"，因境内有灵洲山而得名。关于"和顺"这一地名的由来，《南海市和顺镇志·地名掌故》中记载，"和顺"之名可追溯至清康熙二十四年（1685 年），原名"和锋"。该村人多力量大，年逢端午，皆与邻村举行赛龙盛会，每竞赛得胜，便把败者之舟夺回。后来村中有识之士认为"锋"有"争锋"、"锋芒"之义，有碍和睦相处，遂于清康熙二十四年（1685 年）改名为"和顺"，寓"敦睦祥和"之意。但据现有可考的史料记载，"和顺"作为地名可能最早出现在明代崇祯年间的《南海县志》中，书中记载金利都白石堡下管辖 22 个村，为首就有一个名曰"和顺冈"的村名。此词用作地名，表达了当地百姓对祥和、美好生活的向往。

和顺是典型的岭南鱼米之乡，有耕地 2 639 亩，鱼塘 1 974

亩，主要种植水稻，生产冬瓜、大蒜、塘鱼。抗日战争前，特产凉果和顺榄，驰名海内外。和顺虾，肉质透明，体小味鲜，令人回味无穷。和顺境内的村落特点是依山傍水而建，靠山的村落比较小，如赤岗、南边、汤村、袁岗头、桃坑等。地势相对平缓且靠河的，如贤僚、鲁岗、小布等村落则大一些。这些村落大都在村前挖水塘，塘基植果树、风景树，塘内养鱼虾、水鸭。鸣啭的鸟儿、婆娑的古榕、树荫倒影下的河涌、古朴的清代广府民居镬耳屋，还有村民那一张张温暖人心的笑脸，共同构筑了一个人与自然和谐共处的原生态的岭南水乡！

这里的古寺、古庙、古道历史悠久，山环水秀，瑞气腾腾，古韵悠悠。

古寺当中要数金山古寺最为有名。据《南海县志》记载，金山古寺位于和顺境内官窑水道中的灵洲山上，四面临水，最初由晋代慧波和尚兴建，名为“普陀禅院”。明成化年间（1465—1487 年）太监韦眷重修，并藏有宪宗御赐的金线袈裟，谪敕名“宝陀寺”，又名“灵洲山寺”，广府人称“小金山寺”。在明代崇祯年间的《南海县志》中有记载，“灵洲”是金利都麻奢堡下所管辖的一个村。关于灵洲山的历史，有史料可考的最早记载是在东晋时期。有一位文学家、训诂学家名叫郭璞，他博学多才，亦善卜，曾注释《山海经》。当他游灵洲山时，举目四顾，秀气蒸郁，视野苍茫，惊叹“南海之间有衣冠之气者，斯其地也”。

关于灵洲山的概况，比较详细的记载来自清代学者屈大均的《广东新语》（卷三・山语），谓：“灵洲山，在广州西北七十里郁水之中，西北二江之来，至广州，先以灵洲为砥柱，次以海珠，次以海印，次以禺珠，皆在水中央，所谓鳌峰也。而灵洲尤高大，山根如鼎足，其西曰象岭，曰三台。南曰鹿马，曰钵盂。北为读书冈，上有宝陀院，超然、妙高二台，苏学士遗迹存焉。伦公以训云：岭南英气，钟于会城，而秀发于灵洲，其溢而出者为海珠，奇观相望。郭璞占之曰：‘南海盛衣冠之气。’盖后千古而言益征云。灵洲以北一带，古谓肃连山，其势若断若续，春夏水溢，与灵洲同一浮沉，尝欲远于江岸然者。盖炎方在大海滨，地薄而多浮，山之浮者有浮山，而浮丘为之门户。石之浮者有海珠，而灵洲为之肺腑也。”

当时的金山古寺以其独有的山水名胜，吸引了不少达官贵人与文人墨客登临览胜，泼墨挥毫。在寺中留下笔墨的作者大部分是唐、宋、明、清四个朝代的迁客骚人，其中也不乏我们所熟知的名家。如唐代“十大才子”之一的司空曙曾留诗寺中，诗云：“万里闲游客，交州见柳条。逢迎人易合，时日酒能消。浪晓浮青雀，风温解黑貂。囊金如未足，莫恨故乡遥。”据资料记载，另一位大文豪苏东坡被贬岭南之后，在宋元符三年（1100 年），由海南移往永州（今湖南零陵），途经广州，游至附近的灵峰山时，见到此山立在江中，山上又有一名叫普陀院的小寺庙，加上周围醉人的景色相衬，仿佛是微缩了的江苏金山寺。进山门后，苏东坡不知不觉走进了该寺已圆寂的方丈的禅室，惊讶地发现禅室里面的陈设竟然跟自己昨夜梦中见到的一模一样，于是他便赋诗题壁：“灵洲峰上普陀院，白发东坡又到来。前世德云今我是？依稀尤记妙高台。”百日维新的领袖康有为先生也曾到此地一游，在诗中写道：“岁岁春明百丈尘，故乡一日得闲身。十年未改山中约，三宿真为桑下人。大海潮来龙听法，诸天花散佛闻因。灵洲山色还相近，坐数风帆过几巡。”除司空曙、苏轼、康有为外，杨万里、伦文叙、孙中山等名人均到过金山寺游览，并有题字。金山古寺因文人骚客的到访而增色不少，声名远播。在元代，“灵洲鳌负”成为“羊城八景”之一（其他七景为：扶胥浴日、石门返照、大通烟雨、蒲间濂泉、粤台秋月、景泰僧归、白云晚望）。历代诗人吟咏金山古寺的诗词为我们描绘了“灵洲鳌负”的昔日美景：站在灵洲山峰上举目四顾，可见山上花木葱茏，古树参天，亭台楼阁点缀其间，风景如画，令人流连忘返；山下四面环水，视野苍茫，西、北二江之水自远方奔涌而来，水面高度因随潮水时升时降，金山寺有如一只巨鳌在水面浮游。古代过往行人乘船经此，多登灵峰一游，从而使这里逐渐成为重要的旅游胜地。而所谓“鳌负”，即灵洲之下有神物负着之意。相传灵洲是由一条鳌鱼背着，由河中升起，下有鳌鱼神（渔民保护神）负着，故海上之山称为“鳌峰”。近两三百年来，由于西南涌和芦苞涌进水日减，冬秋常涸，1 000 米宽的河床来水少了，船舶难于行走，灵洲山便失去了它“咽喉之地”的重要地位，逐渐衰落，河床也淤积成沙洲，大概在明末时已与南岸的瑶头相连，“灵洲鳌负”美景不再。最让人痛心的是，抗日战争时期，金山寺不幸沦为日军的兵营和马房，寺内陈设被糟蹋殆尽，僧众也被驱散。抗战胜利后，寺院虽收回，但因无人管理，建筑物大多倾圮，如今只剩荒芜，供人凭吊。金山寺是苏轼在南海唯一一处留下千古诗句的地方。

借广州主办 2010 年亚运会的契机，广州艺术博物院副院长冯少协先生举办了“百年广州”油画展，在展出的 30 幅作品中就有一幅名为《1795 年羊城八景金山古寺》的油画，重现昔日金山古韵。此画以鸟瞰视觉绘画，描绘的是清乾隆年间落日黄昏时候的金山古寺。只见形如鳌的灵洲岛矗立在激荡奔流的古郁水中，任激流拍打，稳如泰山。金山古寺的山门、前殿、大雄宝殿、后殿、东坡亭等大型建筑坐西向东，依山而建，气势非凡。这时，太阳慢慢落入象岗岭，天空一片红霞，照得本已是金黄色琉璃瓦的古寺建筑群更加璀璨、神圣。寺内香烟袅袅，江面烟波渺渺，白鹭伴落霞而飞。虽是黄昏，但山门对出的埠头却依旧舟来舟往，从羊城过来的信众络绎不绝。此外，佛山市知名书画家邓阜炳先生也曾以旧“羊城八景”之一的金山寺为题材写书作画，其中 85 件作品在三水博物馆展出，也有不少三水文化界人士支持政府将金山古寺申请成文化遗产。作为金山古寺“原产地”的南海，我们更应抢先挖掘古寺的历史、文化价值，做好保护工作。

古庙反映了广府人尚鬼神之民俗。《汉书·郊祀志》曰：“粤人勇之，乃言：粤人俗鬼（言其土俗尚鬼神之事），而其祠皆见鬼，数有效。……粤巫立粤祀祠，安台无坛，亦祠天神帝百鬼，而以鸡卜，上信之。粤祠鸡卜，自此始用。”和顺的文教古庙、谷黄古庙、天后庙等都是供奉神灵的庙宇，多为明清时期的建筑。如明代万历年间建的文教古庙在大堂正中供奉北帝（北帝为岭南“四大水神”之一，其他水神为洪圣、天后、龙母。岭南多水患，供奉北帝是为了祈求风调雨顺）、两旁供奉观音、洪圣两尊神像；清代的谷黄古庙供奉着土地公、谷黄爷，表达了人们祈求来年农业丰收的美好愿望；乾隆年间的天后庙则专设神楼，楼正中供奉着天后娘娘、华佗、金花夫人（送子女神）的神像。这些古庙承载着当地百姓希望得到神灵庇佑的古老而又朴素的情怀。

晋阳古道亦表达了百姓祈求风调雨顺的朴素愿望。古道修建于清道光二十六年（1846 年），在和顺文教村内，西起兴贤社，东至风雨亭，全长 1 000 米，用花岗岩铺砌路面。原来古道口建有门楼，现在门楼不存，但石额尚在，上书“晋阳古道”四字，虽然只是村内一条普通的土路，但名称很古雅。据和顺镇志记载，当年古道初建的对联为：“晋郡遗风传古道，阳春有脚兆丰年。”现在古道虽已被宽阔的混凝土路面替代，但一路走进去，仍可见到不少明清古建筑镬耳屋，平添了几分古韵。镬耳屋是岭南传统民居的代表，大多都用青砖、石柱、石板砌成，外墙壁均有花鸟图案。因其山墙状似镬耳，故称“镬耳屋”。镬耳状建筑具有防火、通风性能良好等特点。火灾时，高耸的山墙可阻止火势蔓延和侵入；微风吹动时，山墙可挡风入巷道，进而通过门、窗流入屋内。民间还有“镬耳屋”蕴含富贵吉祥、丰衣足食之寓意这一说。镬耳屋的屋顶都有漂亮的灰雕和砖雕，一些梅花图案的灰雕更是凹凸有致，朵朵红梅迎风绽放，如同少女的笑靥，颇为传神。灰白的镬耳墙静静地躲在青云巷中的水井旁，而青云巷中还有建于清咸丰九年（1859 年）的唐大夫家庙，周边则散落着多个唐氏家族宗祠。徜徉于这里的古建筑群，我们仿佛听见幽幽的青云巷、雕梁画栋的镬耳屋在低声诉说着小村的过去。

和顺、灵洲都是见证当地岁月沧桑变幻的老地名。透过它们，我们仿佛看到人们在这片岭南热土上拓居生活的真实场景，也感受到和顺之地的瑞气、古朴与灵秀！

古诗中的灵洲山

宋方信儒在《南海百咏·序》开头即说："境以诗名，在在皆诗也。"此话一点不假。但凡诗人足迹所至，都留下了一首首山水诗作，综观一部中国古代诗歌史，歌咏名山大川的诗作真是难以胜数。南海里水古灵洲山在地理位置上处于西江支流西南涌北江的交汇处，是中原移民、南宦者以及经商者进入广东的必经地。在古代，灵洲山被近千米宽的江面所环绕，显得孤峰突兀，加上岭南特有的气候，山上往往烟氲缠绕，东晋时慧波和尚在山上建宝陀寺，更让它沾上了释家仙气。历代的南来北往的过客经过此地无不泊舟登临，而文人墨客则少不了感物赋诗，给后世留下了诸多珍贵的诗歌作品。灵洲山借这些诗作而增添灵气，至元代被评为"羊城八景"之一。康熙年间《南海县志》（卷十六）有以灵洲山、小金山为题的诗歌二十余首。从这些诗作中我们可以重温这一名山胜景。

一、形胜

灵洲山的得名至今尚无从考证，不过从《说文解字》对"洲"的解释——"水中可居曰洲"推断，灵洲大体可以理解为是有灵气的水中岛屿。在古代，灵洲山一直以南海名山而出名。《广东新语》（卷四）引《唐书·地理志》的话："南海名山灵洲，大川郁水。"而灵洲山之所以被诗家重视，首要一点依赖于它地处交通要冲这一原因。据史家考证，"秦汉时……芦苞涌成为通广州的主要交通线，芦苞涌边上有南海官窖（灵洲山），据说'官窖'

地名，以唐宋时附近陶瓷业兴旺而得名。因陶瓷业须依赖方便的水运，由此可想见唐宋时芦苞涌水量丰盈，仍不失为通广州要道”。清代学者屈大均的《广东新语》（卷三·山语）同样也记载：“灵洲山，在广州西北七十里郁水之中，西北二江之来，至广州，先以灵洲为砥柱……”灵洲山如同堪舆家所称谓的“罗星”，矗立在水道中央，水流至此形成一个回流，让灵气凝聚于此而不散。而由于灵洲山周围的郁水有近千米宽的水面，灵洲山随水流涨落而浮沉，古人非常形象地喻之为“灵洲鳌负”。“鳌”是古代神话传说中海里的大鱼或大鳖，女娲补天时曾经“断鳌足以立四极”，据说东海中的三座仙山（即蓬莱山、方丈山和瀛洲）就是由巨鳌驮负着的。“灵洲鳌负”非常恰当地描绘出了灵洲山和这些仙山在水上缥缈无定的特点。许多诗作都集中地歌咏灵洲山这一形象特征：

巨鳌出沧海，背负梵王宫。非有风涛险，安知砥柱功。潮痕不过石，峰色欲浮空。苏子扁舟客，前身悟梦中。（陆垕）

金鳌露北出沧溟，捧足惟应傅巨灵。坡老留题空乐石，德云种栢满幽庭。天寒怖鸽依江渚，夜静灵鼋听塔经。画舫图书从此去，梅阁回首树青青。（孙蕡）

海上青山一柱孤，宝陀云拥巨鳌扶。天连琼岛迷吴岫，地控珠江振粤都。千古衣冠曾表郭，百年风韵尚传苏。登临莫问前身事，作赋空惭汉大夫。（王弘海）

海上惊看小六鳌，故人天外胜挥毫。蹉跎浪迹惭清境，伫看寒江捲夜涛。若问前身三岛近，相思回首七星高。苍茫莫负灵洲胜，笑把山花对浊醪。（李开芳）

灵洲山上同样是一派郁郁葱葱。明李畅有诗《小金山》写道：

扶藜上宝陀，林深隐薜萝。架鳌扶海日，吐蜃起春波。竹寵闲僧火，松涛隐棹歌。上方幽客思，细数落花多。

二、凭怀吊古

古灵洲山为南粤名山，除了地理优势外，更仰仗于东晋风水鼻祖郭璞、宋代大文豪苏轼与灵洲山的结缘。相传郭璞南游到灵洲山时，站在山上，看到一脉江水滚滚南去时，曾言："南海之间有衣冠之气者，斯其地也。"郭璞的惊叹在当时应该还只是一个预言，因为当时的岭南相对于中原文化来说还是蛮夷之地，但是岭南后来的人才之盛却印证了郭璞的预言。其后，宋代大文豪苏轼途经此地游览宝陀寺时，留下诗作一首："灵峰山上宝陀寺，白发东坡又到来。前世德云今我是，依稀犹记妙高台。"诗中的"妙高台"指苏轼游历过的江苏镇江妙高台，苏东坡曾写有《过金山寺一首》，其中即有诗句："明月妙高台，盘涡月照开。"镇江金山寺在当时也是江心岛屿，与灵洲山中流砥柱的形势非常相似，后人即据此而将灵洲山称为"小金山"。南宋诗人方信孺游灵洲山时读了苏东坡的诗，就写道：

东南佳气盛衣冠，楼阁翚飞缥缈间。疑是落星湾上见，直须题作小金山。

郭璞的预言对灵洲山是首发之功，而苏轼的名气则让灵洲山平添了言之不尽的文化遗韵。伦以诜在《祭苏东坡文》就有"昔公未来，山川阒然。公既来止，吟咏以千"之说。清乾隆时大诗人杭世骏有"登台强半为苏公"之句，后世登临者往往以诗作对两位大名人尤其是对苏轼进行追慕。

翠拥金鳌出海滨，由来郁水号通津。衣冠晋代留佳谶，风雅苏坛响绝尘。秋色顿添颜欲老，水光涵映景如新。灵洲簇簇饶名胜，十载嬉游识未真。（方以申）

灵峰再出碧芙蓉，此是蓬瀛第几峰。风捲涛声惊睡鹤，日移台影起潜龙。四时客棹依禅榻，两岸人家听讲钟。最忆东坡辞翰在，白云淡处散吟踪。（屠潚）

登台再拜东坡老，醉眼睁看北斗标。未信瘴乡生白发，独怜天下若青苗。寒云岛外横孤鹤，明月船头忆洞箫。几度登临重怀古，清风吹送海边潮。（招于莘）

孤峰突兀水萦廻，舣棹攀岩览胜来。不见当年苏学士，空留遗迹妙高台。（林烃）

三、闲散之志

古灵洲山上建有宝陀寺，又属释家之山。登临此山，既是为了凭怀吊古，同时也会在宝陀寺的晨钟暮鼓中得到远离尘世的静谧。宋李昂英面对岿然不动的灵洲山，对比“天下熙熙，皆为利来；天下攘攘，皆为利往”的现象有感而发：

眼前无限往来舟，射利干名孰肯休。少见人心如此寺，屹然砥柱石中流。

而“南园后五子”中的黎民表写有多首宝陀寺的诗，皆表示对逍遥生活的向往：

荒亭围树色，孤石揽云根。野水寒侵岸，渔舟夜到门。霜枫闲共倚，沙鸟静闻喧。不寐看山月，秋声满给园。（《泊灵洲宝陀寺》）

怜君独泛灵洲水，永夜空门坐寂寥。云起半从山上石，月明还长涧边潮。芝传隐决行堪食，桂遇幽人或可招。遥想焚香诵经处，更寻支遁问逍遥。（《和梁思伯宿宝陀寺》）

诗中“支遁”即东晋佛教学者“支道林”，名遁，河南开封人，25岁出家，有《即色游玄论》，宣扬“即色本空”思想。后人常以支遁隐来表示要像支遁一般归隐的意思。诗人黎民表中过举人，累官至河南布政参议，但从诗作来看，其志向并不在为官，而是在逍遥闲适的人生。这种追求逍遥之志应该是受到了其师黄佐的影响。黄佐同样有以灵洲山为题的诗作：

妙高台前郁水流，宝地祇林何太幽。雨晴山向镜中出，潮长舟从天上游。鹏风忽送秋光晓，蚕月犹含珠海秋。一尊取醉挂帆去，渺渺沧波飞白鸥。

四、旅客愁怀

灵洲山地处水道交通要道，也是水运中转的地方。据元代大德年间的《南海志》记载，当时就设有官窖水站以及灵洲渡横水渡。泊舟于此的旅客面对渔家灯火、宝陀古寺，在奔波劳累之余难免产生思念故乡亲人的愁绪。唐司空曙的《灵洲山》中就有诗云：“万里闲游客，交州见柳条。逢迎人易合，时日酒能消，浪晓浮青雀，风温解黑貂。囊金如未足，莫恨故乡遥。”

以诗歌咏灵洲山的作者据不完全统计，其中岭南籍与岭外籍的诗人在比例上大体相当。像司空曙这种“客”的感觉往往产生在岭外来粤的诗人中，如明代福建人陈谨在登临灵洲山时同样也写道：“白鹤仙踪今已远，德云何处复归来。千年岭表同为客，遥想高风独上台。”

同是明代福建籍人的徐荣在灵洲山上虽然看到诗句“巑岏积

翠迴周遭，疋练中流驾六鼇。山上楼台闲日月，槛前舟楫稳波涛”，但是最后还是感叹“孤客洞箫何处是，夜凉江岸系渔舠”。

而惠州籍叶梦熊则在此送别友人，有诗《小金山别李文轩、潘肖迳二兄》：

津头相送意迟迟，伐鼓开帆傍醉时。别去青山惟有梦，愁来白发渐成丝。筑台正拟江门住，仗剑何堪海国移。独怪醒余天际隔，峡云汀柳转凄其。

由上可见，古灵洲山确实不负其名称中的“灵”字，让无数诗人驻足而诗，留下许多优美诗篇。可惜到明代时，芦苞涌淤浅，明代以后，西南涌也淤浅，水运交通由佛山涌取代。灵洲山也与南岸的瑶头相连，逐渐失去了古代诗家胜景的气势。故清代的胡云客游览灵洲山时就只能发出如下感叹：“更上高台问陵谷，已闻郁水碍行舟。”

石门无限好　西华换新貌

一

石门，在距广州市区西北处10公里左右，因其地形而得名。宋代王象之的《舆地纪胜》中记载："石门山，两山对峙，横截巨流，南北往来之冲，屹若门阙。"石门山是东北—西南走向的石英砂岩褶曲低丘山岭，中间被北江支流小北江穿过，分成东西两列，两山夹江，对峙如门，故曰"石门"。

石门在古代是从北方进入广州的重要水道，乃历代兵家必争之要地。在石门湍急的水流声中，我们还仿佛能听到历史深处传来的金戈铁马声。

最出名的莫过于汉武帝十万大军讨平南越之战。这场惊心动魄的大战，被司马迁写进《史记》。汉武帝元鼎五年（公元前112年），南越国宰相吕嘉策动政变，杀死了第四代南越王及太后，欲与中原分庭抗礼。次年，汉武帝派遣伏波将军路博德、楼船将军杨仆，率领十万大军，以及夜郎、闽越兵六路进攻番禺（今广州）。中原兵马沿珠江水系河道顺流而下，吕嘉积极布防，在石门门户堆积山石，埋下伏兵，意图阻击汉军。楼船将军率领精锐部队，奇袭吕嘉军队，截获粮草船，打了一场关键性的胜仗，然后分别从番禺东南用火攻，一天一夜后，获得全胜。汉军最终取得胜利，为石门历史留下辉煌的一页。而历史上也有志书据此误认为石门乃"吕嘉拒汉，积石江心为门"的结果。宋代的方信孺在《南海百咏》里对此作了纠正，他认为："两山盖自宇宙以来之物，积石之说其谬可知。”方信孺并赋诗一首以感叹石门战事：“吕嘉积石浪相传，双阙天开尚宛然。成败古来俱一梦，千秋何事老楼船。”

汉代以后，发生在石门最激烈的战事当数在宋末和明末清初的两场战争。宋末，元军逼近广州，广东经略使布置守军在石门防卫。然而，因为文官贪钱，武将怕死，当元兵进攻时，只有摧锋军将领黄俊率军在石门与元招讨使、宋军降将梁雄飞率领的元军展开战斗，最后战败，广州也随之失守，继而元灭宋于新会崖山。

清顺治七年（1650年），明清两军在石门交战，南明舰队被歼灭，清军扼石门围广州，南明派马宝、郭登两将军率铁骑反攻，在石门百姓的帮助下，暂解广州之围，这是南明在军事上最后一次大胜利。

二

石门不仅以山闻名，而且还以水盛传于天下。石门之地有非常有名的“贪泉”及其典故。贪泉，亦名“石门水”，相传饮其水者，即使廉士也会变贪。但晋代广州刺史吴隐之饮贪泉而不贪，还了贪泉的清白。

东晋末年，士族官僚们安于逸乐，终日沉湎于酒色之中。而当时的广州，已日渐发展成为海上贸易中心，外国商船经常带来许多奇异的珍宝，据说前来做官的官吏只要携带一箱珠宝返回内地，就可供几代人享用不尽，正所谓：“广州包带山海，珍异所出，一箧之宝，可资数世。”（《晋书·吴隐之传》）“广州刺史，但从城门一过，便得三千万也。”（《南齐书·王琨传》）民间为讽刺这种现象，就把石门之地的一口泉水叫作“贪泉”，意思是南来官吏一喝这里的泉水，便都变得贪婪无比。

广州刺史贪污受贿的丑事远播，晋隆安三年（公元399年），

“朝廷欲革岭南之弊”，晋安帝派吴隐之为广州刺史。吴隐之接到任命后，立即携带家眷启程上路。

吴隐之临行前就听说过所经过的石门有一个贪泉，以往路过这里的人为了标榜自己的清白，宁可忍着口干舌燥之苦，也绝不饮贪泉水。吴隐之却特地让船在贪泉附近靠岸，感慨地对同行的亲人说：“不见可欲，使心不乱。越岭丧清，吾知之矣。”其意是说没有私欲，心就不会乱。说完，他走到水边，酌泉而饮，并赋《酌贪泉》诗一首：“古人云此水，一歃怀千金。试使夷齐饮，终当不易心。”他说像伯夷、叔齐那样有气节的人，就是饮了贪泉也不会改变他们纯洁的心灵。可见，贪不贪是出自人心，不是缘自泉水。后世诗人在凭吊贪泉时也往往强调此点。唐代陈元伯在《贪泉铭》里即说：“石门海口，厥土惟南。爰有寒泉，注涯之潭。汹溢得窟，既洁且甘。古来其传，饮之则贪。或曰不然，人心自欲。……由是言之，自有贪夫，匪以泉故。”以贪泉为题，古代诗人留下了多首诗作：

贤良知足辱，为尔诫贪名。一酌不能惑，千年依旧清。（古成之）

沄沄石门水，万古无亏盈。世人本自墨，饮水加贪名。譬彼昆山玉，粹质本坚贞。谁能强磷淄，因之夺天成。颓波苟不挽，孰辨渭与泾。（董珣）

泉本无贪人自清，何须一酌始忘情。回车胜母君知否，见说曾参亦好名。（方信孺）

潮涨扶胥鼓枻前，秋光客思两茫然。江铺白练天连水，山送青晖月满船。运改谁堪凭积石，香沉何惮酌贪泉。渔人不解沧浪意，沽酒临渊漫扣舷。（谢文伦《舟过石门》）

据《晋书·吴隐之传》记载，吴隐之在广州的生活相当俭朴，“清操踰历，常食不过菜及干鱼而已”。不了解吴隐之的人都说他“矫”，为博虚名，然而吴隐之并不为这些闲言碎语所动，始终坚持去奢务俭的节操，被誉为“君子之美致也”。

吴隐之清廉自律，却生不逢时。晋元兴三年（404 年），卢循率农民军火攻广州，吴隐之长子“战没”，广州城破时，吴隐之与家人皆为卢循所获，后经朝中掌握实权的大臣刘裕说情才得以遣返。据传，吴隐之离任北上之时，乘小船路经石门，相传那天猛然间天昏地暗，狂风暴雨直摧桅杆，他隐隐感到有些不妥，自省并无丝毫贪欲，便下令家人检查行李，发现他妻子偷偷带走了一斤沉香。

隐之大怒，愤然将沉香投入江中。不到片刻，浪息风偃，雨霁云散，江天一派清朗。后人把沙洲称为“沉香浦”或“沉香沙”。

贪泉具体位置何在？这一直是令后人困惑的。明万历二十四年（1596 年），广东右布政使李凤曾于吴隐之祠旁立碑，刻“贪泉”二字及隐之诗于碑上（现存于越秀山五层楼碑廊）。所以，有人据此认为贪泉即在贪泉碑处，在今广州石井镇。但是贪泉在明以前即不存，因为南汉王刘龑，恶贪泉之名，命人以石填塞。所以李凤立碑处也未必是贪泉所在处。更让人信服的说法是，贪泉在今南海里水境内，西华寺遗址旁。宋代的方信孺在《南海百咏》说贪泉或为寺僧所塞。最近的西华寺遗址考古挖掘，证实此说法不假。

三

明代儒学大家陈白沙曾有《石门读贪泉碑》诗云：“芙蓉花发西华寺，远访残碑到石门；一曲贪泉歌未了，夕阳红近水西村。”从其诗中可以想象，西华寺、石门、贪泉碑、水西村（今西华村）等在夕阳余晖的照映下，景色倒映江面，这大体就是宋元两朝“羊城八景”之一“石门返照”的部分景致了。西华寺无疑是重要的组成部分。

西华寺始建于南汉大宝元年（958 年）。南汉时，佛事兴盛，南汉后主刘鋹，不但迎高僧文偃骸骨于宫内供养，还在国都兴王府（今广州）周围建二十八寺，以应天上二十八宿。据宋代方信孺《南海百咏》所记，二十八寺为东、西、南、北四面各七寺，中皆无西华之名。因此，西华寺与二十八之关系仍是有待考证的课题。有学者认为，西华寺与法性寺（即光孝寺）、长寿寺（即六榕寺）、开元寺、药师庵等均是二十八寺外的广州名寺，亦有专家认为西华或许是二十八寺中的寺庙在南汉以后之寺名。

西华寺在进入北宋以后，已经发展成为著名的寺院，为“石门返照”的重要组成部分，但在历史上一直毁建不断，最重要的一次为明成化年间的重修。据《石门山重建西华寺碑》记载，明正统年间（1436—1449 年），广西少数民族据大藤峡起义，波及两广大部分地区，广州郊外的“清胜之境”石门亦受到起义者骚扰，“士大夫欲一追游清胜之境未易得焉”。宪宗成化元年至三年（1465—1467 年），朝廷派都督赵辅为总兵官，以太监卢永、瑄监军，左佥都御史韩雍赞理军务，发兵十万围剿，斩杀起义者数万，由是“两广肃清”。士大夫“始复以良辰美景追探清胜”。明成化十年（1474 年），陈瑄得知西华寺荒废已久，“欲修复之，使诸君之来游者有所止寓”，便带头捐资，众官响应。这次重建了大雄宝殿、仁智轩、东西偏房以及前殿、山门等。这是一次大规模的重建，并刻有《石门山重建西华寺碑》以作纪念。

明嘉靖年间（1522—1566 年），“前太常江浦魏校，典学粤中，力毁淫祠”（道光《广东通志》），西华寺“撤而祠刺史”，被改为“吴刺史祠”，专祠一代清官吴隐之。庞尚鹏“署其堂曰‘清风万古’”（袁昌祚《重修吴刺史祠记》）。刺史祠后又改回寺庙。明万历二十二年（1594 年）、清乾隆四十四年（1779 年）和清光绪二年（1876 年）曾重修该寺庙。直到 21 世纪初，西华寺仍保留有光绪二年重修时的大雄宝殿和残缺的左偏房。

2008 年，为配合武广高速铁路客运专线的建设，西华寺在离原址西南约三十米处被重建。重建按“不改变文物原状”和“可持续性”的原则进行，无论是拆卸复建部分，还是残缺补全部分，都按现存明清时期的法式特征、风格手法、构造特点和材料质地等进行，从而达到修旧如旧的效果。重建后的大殿为砖石木混合式架构，面阔三间，硬山顶，前檐柱与础为粗面岩，出檐一挑并以丁头拱承重构成前廊，前后金柱础为覆盆，中为抬梁式梁架，保持了明清建筑的风格。西华寺这一座南海始建年代最早的千年古寺得换新颜。2011 年，西华寺遗址更是被评选为“广东省第三次全国文物普查百大新发现之一”，并已申报广东省文物保护单位，开展全面的保护工作。

客家风情　崇文重教

——记南海客家古邑和顺北洲村

北洲，一个大气而又响亮的名字。它坐落在南海里水镇和顺东北部的鲁岗村，距桂城街道办事处26.8公里，东临白泥河，有绿水环绕，鲁岗涌经村北汇入。北洲村与广州市区隔河相望，与周边的中心城镇相对隔绝，村民们依旧过着宁静、安祥的生活。该村占地面积大约800多亩，至今已有160多年的历史，共有村民500多名，以温姓为主。北洲村是南海唯一一个颇有客家风情的古村。

一、曾是“南邑新庄”

北洲村曾被称为“南邑新庄”。邑，旧时县的称号。南邑即南安县，是福建的一个地名。在元末明初时期，北洲村的先民们与其他客家人一样，为了躲避中原战乱，从山西太原一直迁至福建，后从福建辗转到广东花县炭步镇，并在大塘开村建舍，最后迁至和顺定居。“南邑新庄”这个曾用地名反映了客家人从中原往南迁徙的痕迹。

在清道光二十八年（1848年），花县炭步镇温屋村（大塘村）有几户温姓的客家籍人迁至和顺北洲定居。因该地原为沙洲，日照灼热，故称“温州”，后又改称“北洲”，并一直沿用至今。关于“北洲”的起源，在当地还流传着这样一个故事：160多年前，花县炭步镇大塘村两名温姓的客家兄弟为了生计不得不背井离乡，他们步行几十里路来到南海和顺“打工”，替当地一个地主“睇甘蔗”（在甘蔗地里从事田间管理工作）。时光荏苒，他们一做就是好几年。由于和顺与炭步镇相距不远，后来他们偕妻子来和顺定居，并在这里开枝散叶。到目前为止，北洲客家人已繁衍至第七代，共 500 多人。各姓氏户数根据 2008 年南海区民政局编的《南海市地名志》统计：这里的村民以温姓为主，共有 97 户；其次是梁姓、庾姓各 13 户；江姓 3 户；何姓 1 户。

北洲村的客家人相对于和顺本地人而言属外来人，因此，在新中国成立之前，客家人始终得不到当地人的接纳，也没有当地人肯与客家人通婚，客家人只好都回花县炭步老家相亲。而当年的客家人曾住在田里的茅寮，早晚帮人看田，因此被当地人戏称为“寮仔”。和顺“贤僚”这个地名就是由“田寮”而来的。新中国成立后，由于客家人一直以来勤劳俭朴、热情好客，他们赢得了当地人的尊重，并与当地人和谐共处。他们在语言上融合当地方言，也有越来越多的客家人与周边的村民通婚，时间久了便没有了本地与外地之分。

二、独特的客家风情

在历史变迁中，客家人为满足生活的需要有过几次大规模的南移，由于长期在迁徙中漂泊，客家人养成了吃苦耐劳的品性。而南迁的客家族群大多分布于丘陵地带，因地形关系与外界缺少联系，也因此将客家人的传统文化、风土人情、语言习惯等较完整地保存了下来。时至今日，北洲村的客家人在婚姻礼俗、传统岁时习俗、饮食等方面仍带有传统的客家文化气息。在语言方面，“客家话”是汉藏语系汉语族内的一种声调语言，属汉语七大方言之一。在语音上，多送气音，古全浊声母，不论平声、仄声，大多变读为送气清音，如“别、步、抱”多读作［p^h］，“地、大、弟”多读作［t^h］；在声调上，多数地区是 6 个声调，少数地区有5个或7个声调。在词汇方面，最明显的是保留了不少古汉语词语。如称“水稻”为“禾”，“吃”为“食”，“脸”为“面”等；在语法上，常用“老、公、子、哩、头”等前、后缀与词根语素构词；此外，还用一些特定的助词如“黎”、“咧”等表示动作的时态等。北洲的村民，在使用粤语的同时，还保留着传统的客家话，特别是与邻居、亲人交谈时仍不改乡音，显得分外亲切、自然。

客家山歌是用客家方言吟唱的山歌，也是独特的客家文化的一个重要组成部分。它继承了《诗经》中的传统风格，被称为秉承《诗经》遗风的天籁之音，受唐诗律绝和竹枝词的重大影响，同时又吸取了南方各地民歌的优秀成分。千百年来，客家山歌广泛流传，久唱不衰。梅州的客家山歌唱腔很美，委婉动听，可惜现在会唱的人越来越少了。在北洲村，往往是年纪比较大的村民才会唱正宗的客家山歌。虽然我们听不懂他们具体在唱什么，但也能感受到它的优美旋律和北洲人乐观向上的精神。

三、深厚的“崇文精神”

客家文化中最精髓的精神是崇文重教。一千多年来，无论岁月如何变迁，客家人崇文重教的传统从未改变，有两首客家童谣很能证明这一点。一首叫《月光光》。本地人唱的是“月光光，照地堂，虾仔你快啲训落床”；而梅州客家人唱的是“月光光，秀才娘，骑白马，过莲塘”。它的意思是月光一样美丽的姑娘，只有秀才等有文化的人才有资格娶她来当娘子。另一首叫《蟾蜍罗》，它的唱词是：“蟾蜍罗（癞蛤蟆），哥咯哥，唔读书，么（冇）老婆。”当懵懂无知的婴儿还在母亲怀里时，母亲便在催眠曲中反复告诫他，要好好读书，不然就像只会“哥咯哥”乱叫一通的癞蛤蟆一样娶不到漂亮的老婆。可以说，客家孩子还在母亲怀里时就已耳濡目染，开始接受“崇文精神”的早期教育了。

北洲村的村民也很好地继承了崇文重教的优良传统，他们耗资50万元，建成了北洲村村民文化室。文化室有图书馆、电脑室、影音室以及乒乓球室、篮球场等场地及设施，是和顺最高档次的村级文化室。该村也成为和顺最早建立文化室的自然村。每天放学后，村里的孩子们都会自觉地跑去图书馆看上大半个小时的图书，以充实自己。

文化室的门前刻着一副对联："北客南居源远流长宏骏业，洲通路畅村安民乐展宏图"，将村名"北洲"二字嵌入其中，道出了南海客家人在北洲安居乐业、发展经济的心声，也反映出客家人的"崇文精神"。客家人无论去到哪儿，他们都不会忘记的一个信念就是要读书，而且要读好书。以前，由于客家人属于外来人口，常常被当地人排挤，因此客家人无论做什么事都要比别人付出更多的努力。客家人的小孩如果上不起当地的学堂，都会被送回花县大塘村就读。后来，北洲村的孩子越来越多，村民们就商议在村里建一个简陋的书塾，并请了一位会说粤语的先生负责教学。学校里一年需交一石稻谷，这已占去了每户年收成的三分之一，但是村民们从不吝啬。他们深信知识可以改变一个人的命运。因此，他们辛勤耕作，宁愿少吃点也要供儿女读书。从那时起，北洲村的孩子们开始正式接触粤语，并逐渐过渡到"白话"与"客家话"并存的双语阶段。新中国成立后，北洲村的客家人与当地人享受着平等接受教育的待遇，孩子们也可以和当地的孩子一样到镇上的学校读书了。客家孩子都很珍惜求学的机会，并继承了先辈们吃苦耐劳、勤奋好学的优良传统，成绩大都名列前茅，当中有很多孩子还考上了大学。

北洲是南海有着百余年历史的客家古邑，有着独特的客家风情、崇文重教的风气和淳朴的民风。村内荷叶田田，垂柳青青，燕语呢喃，清风拂面，落霞与群燕齐飞，宁静与温馨交织！

漂泊中扎根

——金沙地名折射的根源意识

金沙，是人们对珠三角腹地中，北江下游处一块面积不足60平方公里的小冲积平原及其周围若干小岛的命名，听起来十分寻常。然而，我们一旦往历史深处回溯，探究金沙地名演变的轨迹，就可以从中看到金沙人民从漂泊到扎根下来，继而根深蒂固、枝繁叶茂的不平凡历程。

一、漂来的根——大藤社传说

据有关史料和地图显示，唐宋以前的金沙地区还是宽广的浅海，北江流至此处，水域变得广阔，水流变得缓慢，河水搬运能力降低，从上游带来的泥沙至此便沉积下来。加上海潮的顶托，发生回流，使河床逐渐被大量的冲积物扩散淤填，日积月累，久而久之就形成了今天的金沙境域。人们把由东平水道和南沙涌环抱的最大的一块冲积带命名为“大洲沙”，把散落在四周的几个小沙洲分别叫作“海心州”、“金沙滩”、“大沙”、“海心沙”，“州”、“沙”、“滩”等字非常鲜明地标识出了金沙为冲积平原，突出了金沙这一自然地理属性。

对于金沙最大一块沙洲、人口主要聚居地——大洲沙的形成，居住于其上的人们有着自己独特的解释，当地流传着“先有大藤社，后有大洲沙”的说法。他们认为，处于大洲沙中部的大藤社（今郭家村，属上安行政村辖）是最早在北江河道中形成的陆地，而“大藤社”的名称，则源于一则古老的传说：相传唐宋时期，大洲沙所在的地方还是一片汪洋，只有打鱼的小船漂泊其间。而在广西西江上游有一个“大藤峡”，有一条巨藤横跨两岸，形如悬索，当地有一伙强盗，每每乘夜色攀藤过峡，到附近村庄打家劫舍，成为当地百姓的祸害，人称“大藤贼”。某夜，适逢“天上八仙”之一的吕洞宾云游到此，目睹这伙强盗为非作歹，决心为民除害，等到强盗攀藤过峡时便抽出宝剑，将此巨藤斩为三截，强盗沉江而死，断藤中的一截顺水漂到今天三水的思贤滘，流入北江，一路南下，被一渔翁捞起，连同准备作柴火的榕树枝一并插入江底河沙中，以作系船之用，没想到这截巨藤居然发芽生长起来，日渐发达的根部挡住了流沙，日积月累，竟积成了今日的大洲沙。

大藤峡实有其处，而吕洞宾和渔翁的事迹则源自人们的想象，但这则传说并非无稽之谈，它是人们对客观现实的折射式反映，在细节上与历史事实有诸多的弥合点，它更是蛰居在当地的居民们集体无意识深处的漂泊记忆的显性延伸。宋代前后，由于珠江三角洲上、中游地区兴起毁林开荒热，大量泥沙被江河水冲刷到下游，直接导致了下游一些江河的淤积，大藤社由此形成。堆积成陆的泥沙的确是由北江从上、中游携带而来，与断藤来历一致。而吕洞宾挥剑砍藤，其实就是中、上游毁林开荒的变形映射。另一方面，居住在沙洲上的初民们围堤造田、栽树种稻，也加快了陆地面积的扩张，渔翁插枝藤的举动，实际上映射着初民栽种之举。人类劳作与自然的塑造相配合，加速了大洲沙的诞生。

无独有偶，位于大洲沙南端的下安何家村也流传着一则和大藤社传说颇类似的开村故事：公元1504年，何家村开村始祖何仲文率家人撑木船自顺德逆流往上寻找栖息之地，船行至今白沙崩塘处，见有一块高地似牛脊突出水面，上面还长着一棵小榕树，于是何仲文与家人合力将木船拉上高地，又用撑船的竹篙插于四周将船固定，作为暂居之屋。久而久之，榕树与竹都根深叶茂、开枝散叶，何家人也人丁兴旺，在这块小高地上筑基围、挖田地，世世代代居住下来。

大洲沙这块土地是历经漂泊，终于积淀扎根而成的，居住在这块土地上的人们，也是受尽漂泊流离之苦，最后驻扎安居下来。南宋德佑二年（1276 年）最早到大洲沙开村的麦氏四兄弟，便是从南雄珠玑巷辗转而来，此后陆续登上大洲沙的家族大多保留着族谱，记载着自己来自何方，祖先曾流徙何处。时光流逝，漂泊而来的人们在大洲沙上生活繁衍、代代相续，最初那种漂泊流离的苦痛似乎已经渐渐消失了。其实，这种苦痛只是转变了存在方式，由显在的感觉潜入了无意识的深处，又借由神话传说彰显了出来。被斩断的藤与被折下的树枝、竹篙，都是从母体上被切断、割离的意象，象征着大洲沙人无意识深处的漂泊感受。

正是由于饱受漂泊之苦，大洲沙的人们才更加懂得扎根下来的不易，越发尊崇祖先筚路蓝缕的功绩，于是，代表着创始之基的大藤与榕树被当做神灵供奉起来，人们还将每年农历十月初二作为敬奉大藤的社日，不少已移居海外的乡亲也会在这一天赶回来上香参拜、祈求平安。如今，大藤社的大藤依然粗壮，与之共生的榕树更是枝繁叶茂，苍翠的浓荫庇护着生息于此的人民，一代又一代，根越扎越深，枝条越长越壮。

二、聚族而居——有姓氏的村落

据当地方志记载，南宋德佑二年（1276 年），麦氏四兄弟首登大洲沙，成为第一个在此开村的家族。其后纷纷登岸定居的家族大都选择了聚族而居，即以血缘为纽带，同一姓氏的人群同处一个地域集中居住。这种聚族而居的居住模式，有利于宗族团结，防御外来的侵犯，促进宗族经济和文化的发展，对于氏族尤其是外来氏族在迁入地的陌生环境中的发展是十分有益的。聚族而居形成村落，村落也就以姓氏来命名。大洲沙上建立的这类自然村落名有李家、黎家、何家、杜家、黄家、罗家、郭家、叶家等。有的家族实在过于庞大，不得不分成若干支系分散居住，为使村名既能表明身世，又能有所区别，便在姓氏的前面加上一定的前缀，如大洲沙最早的开拓者麦氏家族人口众多，便分成了两处居住，由遁涯、栖霞、评事（冲溪）三兄弟聚居的村落被命名为“大十麦”，而茂富公一支定居的地方则被称作“海口麦”。其实，“大十麦”最早的名字就是麦家村，后来，为了和居住在偏北一点的麦姓村落相区别，也是为了纪念族中杰出的名人——传说在明崇祯年间做过太子师的麦鹤峰（别字大十）先生，村名被改成了“大十麦村”，简称“大十村”。而偏北一点的茂富公这一支也取居住地的环境，将村落命名为“海口麦”。

在大洲沙上，像麦姓家族这样的情况远不止一两个，因开枝散叶而分地居住的，在起村名时也时刻不忘标明自己的世系。例如高斛村，由泗台公于宋景炎二年（1277 年）开村，后分出四个房头，村庄分别取名为西房、东房、南房、右江。右江其实取自该房族长的名字“高佑江”，高佑江是西房族长高月川的长子，而高月川又是泗台公长子，高佑江作为长房长孙，故可以新开一村，但又要体现出和父辈三房在辈分上的不同，故以名字谐音“右江”为村庄命名。根系庞大、分支众多的家族在村落命名中情况就更复杂了，如金沙新安村最大的姓氏为黎姓，表面上看，如今新安下辖的十个自然村（青云、北房、南一、南二、新地、新屋、李家、黎家、石桥、窦北）中，只有一个“黎家”姓黎。实际上，早在明成化年间，黎氏族人自珠玑巷迁来大洲沙时，就分为南北两房居住，如今，“北房”仍为自然村名，而南房丽岗公一支发展壮大，又分为南社、北社。其中南社分为“南一”、“南二”两个自然村。北社则又分出许多小村，包括：由窦口黎和老北社合成的“窦北”；从北社中分出支系而另立村落的“新地”；“新屋”村则是北社一些村民因房屋被水淹，搬至西南面另起新屋而形成了新的村落。南、北、新这些字眼，无不彰显着黎氏家族丽岗公这一支系枝繁叶茂的骄傲，“黎”字虽隐而不见，却不言自明地存在于当地居民心中。而“黎家”村特意标出姓氏，却恰恰是为了表明这里的黎姓族人来自另一支系：虞风公一系。村落的名字，就这样微妙地体现着人们追根溯源的强烈意识。

最集中承载并体现这种根源意识的，便是祠堂。村落是由一个家族逐步繁衍发展而来的，祠堂则是这一家族系统的硬标志，它以血缘为基石，以亲情为纽带，穿越漫漫时空隧道，保持着后人与祖先心灵的沟通，是连接后人与母体文化的血缘脐带。它为宗族后人追祖德、报宗功、敦睦族谊提供了实地载体，有利于加强宗族的凝聚力，并更好地传承血脉、延续荣光。可以说，祠堂就是一个宗族的精神家园，因此，它往往居于村落中心，讲究风水布局。村落中最好最灵动的建筑，不是豪门大宅，而是宗族祠堂。位于南沙新村的陈氏大宗祠便极具代表性。南沙陈氏自南宋时迁移至大洲沙开村，从明代万历年间始，宗族渐旺，至清嘉庆年间，族人陈北（人称“扫地北”）做生意而致兴旺发达，为回馈宗亲，出资大兴土木，建成由三十间大屋和陈氏宗祠组成的新村，所有建筑同时动工并同时竣工，每间大屋规格统一，整体呈棋盘布局，故南沙新村又称为“棋盘村”。在这一古建筑群落中，最有代表性的还是陈氏宗祠，历经清嘉庆、同治年间的重修与扩建，形成南海乃至珠三角少见的三间五进格局，祠堂装饰华美，灰、石、木、砖四大雕齐备，雕刻工艺精湛，堪与广州陈家祠媲美。

大洲沙上的家族几乎都有本家族的祠堂，如前文提到的高斛村四房头，长子建立西房，有“月川高公祠”（尚存）；少子建之南房，有“少台高公祠”（已毁）；长房长孙一房也在村中建“佑江高公祠”（年久失修）；唯独次子怡台的东房没有建祠堂，先人灵位只有依附祖宗家庙，后人和其他房头比起来似乎也矮人一截。人们还喜欢给自家祠堂取一个名号，这个名号就叫“堂号”。例如，塘口黄氏大宗祠名“崇德堂”，茅洲徐氏大宗祠名“水木堂”。大十麦村的麦氏宗祠有多间，便是靠堂号加以区别，如遁涯公祠为“慎思堂”，评事公祠为“崇礼堂”，栖霞公祠为“始基堂”。这些都是响亮的堂号，子孙们每提起自家的堂号，就会知道本族的来源，记起祖先的功德。祠堂内活动甚多，每年春秋两季祭祖后的“太公分猪肉”、元宵节前庆祝宗族添丁加口的“开灯酒”、重阳或春节期间为族中老人贺寿等，都是在祠堂中进行的，意味着祖先功德泽被后世、护佑子孙。祠堂由义田、宗亲捐赠等而得的收入，多用于兴建义学等族内公益事务，让族人更有归属感。

祠堂祭祖实际是强化人们不忘根本、回报根本的一种教育手段，它让族人“孝”字当前，一代“反哺”一代。兴建于 1875 年的金沙下安简家村的简氏宗祠的天井内有一“思远亭”，是由简氏第十四代孙简耀初于 1934 年出资修建，亭中的《思远亭记》写道：“吾愿登斯亭者，知祖宗之始治谋式谷，而不可以恁忘也，当思有以还承之；知祖宗之创业艰难，而不可以失坠也，当思有一永保之……”扫地北、简耀初等，可以说都是“远而能思”之人，像他们这样懂得“反哺”的大洲沙子弟，历史上还有很多，正是在这种依托与回报中，家族大树的根系越扎越深，枝蔓越发越多，充满了指向未来的勃勃生机。

“枝叶总关情”，金沙的外形看起来就像飘荡在水中的“一片桃叶”，它用演变的地名娓娓讲述着这块土地上勤劳智慧的人们生息繁衍的故事，也抒发着人们对所扎根的这片土地的代代相传的深情。

披沙拣金

——地名演变与金沙的经济发展

“一沙一世界”，金沙虽然只是珠江三角洲这块大冲积平原中的一小片沙洲，却非常典型地体现出了珠三角特有的地理面貌和人文内涵，其地名演变可谓是珠三角历史发展的缩影，大洲沙—罗行—金沙的地名呈三级跳跃，见证了这块土地在人们的勤恳开拓下经济腾飞的轨迹。

一、围海造堤——从水中讨土地

大洲沙的成陆是一个漫长的过程，从各村的开村传说中可以看到，直至宋朝时期，这里还是散落在水中的一块块滩涂、高地，但毋庸置疑的是，自从有人登上了这原本荒芜的滩涂，“水落土出”的进程就加快了。从大洲沙上不同时期遗留下来的大小地名，可以描绘出水退土长的大略踪迹。

展现在大洲沙初民眼中的，是一片片宽广的水面，人们把它叫作“海”。例如，南宋时麦氏茂富公一族在建村时，就因村庄恰好坐落于三丫形大水边而将村名叫作“海口麦”村。如今，先人眼中的“海”的名字已经换作了“南沙涌”（涌，指小河汊）。今天的金沙高海到下安一带（海口麦、大十麦均包含其中），明清时被叫作“冲霞乡”，这极有可能是“涌下乡”的雅称，因南沙涌在此处略有转折，看上去罗行似乎正在其下方。（关于冲霞乡的命名，当地还有一种说法：此名乃从麦氏先祖冲溪、栖霞二公名号中各取一字而成，亦无从考证。）另外，至今仍保存的“良沙海”、“上西海”、“下西海”更是空有其名，原先和大江连通一气的大水面早已被沙田围住四周，分割成一个个小水凼。这种地形显然更适合人居住，于是一个个聚集在小水塘、小水沟边的村庄迅速形成，因而也出现了一连串的地名：塘口、低塘、水口、上滘、中滘、下滘、上沥、西沥、东沥等。

为了能让流逝的沙土扎下根来，也为了能让漂泊的家族能扎下根来，人们想尽了办法留住浮沙，硬是从水中讨出更多赖以生存的土地来。这诸多的努力，也同样在地名中留存下来。

方法之一是修建堤坝，将河口处的低地、滩涂围起来，使洪水归槽而不致泛滥成灾，河沙则被截留固定，沙田逐渐形成。金沙的堤围修建最早始于明代，北部的南沙、联沙、联洲等处修筑了南沙围、茯洲铁围、茯洲沙围。清朝时，筑堤围田的规模扩大了，修筑了鼎安围、昌山围、芳山围、肚窝围、射洲围、丰积围等，这些堤围多是由各家族、村落自己修建的“私基”，堤围短而矮，村人傍堤而居，村名因此带上了堤围的色彩，如基杨、基何、横基等。清代中叶时，金沙境内各处更是掀起了争相向政府承领滩地并划分筑围势力范围的热潮，各族姓、村落之间经常为争夺田地而发生械斗，甚至结下世仇，永不通婚。例如金沙下安的简家与白家、叶家与王家、何家与罗家、王家与陈家之间，大规模的械斗不止一次，在旧时各村土地多以水坑、河涌为界，王家村为多占一点土地，曾经连夜在王、叶两村之间挖出一条小涌，其结果自然又是一场争斗。清政府因此加强了对堤围及沙田的管理，如按姓氏将村落归为“约”，于是就有了“海村三约”和“六约地”的说法；又如，将肚窝围、射洲围、丰积围、鼎安围四处基围都并归鼎安围“围董会”管理，联合组织、扩大围筑，形成了有名的“鼎安四围”。2007 年，在丹灶第二次文物普查中，于下滘村，一块清代石碑被发现。碑文内容为清光绪二十年

(1894 年) 发布的《冲霞南乡基务事例》公告，碑上刻有约 200 余字，是对收取堤围费订立的章程。其中部分是关于私卖土地要罚交堤围费的描述："……凡从前售别乡者，每斗预收补回基费银七钱二分……敢沽别乡者，处每斗收补基费银叁两……倘串同欺瞒，每斗罚买卖银六两……以示劝惩。"由此可见，当时对沙田管理之严格、对堤围修筑之重视。新中国成立以来，随着土地公有化，金沙境内所有堤围由政府统一布局。1951 年，政府将南沙围、铁杆围、鼎安围三条堤围裁弯取直，连成更为坚固的南铁鼎围，后来又数次加固，使堤内土地的安全终于有了更好的保障。政府还在南铁鼎围外修筑了多条小堤围，俗称"沙围"，使得以前使用效率不高的沙滩地也得到了开发利用。

方法之二是建筑窦闸，抗旱排涝，减少沙田耕作所受的天灾影响。如今新安管辖下的窦北村之"北"指的是黎氏丽岗公率族人最早聚居之地"北社"，而"窦"则是指"下安窦"，始建于新中国成立前，1998 年重建后受益土地面积达 1.67 万亩。北起联沙南到下安窦，还有一条人工挖成的河涵，名为"大洲河"，全长 19.5 公里，平均宽为 10 米，集雨面积 0.2 平方公里，可供周边农田排灌之用。金沙现存最古老的窦闸应该算"九子窦"，始建于清道光二十一年（1841 年），1961 年随南铁鼎围外移迁建，2000 年 10 月重建，改用钢板提升闸门，改浆砌石为混凝土浇筑，使得受益面积扩展到 1.67 万亩。

方法之三是在暂时还无法耕种的滩涂中种植适合生长的植物，以稳固浮沙，改善土质。最常选用的就是晋代稽含的《南方草木状》中提到的草类"芒茅"、木类"榕"以及各种竹类。西联村以前叫"茅洲"，据方志记载，元代至正十年（1350 年），徐宗理从江西携家眷到茅洲开村，当时此处还是茅芒丛生的小岛，几百年后，终于和周边其他小岛连成了一片稳定的土地，而徐家也发展成为拥有上千户人口的金沙第四大姓。《南方草木状》中说：

“榕树……树干拳曲，是不可以为器也；其本棱理而深，是不可以为材也；烧之无焰，是不可以为薪也。以其不材，故能久而无伤；其荫十亩，故人以为息焉。而又枝条既繁，叶又茂细，软条如藤垂下，渐渐及地；藤梢入地，便生根节，或一大株有根四、五处，而横枝及邻树即连理。”从中可以看出，榕树的根系发达，最利于控固沙土。而它的茂叶繁枝，在暑热的南方，最适宜荫庇后人，故金沙几乎村村有榕树，品种齐全，有大叶榕、细叶榕、垂榕等。南沙、联沙、高海、下滘等村栽种的竹林面积达到了 1 040 亩，品种有簕竹、撑篙竹、陶竹、笋竹等。在金沙许多村的开村神话中，榕树与竹都曾出现，可见这些植物的种植与土地的形成的确有着深刻的联系。金沙联沙以前有“茯洲”之称，其地名中的“茯”到底指何种植物？是否就是“土茯藤”？是否就是“大藤社”开村传说中的“大藤”？因缺乏证据，这也只能作为一种猜想聊存于此了。

二、水里淘金——经济腾飞的见证

当大洲沙还是无比淳朴地纯粹以自然地理状况命名时，居民们的经济来源是比较单一的农业与养殖业。农业的发展受土地制约，加上天灾频仍，如导致大州沙全境被淹的水灾历史记载就有乙卯大水、1947 年大水等，下安等处更是水灾重灾区，民间流传有“叶家仔，一年崩两届”的歌谣。人们只有祈求老天眷顾、神灵赐福、祖宗保佑。明清时大洲沙属黄鼎都之登俊堡、上围堡和鼎安堡，其中“鼎安”一词沿用到民国时期，有“鼎安四围乡”之地名，“鼎安”之意就是祈求各堤围能像铁鼎般坚固，保佑堤内的人民幸福安康。新中国成立以来，“鼎安”的名字逐渐消失了，但“安”字作为一种表祈望的嘉名被保留下来，金沙从北到南的上安、新安、中安、下安，就是对这一地名的继承。此外，在村落姓氏后加上一个“斛”字形成的村落名，如高斛、林斛、甘斛、劳斛、陈斛、杜斛（已亡村）等，也体现出以农耕为主要经济来源，期盼粮食丰收，斗满斟满。

养殖业较早则主要为养鸭、鹅与蚕。许多村的开村传说都提到祖先是放鸭养鹅来到大洲沙的，如下安叶家村的始祖叶亮晶率五子躲避朝廷多年的追捕，一路南逃，最后在此处一高地（即今天上坊高街口）立足，以养鸭打鱼、种桑养蚕为生。到第十代，五子中的西房“宝沙公”和财东房“德后公”的后人在放鸭时又发现了一处沙滩，沙色较白，他们就在较高处居住下来，名之曰“白沙墪”，也就是后来的白沙村。同样位于下安的王家村也因纪念祖上放鹅，将围村的闸口叫作“鹅寮”。何家村人更认为鸭于族人有恩，在村中修起康公祠，借同样为鸭所搭救过的康公大元帅名义感谢鸭的庇护。养蚕的村落则更敬畏蚕神，为了不惊扰蚕上箔，他们甚至可以将天后诞改期。但即使如此小心翼翼，靠耕种、养殖而来的收成还是没有保障，逼迫许多大洲沙人出外谋生，足迹遍布海内外。这也为后来金沙的经济腾飞打开了一扇向外的窗。

康熙二十七年（1688 年），以黄家、杜家、何家为主的冲霞沿江各村及附近乡村居民共同建立起“里南圩”，分上、中、下三圩，上圩为居民居住，中、下圩店铺相连，由于水运便利，四处的货物、乡民均在此云集，里南圩十分兴旺。而此地的居民自元末以来就有在农闲时编制竹器的习惯，明代时形成竹器行业，到清代时得到较大发展，鼎安竹器和西樵缫丝、石湾陶瓷一样闻名于世，为县出口一大宗，部分产品更出口到南洋。大约在清代光绪年间，“里南圩”更名为“箩行圩”，后又改为“罗行圩”。民国时期，罗行的竹器业发展至鼎盛阶段，竹器行业分出“箩”、“箩”（形似垃圾铲）、“笼”（捕鱼用）、“笪”（用来搭棚）、“窝”（生产用）、“椅”（家具）等九大类型，最大的“鱼路”（装鱼用）可装上 10 个成年人，最小的米升箩开口只有 6～9 厘米，竹篾最细（1.5 毫米宽）的是芝麻箩，还有专供出口的工艺品箩，规格多达一百多种。罗行竹器为垄断专利，组织“十股”予以控制，俗称“十股更度”。专利产品包括西沥谷篸、高斛箩、甘斛酒脚、何家茜（疏筛）、隔沙何麦更（谷箩）、西杜蟹掩、杜家桑箩、西岸筲箕。罗行圩旁的南沙涌里，泊满了广西、高明来的运竹船与竹排，上圩的茶楼旅社中，进出的都是来自广州、中山等地的客商。与竹器业的兴旺相随，各项服务业也兴盛起来，民国十七至十九年（1928—1930 年），罗行完成了圩—市—镇的三级跳。新中国成立以来，政府把竹器业作为主要经济产业来抓，1951 年在罗行圩南边建起了一座约 1 000 平方米的砖木瓦平房作竹器市场；1952 年成立南海县鼎安乡罗行竹器生产合作社（南海最早的手工合作社之一），将所有竹器手工业者组织起来恢复竹器生产，规模很大，产品销往省内外，甚至销至港澳地区及欧美海外市场，辉煌一时；1961 年底，丹灶、西樵也纷纷成立以竹器业为主的副业部，罗行竹器业步向高潮。这种势头直至改革开放后还持续了十多年，大小竹器厂遍布罗行、丹灶、西樵，靠竹器业为生的人多达几万。正因为竹器业的辉煌，1957 年南海县撤区并大乡时，大洲沙成立罗行乡政府，一度管理整个大洲沙。

可以说，竹器业为大洲沙“箩”来第一“箩”金，但它毕竟过于依附传统的农林渔业，改革开放后，竹器业不但未能恢复元气，反而日渐衰落。大洲沙的经济要腾飞就必须进行产业转型。实际上早在 1962 年，当时的南沙大队就已经将目光投到了“金”上，并于 1968 年办起第一家南沙五金厂，生产加工各类小五金，到 1980 年，南沙村凭借五金业成为南海县首富村，当时的县委书记梁广大曾两次率县机关干部到南沙贺富，学习并推广南沙的致富经验。星星之火可以燎原，到 21 世纪来临时，在整个大洲沙上已形成日用五金产业集群，完成了从“小五金之乡”、“五金专业镇”到“中国日用五金之都”的腾飞。迄今为止，金沙仍是华南地区最大的五金生产基地和集散地之一，金沙五金业，已成为南海的传统支柱产业。

不过，“金沙”这一名称的来源，倒和五金业没有直接的关系，而是真正从“沙”中淘洗出来的——在大洲沙东北面的北江河中，有一个无人荒岛，除大洲沙上的村民偶尔上岛种些竹子、茅芒外，并无人定居。岛上有一片金黄柔顺的沙滩，吸引佛山、广州的城里人前来游泳、露营。当时大洲沙所属的小塘镇政府抓住商机，建造“金沙滩旅游中心”，于1985年7月1日开业，深受游客欢迎，营业收入逐年增长，经济与文化效应同步扩大，“金沙逐浪”曾被评为南海新八景之一。因此，1992年，大洲沙从小塘镇划出单独建镇时，就采用了“金沙”这个名字。

如今的金沙滩由民营企业注入资金继续开发，改称为“南海大湿地公园”，虽然暂处于低谷，但在生态越来越受重视的今天，“湿地”概念必将深入人心，只要运营得当，沙中继续可以淘出“金”来。同样，虽然随着行政区划的调整，“金沙”名称下不再有对应的行政实体，但金沙人对幸福富裕的生活的追求永远不会停止，不辞辛劳、勇于创新的“披沙拣金”精神必将永远闪耀于这片在漂泊中扎根下来的土地。

丹灶地名摭谈

“丹灶”一词本指道家术士炼丹时所用的炉灶。炼丹是道教主要道术之一，分为炼制外丹与修炼内丹两种。外丹术源于先秦神仙方术，是在丹炉中烧炼矿物以制造“仙丹”，据说服用后可使人延年益寿，长生不老，羽化登仙。内丹术起源于春秋时期，兴盛于隋唐时期，是将人体拟作炉鼎，用以习炼精气神，即后世所谓的“气功”，它以“天人合一”为哲学基础，以精气为药物，以神为运用，认为经过一定的练养，可使精气神在人体之内某一部位凝聚成丹，从而达到祛病健身、延年益寿、长生不老，进而羽化登仙的目的。苏轼《送蹇道士归庐山诗》中写道：“绵绵不绝微风里，内外丹成一弹指。”陈师道注：“道家以烹炼金石为外丹；龙虎胎息，吐故纳新为内丹。”即涵盖了内丹与外丹之说。在炼丹术士中，以葛洪、陶弘景、孙思邈、吕洞宾、丘处机等人最为有名。

历史上道教盛行，唐朝时还曾被尊为国教。由于外丹术需要结灶炼丹，许多道家人物寻遍名山大川，炼制外丹，因此留下了诸多丹灶遗迹或传说。至目前为止，国内以“丹灶”命名的地点并不少，例如潘坡丹灶（广东省高州市区文明路）、稚川丹灶（广东省惠州市博罗县罗浮山）、龙虎山丹灶（江西省鹰潭市郊西南）、洪阳洞丹灶（江西省新余市分宜县）、鼎山丹灶（江西省新余市鼎山）、天门山丹灶（湖南省张家界市天门山）、帽结山丹灶（福建省漳州市漳浦县）、九峰山丹灶（浙江省宁波市北仑区）等。但它们至今都只是一个范围狭窄的小景点，唯有南海丹灶，既保留了历史遗迹与传说，又扩展为一个范围更广、内涵更丰富的行政区域。由此，也凸显出其地位的独特性，这在国内外，都是独一无二的。因此，南海的丹灶，能够在众多的“丹灶”名号中脱颖而出，更加引人注目，这是一个非常重要的原因。集历史文化与行政区划于一身，这也使得南海丹灶更值得人们去珍惜、保护。

1 700 多年前的南海丹灶名叫“珍丰市”。传说东晋咸康四年(338 年)，道教理论家、医学家、炼丹术家、开岭南道教一派的祖师葛洪为寻找丹砂炼药，从罗浮山云游到此。他看到这里风景秀美，有佳泉可炼丹，且登上金锋岗顶（即珍丰岗）后，可看到东南面平畴如镜，西北面群岗重叠，山环水抱，认为这里是炼丹圣地，于是在金锋岗结成炼丹灶，并在附近一带取泉水炼丹，最终炼成丹药，名登仙籍。葛洪炼成丹药后，还悬壶济世，广为四方百姓治病，于是后人为了纪念葛洪大师，将珍丰市改名为“丹灶”，并修建了葛仙祠来供奉他。丹灶由此得名，丹灶也自此成为南粤“仙境”、“圣地”之一。如今在丹灶镇的仙岗村仍保留着传说是葛洪当年用于炼丹的一只丹钵，高 40 毫米，最大直径 86 毫米，这个石钵是仙岗村开村前在村中大庙塘里挖出来的，塘边早年有“葛仙遗迹”的碑石，因此村民称之为“仙钵”，并将该村称为“仙岗”。今丹灶镇境内凡带有“丹灶”、“仙”字样的地点、器物，都与葛洪有关，如丹灶镇、丹灶圩、丹灶村、仙井、仙岗、仙湖、仙祠、仙井坊、仙岗村、仙钵等。所有这些，都给丹灶镇涂上了一层神秘的色彩。

葛洪（284—363 年）系东晋时丹阳句容县（今江苏省句容县）人，字稚川，号抱朴子，人称“葛仙翁”，生于晋太康五年(284 年)。其祖父葛玄，曾任三国时东吴的“大鸿胪”，主管朝廷的礼仪事务，后历任御史中丞、吏部尚书等职，封寿县侯。葛洪的父亲葛悌，继续仕吴。葛洪为悌之第三子，颇受其父娇宠。13

岁时，其父不幸去世，适逢“八王之乱”，葛洪家道至此败落，因家贫无钱买书籍笔墨，他只好向人借书阅读，用木炭在地上练习写字。葛洪生性聪颖，自幼好学，博览诸史百家，好神仙导养之法，师从葛玄的弟子郑隐得炼丹诸术。他年轻时曾投笔从戎，担任过将兵都尉、主簿、参军等职。由于他文才武略兼备，晋惠帝时被封为“伏波将军”，晋元帝司马睿登基时为丞相，咸和初为散骑常侍，领大著作，但他固辞不受。东晋咸和二年（327年），43 岁的葛洪听说交趾（今越南北部和广西南部）出产丹砂，为便于就近采砂炼丹，便主动要求到靠近交趾的勾漏县（今广西北流）去当县令。葛洪率夫人及子侄赴任途中，行至广州，被广州刺史邓岳挽留前往罗浮山游览。罗浮山的名山胜水、奇花异草、流泉飞瀑让葛洪流连忘返。他下定决心不去勾漏县上任，从此隐居罗浮山，在朱明洞前建南庵，炼丹采药，著书立说，成为中国道教史上魏晋丹鼎道派最杰出的代表。东晋兴宁元年（363 年），葛洪于罗浮山病逝。葛洪在罗浮山中采药炼丹 36 年，著有《抱朴子》、《肘后救卒方》、《西京杂记》、《金匮药方》、《神仙药服食方》、《玉函煎方》、《神仙传》等。其中《抱朴子·内篇》具体描写了炼制金银丹药等有关化学的知识，介绍了许多物质性质和物质变化。例如“丹砂烧之成水银，积变又还成丹砂”；又如“以曾青涂铁，铁赤色如铜”，就描述了铁置换出铜的反应。英国人李约瑟的《中国科学技术史》中称“公元早期道学家中产生最伟大的博物学家和炼丹术士抱朴子”。

凡有聚落，便有地名，地名既是城乡的标志，也是城乡的一张名片，从中或者可以一观其山川地理等自然元素，或者可以窥探其氏族信仰等人文内涵，从地名的变更中，还可以追溯其历史变迁、城乡功能的变化轨迹等。

丹灶镇的建制区划和城镇村名，历史上曾进行过多次调整和更替。今丹灶镇境在明清时期属江浦司鼎安都伏隆堡、丹桂堡，民国前期时被称“丹灶乡”，民国二十五年（1936年）后被称为“同人乡”，属第七区，民国三十五年（1946年）后属第一区，新中国成立后曾先后属第七区、第四区和第十三区，1958年成立红峰人民公社，1963年又改称“丹灶公社”，1983年撤社改区，1987年撤区设镇，2005年1月原丹灶镇和原金沙镇合并为新的丹灶镇，下辖27个行政村和148个自然村。这些自然村的命名依据，主要有以下一些：

1. 姓氏。如：冯村、徐边、谢边、李家、杨家、何家、陈家、劳边、李边、周家、高家、伦家、邵家、林村、罗村、庄边、孔边、苏村、陈边、郭家、黎家、杜家、黄家、简家、叶家、罗家、王家、苏坑等。

2. 方位。如：石西、石东、南丰村、洲中、洲南、洲北、镇南、沙头岸、涡北、涡南、黎岗头、南村、沙角、西城、上村、上尧、下尧、上良、下良、洲头、水口、向南、东村、南约、上坊、中坊、下坊、北房、窦北、上沙、村头、下沙、西杜、塘口、西村尾、上沥、东沥、西沥、沙尾、上沙滘、南中、田心、沙浦、海口、西房、东房、南房、右江等。

3. 方位+姓氏。如：坎头何家、大涡张家、大涡新村、大涡黄家、大涡谢家、大涡符家、大涡原家、大涡邓家、塱心霍家、塱心张家、塱心谭家、塱心黎家、上胡、下胡、北李、北陈、下何、西徐、西冯、西李、西杨、基何、基杨等。

4. 数字。如：三村、六甲、四村、五村、六村、八甲、二甲、五甲、三甲、四约、一队、二队、三队、四队、五队等。

5. 方位+数字。如：南一、南二、西一、西三等。

6. 自然风景。如：青塘、山美、丽山、赤坎、白水塘、青云、白沙、石桥、木棉、沙水等。

7. 产生时间。如：荷村旧村、荷村新村、新村、新地、新屋、新龙、新下、古镇、建设等。

8. 大小。如：大果、大杏、小杏、大北、大南等。

9. 历史典故。如：丹灶、仙岗、梅庄、石龙等。

10. 愿景祝望。如：永安、跃龙、良登等。

由此可见，这些自然村的命名方式是多种多样的，既有历史的印痕，又有自然的写景、文化的沉淀、思想的言陈等，犹如一部五彩斑斓的图画，引人入胜。

群星璀璨，儒道同辉

——丹灶名人录

丹灶镇不仅历史悠久，而且人文鼎盛，才俊辈出，本土英杰与外来名士层出不穷，交相辉映，在南粤大地上，编织了一道璀璨夺目、熠熠生辉的名人画卷，焕发出耀眼夺目的光彩。

据《南海市丹灶镇志》记载，明清两代全镇共有进士 18 人、举人 33 人、县知府第以上官员 19 名，与同时期南海辖下其他同级镇相比，所占数量、比例都是名列前茅的。在丹灶本地的名人中，方献夫、何维柏、何维椅、康有为、冯成修、康广仁、康同璧、康同薇、谭宗浚、林彭年、徐台英、刘廷镜、刘国珍、陈澹浦、谢保樵、黎秀石等堪称佼佼者，他们在全国范围内，也是颇具实力、知名度与影响力的人物。

方献夫（1485—1544 年），字叔贤，丹灶良登孔边人。据《南海县志》记载，方献夫是孔边村方氏开村之祖方道隆的第八代宗孙。方献夫于明弘治、正德、嘉靖三代为臣，曾任光禄大夫、柱国少保、太子太保、礼部尚书、吏部尚书、武英殿大学士、内阁首辅（位同宰相）等，被尊称为“方阁老”，是南海著名历史人物，实为南海史上第一高官。方献夫于明弘治十八年（1505 年）中进士，选翰林院庶吉士。明正德中期，授礼部主事，调吏部员外郎，与主事、理学大师王守仁论学，拜其为老师，是为王守仁的首位广东弟子。不久，方献夫抱病归西樵山，与湛甘泉、霍韬等日夕往还，读书论学 10 年。明嘉靖三年（1524 年）以议大礼得宠，升翰林院学士。不久，署大理寺事。同年九月，任礼部右侍郎，仍兼学士，当值经筵日讲。后代桂萼任吏部右侍郎、礼部尚书，加太子太保。复代为吏部尚书。其后，因朝内互相攻讦，责令停俸一个月。方献夫两次上疏请退，得报允，仍虚位以待。嘉靖十一年（1532 年）应诏回京，以原任官职兼武英殿大学士被重用，入阁辅政，并按原先赐的“忠诚直谅”银章，有事密封奏闻。继任吏部尚书，居职两年，三次上疏请退。居家 10 年卒。赠太保，谥“文襄”。著有《周易传义约说》、《西樵子稿》和《大学中庸二原》。方献夫幼时勤苦力学，任官后遇事有执持，学者中多称颂其持论平恕。方献夫生平以清忠自许，并绝外戚之封，居高官而不忘故交，友人陈激衷家贫，献夫替其置田园以娱晚年。

据说，明弘治十八年（1505 年），方献夫中进士，任广西某县知县，是时朱厚照被孝宗皇帝封王镇守广西，某夜梦自己头戴白巾，以为不祥，终日闷闷不乐，众人俱不解其意，方献夫便解释道：“大王头带白布，是当皇帝的征兆。王字头上加个白字，不正是皇帝吗？”朱厚照听后十分高兴，愁云顿消。不久，弘治驾崩，厚照登基作了武宗皇帝，建号正德。武宗皇帝念方献夫在广西解梦之情，忠心有加，便召方献夫进京，辅佐皇朝。

嘉靖帝继位后，为使其母名正言顺成为皇太后，欲将其母灵位移入太庙，但一时苦于无人上本保奏。时有石湾人霍韬任礼部尚书，深知嘉靖帝的心思，但欲奏又不敢。巧逢方献夫回京上任，霍韬对方献夫说起此事，方献夫劝道：“大人为何不上本保奏此事呢？”霍韬道：“我若上奏时遇皇上大怒，无人保我，怎么办呢？不如你上此本，倘有不测，我可保你。”方献夫即日便上朝奏请将嘉靖母亲灵位移入太庙，嘉靖听后十分欢喜地说：“论才智没有人比得上你！”遂封方献夫为武英殿大学士，入阁辅政。

西樵大饼与方献夫也有一段故事：方献夫任吏部尚书时，一天四更起床准备用早点，岂料仆人迟迟未呈上来。他到厨房一看，见案板上有已发酵好的面团，便急中生智，叫厨子在面团中加入鸡蛋和糖揉匀，做成一个大饼，放在炉子上烤。一会儿饼子烤好，方献夫用包袱布包好，命轿夫起轿，匆匆上朝去了。方献夫来到朝房，见还有时间，便拿出饼子就着清茶吃了起来，饼子松软甘香，十分可口。同僚们闻到四溢的饼香，都咽口水了，有官员还探过头来问吃什么饼子。方献夫故乡情浓，不假思索地说："这是西樵大饼。"散朝后，方献夫命厨子照自己的做法做了几十个大饼子，第二天上朝时带到朝房，分给同僚享用。同僚们边吃边啧啧称赞饼子可口，西樵大饼便在朝中美名传扬了。后来方献夫称病还乡，在西樵山设石泉书院讲学10年，并将制饼方法传授给山民。加上西樵山上有好泉水，制出的西樵大饼更可口了。又因为大饼形如满月，有花好月圆的好寓意，因此西樵人嫁娶喜庆、探亲都以此作礼品送人，这个传统风俗一直保持到现在。

何维柏（1510—1587年），字乔仲，号古林，丹灶上沙滘村人。明正德五年（1510年）出生。早年爱慕西樵山泉石幽胜，读书其中，与山中学者湛甘泉、霍韬、方献夫等结交，语多默契。明嘉靖十年（1531年），21岁的何维柏中辛卯科举人。嘉靖十四年（1535年）中乙未科进士，选庶吉士。历任监察御史、福建按察使、大理寺少卿、左副都御史、吏部侍郎和南京礼部尚书等职。为官敢于直谏，曾上疏嘉靖帝，劝阻在河北沙河修建行宫和营造金山功德寺，以免劳民伤财；继则请求罢征安南，免劳徭役。虽经嘉靖帝答允，但为权臣所阻而未行，因而称病退隐西樵山，与刘模、王渐逵、陈激衷等往来论学。后来复职巡按福建，时值大学士严嵩弄权，结党营私，横征暴敛，侵吞军饷，致使民不聊生，边防废弛，朝臣敢怒不敢言。嘉靖二十四年（1545年），身居海疆的何维柏上疏力数严嵩的罪恶，比之为李林甫和卢杞。传言当他清晨下亭中起草奏章时，有一群乌鸦飞扑于亭前，在他头上盘旋，聒噪不休，有的还落在墨砚和椅背上，蹿跳不已，他便立于亭前，对群鸦拱手说道：“本官奏严之意已决，纵啄吾目，亦不能阻！鉴谅吾心者请自去！”众鸦听了何维柏的话，竟即飞散。嘉靖皇帝看过何维柏的奏本后，龙颜大怒。派锦衣卫到福州，以诬告罪押何维柏上京。锦衣卫押何维柏上京之日，福州城内外的百姓蜂拥塞路，哭喊连天。清嘉庆年间的《三水县志》录有二首当时歌咏此事的民谣：“六月天降严霜，一柏森然独挺。眼见严霜嵩裂，这柏依然坚劲。好庙堂栋梁，把乾坤重整。”“三水凤，参天柏，穷谷深山披恩泽。官谷重重赈饥，奸弊时时痛革。今日去，民心恻。报答无由控诉天，但愿天心眷忠益。”何维柏被押回京城后，虽经酷刑拷打，却并不屈服。后经人说情斡旋，才得以革职回乡。“一肩风月归南海，千古纲常重泰山”，同宗何雀所当时有诗句如是赞曰。相对于现今最知名的海瑞弹劾严嵩、海瑞罢官事件，何维柏弹劾严嵩、何维柏罢官事件，实在海瑞之前，且更有史实可考据，此诚尤为可贵，且有过之而无不及也。革职回乡后，何维柏在广州河南开设天山书院讲学，从游者甚众。明隆庆元年(1567 年)，嘉靖皇帝驾崩，隆庆改元，穆宗即位，何维柏奉召还京，任大理寺少卿、礼部左侍郎，年底升为都察院左副都御史。明万历五年（1577 年）十一月，出任南京礼部尚书，因多次直谏，遭大学士张居正所忌，又被革职回乡，野服布巾，浪迹山水间。明万历十五年（1587 年）四月十八日卒，享年 78 岁，赠太子太保，谥“端恪”，葬于三水金本芹坑村罗盘岗。著有三水第一部县志《三水县志》（现已失传。或曰仅作其序言）、《天山草堂存稿》、《太极图解》、《易学义》和《礼经辨》等。

何维椅（1514—1595 年），丹灶上沙滘村人，何维柏之弟。明嘉靖十八年（1539 年）举人，后中进士，选庶吉士，历任翰林院编修，文英殿学士主讲，是明朝著名学者。

康有为（1858—1927 年），原名祖诒，字广厦，号长素，又号西樵山人；戊戌维新运动后，改号更生；晚年号天游化人；时人称他为“康南海”。清光绪二十一年（1895 年）中进士，授工部主事、总理各国事务衙门章京。广东省南海丹灶镇银河苏村人，中国近代史上著名的爱国思想家、政治家、教育家和文学艺术家，戊戌变法运动领袖。康有为出身于世代书香家庭，从小博通经史。1883 年，康有为在家乡苏村创办了中国历史上第一个“不缠足会”，1895 年又成立“粤中不缠足会”，使不缠足运动成为中国最早的女权运动，开中国妇女解放运动之先河。1888 年，中法战争后，国势日蹙，康有为以救国为己任，第一次上书光绪皇帝，提出“变成法”、“通下情”、“慎左右”，主张中国变法自强。此后，又曾六次上书光绪皇帝。1895 年《马关条约》签订前夕，康有为联合各省 3 000 多名应试举人上书光绪皇帝，请求拒签和约。在帝党的支持下，光绪皇帝接受变法的主张，在全国推行变法，从政治、经济、科技、文化教育等方面作出革新改良。1895 年 9 月 21 日，慈禧太后发动政变，幽禁了光绪皇帝，历时 103 天的维新运动宣告失败，史称“百日维新”。康有为被迫逃亡海外，继续寻找救国良方。

康有为生平著作甚丰，其门人汇刊为《万木草堂丛书》，共 137 种，包括：经部有《孔子改制考》、《伪经考》、《春秋董氏学》、《春秋笔削微言大义考》、《礼运注》、《大学注》、《中庸注》、《论语注》和《孟子微》等 19 种；史部有《时务刍言》、《戊戌奏稿》、《政见书》、《官制考》、《物质救国论》、《金主币救国论》、《财政救国论》、《共和政体论》、《救亡论》、《中华救国论》、《共和平议》和历次上书等 64 种；子部有《大同书》、《诸天论》、《长兴学记》、《桂学答问》等 26 种；集部有文集、诗集等 28 种。

冯成修（1702—1796 年），字达夫，号潜斋，丹灶梅庄人。清乾隆四年（1739 年）进士，选庶吉士，历任吏部主事，文选司员外郎，福建副考官，升礼部祠祭司郎中，乾隆十八年典试四川，二十四年督学贵州，曾制定学规训士，巡试所至，讲求实学，端正文风。不久，被召回京。年六十以假归，掌教广州粤秀书院、越华书院，受业数百人，世称“潜斋先生”。乾隆六十年（1759年）再赴京参加“鹿鸣宴”。翌年卒，享年九十五岁。成修性耿介，关心乡梓。乾隆三十四年夏秋亢旱，富户囤积，粮价骤增。成修密陈其弊，妥为平息，乡人称颂。成修出世时，其父外事未归；7岁丧母，寄养在伯父处。成长后，成修每提及其父，辄痛哭流涕。任官后，曾两次请假回乡遍寻父踪，终无所遇。年方八十，每思其父已一百零一岁，想不在人世，于是易服守孝3年。时人称成修为“冯孝子”。著有《养正要规》、《学庸集要》、《人生必读书纂要》和《文基文式》等，被誉为“诗中状元”。

康广仁（1867—1898年），名有溥，字广仁，号幼博。丹灶银塘苏村人，康有为的幼弟。少时受其兄的影响，厌恶封建科举制度。后来家里为了使他得到磨炼机会，给他捐了浙江候补巡检之职。广仁上任未及一载，看到官场积弊，引以为耻，厌而弃官。他性格刚直，发论精奇，认为变法的首要任务是开发民智，废除八股取士旧制，讲求实用之学。他曾到上海向美国人学了3年西医，准备在上海创办医学堂。清光绪二十三年（1897年）在澳门办《知新报》。继又在上海经理大同译书局，发起不缠足会，开设女学堂。光绪二十四年（1898年）在北京参与戊戌变法，助康有为拟新政奏稿，奔走不遗余力。戊戌政变时被捕入狱，谈笑自如，宣称“若死而中国能强，死亦何妨?”后与谭嗣同等被杀害于菜市口，血溅京华，临刑前他昂首向天，大声喊道：“中国自强之机在此矣！”时年仅32岁，为“戊戌六君子”之一。其著述被后人收集为《康幼博茂才遗稿》。

康同璧（1886—1969年），字文佩，号华鬘，康有为次女。早岁就读于美国哈佛大学和加林甫大学，1909年毕业于美国哥伦比亚大学巴纳德学院并成为该女子学院历史上的第一位亚洲毕业生，精史籍，通晓英文。康有为维新失败后，出走国外。康同璧曾随其父到印度比哈尔邦底赖雅附近的灵鹫山朝拜，成为中国到“西天”去的第一个妇女。1883 年，康有为在家乡成立中国第一个不缠足会，1895 年又成立粤中不缠足会，康同璧带头不缠足，成为中国妇女界最早倡导女权的先驱。她又是中国早期赴美的女留学生之一，先后就读于美国哈佛大学和哥伦比亚大学。1910 年，康同璧与梁启超弟子罗昌结婚。归国后历任万国妇女会副会长、山东道德会会长和中国妇女会会长。1949 年在傅作义召开的华北七省参议会上被推为妇女代表，与人民解放军商谈和平解放北平事宜。新中国成立后，任中央文史研究馆馆员，北京市人民代表和第二、三、四届全国政协委员。擅长诗词书画，晚年从事其父遗著的整理。1969 年 8 月 17 日在北京病逝。编著出版有《南海康先生年谱续编》和《万木草堂遗稿》。

康同薇（1879—1974 年），字文僩，号薇君，康有为长女。她自幼力行其父的主张，不缠足，不穿耳，通晓国学及英、日两国语言，15 岁即根据二十四史编纂《风俗制度考》，后协助其父编纂《日本政变考》和《日本书目志》。清光绪二十三年（1897 年）出任澳门《知新报》翻译，并在报刊上发表革新时论，成为我国第一个女报人。1898 年 7 月，与梁启超夫人李惠仙在上海创办《女学报》，并任主笔。戊戌政变后，携母逃至澳门。1899 年，与其父的大弟子麦孟华之二弟麦仲华（顺德人）结婚，后一直居留海外，直至 1974 年病逝。

谭宗浚（1846—1888 年），原名懋安，字淑裕，谭莹之子，少承家学，1861 年中举人，1874 年举进士，是清代同治十三年榜眼，以一甲第二及第：授翰林编修，充国史馆协修、纂修、总纂和方略馆协修等职。1876 年督学四川，1882 年充江南乡试副考官，嗣后出任云南粮储道按察使，后以病归，至广西隆安道卒。

长于文学，著有《辽史记事本末诸论》、《止庵笔语》、《属秀集》、《荔菜草堂诗续钞》、《希古堂文集》和《于滇集》，是晚清岭南影响较大的学者。爱好藏书，最多时自称有十二万卷。又精于美食，北京著名“谭家菜”即为谭宗浚与其父谭莹所创，有“食界状元”之称。谭宗浚一生酷爱珍馐美味，把广东菜与北京菜相结合而自成一派，后成为中国最著名的官府菜。在中国烹饪历史上，“谭家菜”被誉为“活化石”，它提供了一份研究清代官府菜的最完整且准确的资料。其中，“燕翅席”是北京饭店的代表作。据传，对这道名扬天下的官府大菜，连一向以勤俭节约为美德的周恩来总理也非常重视。1958 年，周总理专门建议有关部门和有关人士，把这道中国独创的美味，引进气派非凡的北京饭店，从此就成了北京饭店的一道金光闪闪的招牌，吸引了不少南来北往的好食之客。时至今日，谭家菜的品种已经有了三百多味。

林彭年（1815—？年），原名殿芳，字龙基，号朝珊，亦号朝三，丹灶东升上林村人。清咸丰二年（1852 年）乡试中举人，清咸丰十年（1860 年）庚申科一甲第二名榜眼，授翰林院编修。历任国史馆、武英殿、实录馆协修及纂修、提调官，富新仓监督官，改山东道监察御史官。官至贵州镇远府知府，卒于贵州知府。同治帝登极，曾疏陈镇压太平军及捻军。

徐台英（？—1863 年），字明钊，号佩韦，丹灶荷村村人。1832 年中举人，1841 年中进士，1843 年赴任湖南，旋补岳州府华容县知县，后以亏空杂项去官。1862 年特旨召用，分发浙江交左宗棠差遣，委署台州知府，未赴任卒。其著有《铅刀集》。

刘廷镜（1839—1901 年），字德盛，号梅荪，丹灶沙水村人。清同治十三年（1874 年）甲戌科会试进士，殿试钦点翰林院庶吉士，选用为江苏如皋、甘泉、六合等县知县。清光绪十九年（1893 年），出任三湖书院讲席，清光绪二十七年（1901 年）病逝。刘廷镜为官清廉，为民造福，深受当地百姓爱戴。在其调职扬州甘泉县知县时，“士民颂刘青天者逾十里，于县署建去思碑以志遗爱”。

刘国珍，字仲昭，丹灶沙水村人，刘廷镜之子，与其父被誉为“父子翰林”。清宣统二年（1910年）赏给工科进士，清宣统三年（1911年）保和殿试进士并授翰林院编修。

陈澹浦（1817—1876年），丹灶良登村人。清道光十九年（1839年），陈澹浦在广州十三行新豆栏上街创办了家庭手工作坊“联泰号”，主要制造铜纽扣、缝衣针，修理各式金属器械。鸦片战争后，随着来广州的外国轮船增多，联泰号逐渐转为以修理轮船为主，成为广州著名的机械修理工场。1872年越南华侨富商、中国首位民族资本家陈启沅为筹办继昌隆机器缫丝厂，特邀陈澹浦帮助制造缫丝机，在陈启沅的指导下，中国人自己设计制造的第一台蒸汽缫丝机在联泰号问世。从此，联泰号大批量生产缫丝机，以满足珠江三角洲地区迅速发展的机器缫丝的需求。1876年联泰号扩大规模，把工场迁至广州十八甫路桂塘新街，正式改名为“陈联泰”机器厂，成为广州首家民营机器厂。

谢保樵，丹灶村人，于北京清华大学毕业后，赴美国留学，入霍金斯大学，获哲学博士学位。历任北平政法大学、交通大学、天津北洋大学及广东大学教授，国民党外交部、交通部及财政部科长，武昌土地局局长，汉口第三特别区主任，浙江卷烟税局副局长，江苏烟酒税局局长，国民党中央党部国际宣传委员会委员，铁道部秘书兼中国航空公司秘书等。谢保樵1931年任广九铁路管理局局长；1933年1月，任立法院编译处处长；1948年4月，任泰国大使。

黎秀石（1914—2007年），丹灶村海边坊黎家村人，1935年毕业于北平燕京大学新闻学系。早年，他曾先后在广州英文早报、香港的士蔑西报、美国合众社香港分社、桂林的大公报、重庆的大公报等媒体单位工作。第二次世界大战期间，他为《大公报》战地记者，采访盟军在缅甸、印度洋及太平洋各战区反击日军的情况，以及在东京湾登陆的情况。1945 年 9 月 2 日，全世界 200 多名记者云集在“密西里”舰的甲板上，当时在舰上采访的中国记者仅 3 名，黎秀石就是其中的一个，他见证并采访盟军对日受降仪式，拍下日本投降的一幕，第一时间报道了日本投降的新闻。战后黎秀石被派驻伦敦当特派员，专职采访欧洲新闻。他于 1950 年回国，回国之初，曾先后在家乡醒华小学、广州第七中学任教，后在天津的《进步日报》、中央人民广播电台对外英语组工作。20 世纪 60 年代后，他分别在北京广播学院和中山大学外语学院任职，编著有《英美报刊选读》、《英美报刊小品 101 篇》、《怎样阅读英语报刊》、《英美当代小品 201 篇》。1996 年，其著作《日本的前前后后》由香港明报出版社出版。

自汉武帝设立五经博士，讲授《易》、《书》、《诗》、《礼》、《春秋》之后，经学与仕途就密切地联系起来，儒学也逐渐成为我国封建社会占统治地位的学派，社会上层主流人士，也以儒家为主。所以上举丹灶历史名人，也多属儒家人物。他们为丹灶儒家文化的传承发展发挥了巨大的作用，同时，他们也是丹灶深厚儒家文化的产物。

丹灶镇不仅在儒家文化方面根基深厚，在道家文化方面，也有颇深的渊源和浓厚的氛围。东晋葛洪炼丹传说，和“丹灶”、“仙岗”、“仙钵”等众多地名、器物名等，即可充分地说明这一点。（可参看前文《丹灶地名摭谈》，兹不赘述。）这些传说与史实，不仅为丹灶镇涂上了一层神秘的道家色彩，而且默默地影响着丹灶人民的思想言行。

综观丹灶镇的历史人文，以儒教、道教文化根基最深，影响最广，成果最为光辉璀璨。而且，这里其实不仅仅有活跃的儒家与道家文化，也有众多其他的思想流派、文化遗存。可谓三教九流，荟萃一地，碰撞交织，融合促进。在众多深厚传统文化的培育影响下，这里的人们不仅务实勤干、勇于进取，也敦厚淳朴、悠然自得，在改革开放、经济大发展的当下，他们对于外来人员也能大度包客，与之和谐共处。

古今融会，宜居怡人

——丹灶名胜概说

天人合一，人灵地杰，丹灶镇才俊辈出，崇文敬道，与这里的地理环境、自然风光、文化名胜的熏陶也是不无关系的。

丹灶镇地处珠江三角洲腹地、北江干流中下游，为南海西部中心重镇，水陆交通方便。整个丹灶境内河涌纵横，沃野平旷，丘陵山冈星罗棋布，风景如画。北江支流南沙涌从丹灶镇中蜿蜒贯穿而过，将丹灶镇分为东西两部：西部为原丹灶镇，地势由西北向东南倾斜，主要为连片岗地与沉积小平原，面积为83.9平方公里，历来盛产大米、塘鱼、荔枝、柑橙和剑花，素有“南海粮仓”、“荔枝之乡”的美称，20世纪80年代又被誉为“剑花之乡”、“柑橙之乡”；东部为原金沙镇，为一四面环水的岛屿，是由北江冲积而成的小平原，成陆期较短，土质主要为沙质土，面积为59.7平方公里，其地形狭长，横视如“一片桃叶”，纵视如“美女披头巾”，历来盛产竹器、蔬菜和水产等，为广东最大的竹制品生产集散地，所产黑皮冬瓜为著名特产，远销港澳地区，淡水鳗鱼、水鱼、桂花鱼亦远近驰名，畅销于国内、港澳地区和日本，因此有“竹器之乡”、“鱼米之乡”之称。20世纪60年代起，小五金业又异军突起，成为华南地区最大的小五金生产基地，享有“小五金之乡”美誉，获“中国日用五金之都”称号。丹灶镇还是全国环境优美乡镇、国家卫生镇、广东省教育强镇、佛山市文明镇。

丹灶镇的风景名胜、历史古迹遗存丰富，星罗棋布。历史古迹当中，最为著名的当数炼丹遗迹、通心岗遗址、康有为故居、康氏大宗祠、陈氏大宗祠、方道隆及方献夫墓、天后庙、贞烈牌坊、阴骘井、先生古道等。

炼丹遗迹。葛洪在丹灶境内结灶炼丹，在此留下了大量遗迹。如仙岗村内保留的据说是葛洪当年用于炼丹的一只丹钵，高为40毫米，最大直径为86毫米。这个石钵是仙岗村开村前在村中大庙塘里挖出来的，塘边早年有“葛仙遗迹”的碑石，因此村民称之为“仙钵”。此外还有仙井、仙岗、仙祠、仙井坊等景点。

通心岗遗址位于南海丹灶镇良登村。该遗址遗物丰富，在村外市口岗、船埋岗两处有贝丘遗迹，地面有贝壳和陶片散布，并发现有霏细岩石斧等物；通心岗斜坡和塘底塘边均发现文化层堆积，采集到燧石石核、石锛、石斧等细石器，以及陶纺轮。陶片纹饰多为方格纹、曲折纹、叶脉纹、绳纹等，陶质为红陶、灰陶、夹砂黑陶。据考古资料分析，此地于3 000多年前已有人居住。

康有为故居原名“延香老屋”，坐落于南海丹灶镇银河苏村，清咸丰八年二月初五（1858年3月19日），康有为诞生于此。故居是一厅两房两廊的青砖“镬耳屋”，是珠江三角洲典型的清代农村住宅，面积约为81平方米，具有很好的观赏和研究价值。“延香老屋”始建于清代中叶，至康有为时，康氏家族已在老屋住了五代人，故康有为称之为“百年老宅”。在这座老屋里，康有为发奋勤学，度过了他的青少年时期，初步形成了他的维新思想，纂写了传诵千古的《大同书》（初稿）。故居有“延香书屋”、“澹如楼”、“七桧园”和康有为中进士时所竖立的旗杆夹石。如今，旗杆已毁，仅留下一对饱经历史风霜的石旗杆夹，这对旗杆夹至今犹存，已成为珍贵的历史文物。康有为故居现已列入全国重点文物保护单位，是佛山市爱国主义教育基地之一。

方道隆墓位于南海丹灶镇孔边村后山，是有700多年历史的元代古墓，现墓表建筑尚保留了清代同治年间的维修遗迹。方道隆曾任元朝广州路总管、武节大夫，为孔边村、方姓村民的始祖。方献夫是方道隆的第八代宗孙。方献夫墓原位于南海西樵镇大岗山，1992 年迁至孔边村后山。该墓葬有方献夫遗骨，墓外立有原墓地迁来的神道碑。

贞烈牌坊位于南海丹灶镇苏坑村，是明代时期为彰表梁氏孝节而立的。梁氏为三水尧邓乡人，嫁与南海磻溪堡苏坑乡民黄志麟为妻。其夫病故后，事孀姑九年如一日，孝节两全，年未三十而卒。牌坊两面都有“贞烈”题额，其余刻字已模糊不清。

阴骘井位于南海丹灶镇苏坑村，是一口宋代水井。此井至今仍保存完好，井水清澈甘甜，井底有一“孔”字是当年修井时留下的。明代黄佐所撰的《广东通志》已有记载。“阴骘”一词意为前人积德而惠及后人。

先生古道位于南海小塘新安乡青云村至丹灶沙滘村，为一条长约 2 公里的石板路。从前，这里两边都立有“先生古道”的牌坊。如今，牌坊已经不在了，但“先生古道”的石额还在。这块石额上记载了一个尊师重道的感人故事。明代嘉靖年间，新安青云村私塾先生梁真，德高望重，育才有方，沙滘村的何维柏、何维椅两兄弟，慕名前往青云村拜师受业。兄弟二人聪颖好学，又得良师教导，如坐春风，学业有成，何维柏于明嘉靖十四年（1535 年）中进士，后来何维椅也考中进士。兄弟二人荣归沙滘村，拜祖先，敬乡邻，摆宴席，好不热闹。为答谢师恩，兄弟二人将请柬送到青云村，恭请恩师。梁真看着学生成才，深感安慰，但是，学生成长了，老师也老了，他握着两兄弟的手说：“为师身体不复当年，行动不便。何况连日天雨，道路泥泞，你俩的盛意我领了。”何维柏兄弟俩商量了一会，说道：“老师，十天后正好是吉日，我们打算修好石路，届时备轿迎送。”说做就做，何维柏兄弟回家后不惜巨资，马上购石雇工铺路，并亲自督工修建。经过七天紧张施工，从青云村到沙滘村的石板路遂告竣工，石道两头各竖立“先生古道”石碑。以“先生”来命名这条石板道，既为感谢师恩，又方便了两村的交通，一时传为佳话。当年乡人有感于何氏兄弟尊师之举，为倡导尊师重教之风，后来还立了一个“先生古道”牌坊，每年修葺，使之焕然一新。“七日修石道”，为恩师立“先生古道”，也成为后世的美谈佳话。由于年代久远，物转星移，当年的牌坊在20世纪初期被拆去，原“先生古道”石碑中的“古道”两字如今在新安青云村的石道旁仍然可以看到，上面何氏兄弟的题字署名也依然清晰可见，但“先生”二字已经遗失了。近年来，青云村为纪念梁真老先生，在梁真后人梁德甫先生的大力赞助下，在该村村口重建了“先生古道”牌坊。

除了以上历史文化名胜，丹灶镇的自然风景名胜也不少。尤其是随着丹灶经济的大发展，旅游业的迅速崛起，丹灶对养生文化越来越重视，生态旅游文化成为丹灶镇的一个新亮点，在原有历史基础上改造或新开辟的现代旅游休闲景点也越来越多，如仙湖旅游度假区、南海大湿地公园等。

仙湖旅游度假区位于南海国家生态工业示范园区的西部，是南海四大旅游度假区之一，是近年来在珠江三角洲崛起的多功能综合性绿色生态休闲度假的理想去处。仙湖度假区拥有占地200公顷的国际标准级18洞南海高尔夫球场、五星级的仙湖大酒店（在建）、四星级的祈福（仙湖）酒店、三星级的仙湖湾商业广场（在建）、渔人码头酒家、仙湖沙滩游乐场（在建）、广湖山生态百果园、国际会议中心、度假别墅、桑拿中心、夜总会俱乐部、网球场、休闲运动公园，还有天圆地方、仙井等一批景点以及休闲家居仙湖花园、金色故乡花园别墅、翡翠湾别墅小区、畔山华庭别墅小区和总投资30多亿元的超大型的房地产项目祈福南湾半岛。

南海大湿地公园位于南海区西部的丹灶镇金沙，是中国首家湿地主题公园。南海大湿地地处北江东岸，总面积达3 000多亩，其中水域面积600多亩，陆地面积2 000多亩，首期开发面积1 000余亩，周围多是农田水域，现有过百种鸟类聚居。它是经过多年的水浸水退之后而形成的天然湿地环境；它融合了独特的湖泊、沙滩、丛林等天然湿地生态资源，是佛山不可多得的自然资源。在此基础上开发建设的南海大湿地生态公园，引入了自然休闲的旅游概念，配合原有得天独厚的地貌资源，将海滨度假、沙滩漫步、北江畅泳、新西兰毛利人村落、湿地游船观光、湿地探险、森林牧场和山谷竹林等天然、新奇的旅游项目集于一体，全方位地展示湿地生态资源的特色和毛利土著文化。在建设过程和管理中，基于积极的保护理念，大湿地生态公园借鉴美国开发保护的经验，贴近自然，人工建造物有限，基本不改变原始生态。在抵御洪水、调节径流、改善气候、控制污染、美化环境和维护区域生态平衡等方面，湿地有其他系统所不能替代的作用，被誉为“地球之肾”和“物种的基因库”。在世界自然保护大纲中，湿地与森林、海洋一起并称为“全球三大生态系统”。林业部门认为，作为体验式旅游目的地，大湿地生态公园可对青少年进行较好的生态环境保护教育和科普教育，因此正积极向有关部门申报“广东省体验式湿地科普教育基地”、“广东省环保基地”。

在传承历史的同时，丹灶镇，继往开来，与时俱进，把握着时代的脉搏，阔步向前，在得天独厚的地理优势基础上，大力发展经济，建设宜居宜商的现代化城镇。在这里，古与今、动与静、文化与经济完美融合，荟萃一地，人们既可以感受其丰富深厚的历史内涵，又可以尽享其先进惬意的现代生活。南海丹灶，堪称一座历史积淀与现代气息完美结合、宜居怡人的亮点城镇！

西樵山宗教文化地名谈

“山不在高，有仙则灵。”西樵山不高，以儒、释、道聚集一山而闻名。儒、释、道三教留给了西樵山大量的宗教文化地名。解读这些宗教文化地名，可以更加深入地了解这座南粤名山的文化底蕴，领略其独特的风光。

一

儒教，或称孔教、名教、礼教、先王之教，以春秋时期的思想家孔子为先师。汉武帝时代，“罢黜百家，独尊儒术”，孔学成为官方哲学，儒教也就成了国家宗教。汉唐的儒教尊“五经”(《诗》、《书》、《礼》、《易》、《春秋》)、重礼仪。宋代之后的新儒教尊“四书”(《大学》、《中庸》、《论语》、《孟子》)、重修身，科举考试重心也转向四书。新儒教常常又被称为“理学”。

西樵首先是“理学名山”。明代以来，湛若水、方献夫、霍韬等理学家先后在此讲学，云谷书院、大科书院、石泉书院和四峰书院四大书院应运而生。从西樵走出了一大批进士、举人。清朝三湖书院更因林则徐和康有为两位传奇人物而闻名天下。

云谷书院，又名“天峰书院”，位于大科峰南，天峰下，明正德十二年（1517 年）湛若水建。院内原有白沙洞、左瀑亭、右瀑亭、二妙阁等，可惜未能保留下来。湛若水，增城人，自号默翁，明弘治十八年乙丑科进士，师从陈白沙，与王守仁以学问相交。他本无意仕进，只因母亲力劝，才上京赶考，踏入仕途。明正德十年（1515 年），湛若水由京师护送亡母灵柩回故乡，葬于西樵山。一方面鉴于当时诡异变幻的政治风云；另一方面也有意继承和发扬其师白沙先生的事业，湛若水决意急流勇退，在西樵山建书院讲学。湛若水是明代理学的大宗师。当时王守仁的“阳明学说”风靡全国，能与之抗衡的，只有湛若水的“甘泉学说”，并称为“王湛”之学。学生纷纷慕名而来。不到一年，云谷书院所能容纳的学子就趋于饱和。

于是，湛若水的门生又在大科峰西烟霞洞中为他修建了大科书院。根据史料记载，院前有太史坊和仰止亭，院后有栖霞楼，楼前有茹芝堂、正谊堂。烟霞洞深处有崇经堂。楼外有乐阁，阁下有石门，门下建凝道堂和寅宾馆。南有进修斋，北有敬义斋，旁有烟霞隐居和四花亭。院内设有《大科训规》，由湛若水亲自修订，对教育管理体制有详细阐述。可惜原迹已毁。他执教西樵时，四方学子云集西樵山，门徒曾一度达 4 000 多人。在西樵山西部玉禀峰（又名饭盖岗）上，留下了湛若水的摩崖石刻真迹，分别刻在两块相邻的大石头上。左边石头上刻着“仰辰台”三个字，字深 7 厘米、字径 2 米；右边大石上刻着“仰辰台上仰辰游，一曲歌声彻九州；感得圣恩深似海，外臣早许作巢由”这首诗。两处石刻落款分别为“明嘉靖丙午湛若水书”与“丙午九月十二日新定仰辰台湛若水书”。湛若水的字是茅体，写字的笔均由山中茅草做成，称茅龙笔。

明正德十二年（1517 年）吏部尚书方献夫，因病辞归故里，也在西樵山东北面的石泉洞内（现东天湖旁）建立石泉书院，院内有沛然堂、紫云楼和御书楼等，其附近有方子钓台和龙泉窦。明嘉靖二年（1523 年），曾任太子少保、礼部尚书的南海人霍韬在西樵山宝林洞内（现寺边村侧）建立了四峰书院。书院建于宝峰、玉案峰、聚仙峰之间，后又垒石成一峰，故名四峰书院（已毁）。

明正德至万历年间，西樵山大儒云集，书院毗邻。湛若水和方献夫都官至尚书，政绩卓著，尊称“国老”。霍韬和何维柏历经山中岁月，饱读诗书，也获任尚书。这对青年学子无疑有着重大影响。青年才俊争相归附，山中学子晋京赴考名列金榜的就有二三十人，当时西樵山书院的名声与岳麓、白鹿洞和匡庐相比，亦不遑多让。

明代晚期，因书院多批评时政，遭当道压制，东林党与阉党的斗争失利，魏忠贤忌恨东林领袖，迁怒东林学子，尽毁天下书院，西樵山上的四大书院也渐趋败落。清乾隆年间，西樵山书院再次兴盛。有三湖书院、云溪书院、云瀛书院等崛起于此，尤以三湖书院闻名天下。

三湖书院因位于西樵山鉴湖、会龙湖、应潮湖三湖之间得名，清乾隆五十四年（1789 年），由下金瓯堡岑怀瑾等创建。三湖书院在道光年间已毁，时任广州羊城、越华书院讲席的邓士宪力主重修。清道光十九年（1839 年），林则徐作为钦差大臣到广东查禁鸦片，入住越华书院，赞同邓士宪之举。三湖书院新院于道光二十年（1840 年）竣工。应邓士宪等人之请，林则徐题写“三湖书院”门额。清同治八年（1869 年），知县陈善圻捐白银 6 000 两生息为书院膏火之资。1878 年冬，年仅 21 岁的康有为离开岭南儒学大师朱次琦，来到三湖书院，在这里，他结识了翰林院编修张鼎华，并在张鼎华的指导下接触到近代维新思想，开拓了眼界，朦胧地看到了冲出世俗社会寻找一条新路的希望。“秋风每赋感知己，记得樵山花又红。”康有为出山后办学上书，宣扬维新思想，并在后来发动了轰轰烈烈的“戊戌变法”，为此，三湖书院素有“戊戌摇篮”之称。三湖书院于 1978 年被拆毁，1987 年迁建于白云洞西侧。重建的三湖书院在枫林白塔后面，远离三湖，但同样松柏苍翠，绿树掩映，木制摆设一仍其旧，雕栏玉砌，更增添了书院的庄严肃穆。三湖书院里还陈列着康有为的诗作和史料，以及石景宜先生赠送的线装藏书。书院里分别挂着三副对联：梁启超题写的“春尽花魂犹恋石，雨馀山气欲吞湖”；刘逸生、关山月等人的“医国奇方芳百日，补天壮志志三湖”；曾景充题的“维新救国长素笔，弘道宣经景宜心”。这三副对联既描述了三湖书院的景观，又揭示了书院的精神，还诉说了书院的历史。

二

西樵是佛教重地，与佛教有着不解之缘。山川秀异的地缘环境、民风淳朴的社会环境、往来便利的交通条件，为佛教的传播提供了理想的家园和实践的场所，造就了西樵与佛教的因缘际会。明代中期，佛教盛极一时。著名寺庵有云岩古寺、宝峰寺、宝莲寺、接承寺、接承庵、锦岩庵、西竺庵等。保存至今的白云古寺位于西樵山三湖之应潮湖、鉴湖、会龙湖对面，大门上方悬挂“白云古寺”牌匾，大门两侧有石刻门联“曲水长流，跨鹤旧寻三洞古；白云犹在，与梅同住一山幽”，它是对山间景色的描绘，也是古寺精神的写照，象征佛门以无着心应一切事物，以无碍慧解一切束缚。据史料记载，古寺始建于明正德二年（1507 年），初名为“宝震庵”；清乾隆四十九年（1784 年）重建，易名为“宝震寺”；清光绪二年（1876 年）改名为“白云古寺”。它依山而建，三进佛殿，内殿为“观音殿”。寺前境象开阔，俯瞰西江，气吞万古；寺后群峰矗立，宛如屏障。明代中叶，登山进香的善男信女，络绎不绝。白云古寺现为佛山市市级文物保护单位。

西樵最令人神往的还是南海观音文化苑。它坐落于西樵 72 峰之一的大仙峰顶，海拔 292. 47 米，由南海观音主体法相、圣境汇芳、圣域市肆、福寿莲池和环海镜清组成，面积 15 万平方米。观音法相高为 61. 9 米，寓意观音成道于 6 月 19 日之意。法相为坐姿，顶有宝珠天冠，项有圆光，弯眉朱唇，眼似双星，目光微俯，披天衣，挂璎珞，带项饰，着罗裙，慈眉善目地稳坐在莲花台上，显现安详凝重、救苦救难的慈悲法相。法相造型与自然地形浑然一体，其左右分别为双马峰和马鞍峰，背枕最高峰大仙峰，面对一片空阔。信众熙来攘往，游人络绎不绝。法相居高临下，俯瞰起伏的山峦和平坦的珠三角大地，庇护善男信女，普度芸芸众生。

与宏伟壮观的观音巨像相映成趣的还有千佛映辉景点，依傍山势建成的33座名亭，分别供奉着观音的33个化身。大仙峰左侧有极具艺术价值的国内外观音寺庙、观音巨像的微缩景区。另外，观音文化苑还有圣域市肆、福寿莲池、环海镜清、牌坊广场等各具特色的观音文化建筑群。由此可见，观音文化流传的历史之长、范围之广、影响之深。

三

西樵还是道教圣地。与儒教、佛教相比，道教最早进入西樵山。最为有名的道观有白云洞和云泉仙馆，白云洞创建于明代嘉靖年间（1522—1566年），现名“樵园”，园之周围峭壁凌空，飞泉吐玉，亭台楼阁掩映于苍松翠柏之中；樵园后山有天湖、云路村、丹桂园等景点，东麓有石燕岩、冬茹石、响水岩等胜景。云泉仙馆原为玉楼书院，后被改建为道观，观内建有守真阁、听泉楼、高士阁及道教神殿等，皆依山借势而筑，画栋雕梁，清雅别致，宛若仙宫。馆前门楣的鎏金大字为清皇室耆英所题，标志着云泉仙馆非同寻常。

道教的另一圣地是仙姑井，地处宝峰寺下。相传大旱之年，村姑紫梦霞为救百姓在此炼丹祈雨，最后感动得上苍落泪，化为甘霖，于是乡民得救，她自己也因此丹成仙。后人为感激她，在此立祠供拜。如今四方亭的柱子上，镌刻着“忧国忧民祈雨露，翻云翻雨报真诚”的对联，让人世世代代铭记仙姑的爱心善举。

当然，西樵最著名的道教景观当数新建的黄大仙圣境园。它依山环水，占地42万平方米，园内的黄大仙圣像，高28米，重7 000多吨，由2 000多块优质花岗岩石砌成，气势非凡，雄伟独特，规模居全球黄大仙圣像之最。圣像面朝东南，一片灵光紫气；圣态慈祥肃穆，尽显道骨仙风。整个园区绿树成荫，景色迷人。建筑设计融合传统与现代手法，体现道教文化的精髓。由颜色分明的植物构成的太极八卦图，不仅占地面积居世界之最，而且使道教文化的标志有了自然的色彩和鲜活的生命，象征着文化精神生生不息。最令人惊叹的是，置身于坛的中央，脚踩阴阳太极交界线，大声呼喊，即有天地回音，暗喻黄大仙“有求必应”之神奇。至于诸葛八卦迷宫、大仙脚印、仙人洞等景观，也都体现了传统文化与自然景观的完美结合。

四

我国的名山从来就是文化养成的地方，我国古代四大书院都弥漫着山风峦气，理学名山也带着西樵独到的灵秀。宝刹古寺，多建于名山，以至于有“天下名山僧占多”的感叹。然而，大凡名山胜迹，一般只存一种宗教，例如普陀山、峨眉山以佛名，泰山、华山以道胜，而西樵山却很包容，儒教、佛教、道教共存于此，理学名山与宗教重地悠然并存，佛教的白云古寺和道教云泉仙馆，相距甚至不过 200 米。夕阳西下之时，帘卷西风之际，这里既能耳闻书院的读书声，也可以听到寺庙、道观的钟鼓声，感受那一份清新、恬静和平淡。

今天的游客不难理解，隐于林泉的书院，通过修身养性，方能求得真知，求得内心豁然；藏于山间的佛门，弃绝世俗的喧哗，才能抵达理想的彼岸；向往长生不老的道教，更要在清幽静谧的场所养气服食，醮神炼丹。儒、释、道三教在这里悠然契合，有其共性的一面，即都难割舍西樵的宁静肃穆，风光秀丽。但另一方面，秀美的湖光山色，远离尘嚣的清幽境界，绝非西樵所独有。于是我们又不能不将目光投向广府特有的文化本质，不能不联系岭南兼容开放的远大胸怀、融合务实的生活态度。正是海纳百川般的包容，才使西樵成为三教融合的宝地、共存共荣的典范。那源远流长的和谐精神像埋藏千年的老酒，滋润着这座历史名山，而且历久弥香。

穿行于书院、寺庙、道观之间，目睹西樵特色鲜明的宗教奇观，领略南粤古朴的风情画卷，不仅能感受到独特的文化清香，而且有跨越时光、似真似幻的空灵感觉，游客会情不自禁地思考儒、释、道三教的本质及其核心价值。无论探求理学、锤炼心性也好，还是暮鼓晨钟、普度众生也好，或是养气炼丹、求仙问道也好，都不乏求真务本之意、克己向善之情。儒家修身以入世，佛、道修炼以出世，都有济世之念、救民之心。从这个意义上来说，三教殊途而同归，三教并行而不悖，西樵山儒、释、道比邻而居、相安无事也就可以理解了。

西樵云字地名谈

考察西樵地名，特别引人注目的是，前人处处表现出对“云”字的偏爱。

西樵72峰，以“云”字命名的有10余座；西樵36洞，首推白云洞，有西樵山风景总汇之誉；最著名的瀑布，名曰“云岩飞瀑”，又称“西樵云瀑”，为清代“羊城八景”之一。

不仅自然景观如此，西樵历史遗迹也如此。明代四大书院，以云谷书院称首，清代三大书院，又有云溪书院、云瀛书院；西樵闻名遐迩的寺庙是云岩古寺，又名“白云古寺”；最负盛名的道观有云泉仙馆、西岸庆云洞。此外还有戴云精舍、白云静室等。

不仅儒、释、道三教不约而同地以“云”命名，墟市村落也多“云”。西樵山所隶属的行政区就称云津堡，村落更有碧云村、云端村、云路村、云谷村等。至于景区建筑诸如养云庐、小云亭、云门亭之类，更是不胜枚举。

地名的形成总是与一定的区域环境、社会文化、民情习俗相联系。从西樵地名研究中，既可以看到当地独特的历史地理，又可看到南粤的人文景观和价值取向。

一

西樵山众多的“云”字地名，是当地自然风光的投影、苍茫秀色的写照。

西樵山地处珠江三角洲腹地，四周都是一马平川，山虽不高，却挺拔于纵横河网之上，独立于平沙旷野之间，大有山峦嶙峋、岩石突兀之势。据当地方志记载，西樵山原为海底的古火山，有一次火山爆发，喷出大量岩浆，在水里凝结成为锥状的山体。其后，山体上又出现多次岩浆喷发，层层叠加，形成峰峦簇拥、错落有致的礁岛。待到海水消退，珠江冲积平原形成，西樵山一变而成为平原上的山峰，孤峭挺拔，以主峰大科峰为中心，群峰环绕，状如莲花复合。海拔 170 米左右是一道分界线，其上陡峭，其下平缓，显示出不同时期火山喷发的印记。峰峦高低起伏，气温自然有别，山岚云雾也形态各异。

聚云峰，又名“齐云峰”，位于小科峰南、云谷左。其海拔 296 米，常见云雾缭绕，故称。

腾云峰，位于聚云峰东南，海拔 290 米，山岚景色与聚云峰同。

碧云峰，从大科峰东出，与大科峰并肩。海拔 239 米，峰峦翠黛，薄雾流青，故曰碧云。

黄云峰，在碧云峰北，海拔 311 米。与碧云、紫云、翠云三峰并峙，合称“樵山东四峰”。云缠雾绕，色彩变幻，相映成趣。

紫云峰，在黄云峰北，海拔 319 米。陡峭壁立，早晚云从石隙缕缕而出，随风飘散，弥漫山腰，仅露峰顶，最为奇绝。

翠云峰，又名“小贵峰”，在紫云峰东北。峰尖如削，海拔 291 米。南有仙人峰，巨石圆垣，方广 10 米，名仙床。

祥云峰，又名“天峰”，位于大科峰南，状如虎跃，海拔 298 米。前有仰眠峰，下多茶田。清晨薄暮，石岫雾出，但见云气升腾，云水苍茫，神秘莫测。

云路峰，在雷坛峰西南，海拔 270 米。其下有云路村。

云端峰，在葫芦峰北，海拔 247 米。东下为西天湖。半山有村名云端。西下为大岭岗，旁有虾行岭。

白云峰，又叫“鸡抱峰”，位于长庚峰东北，海拔 191 米。山势峥嵘，峭壁如削，苍润如屏。前即山中胜处白云洞。

云岩峰，又名“蜘蛛峰”，位于天峰东南，海拔256米。峰面裸露，石骨嶙峋。南麓绝壁深壑。

据关祥在《西樵揽胜》介绍，所谓西樵72峰，只是山峰的概数，在圆形山体中林立的峰峦，其实还不止于此。综观群峰命名，垂云、腾云、聚云之谓，云路、云端、云岩之称，都是极言峰高壁峭，山险岩奇，仰视摩天，俯视惊心。此外，“白云冥冥满岩谷，云容水色相吐吞”的景象又极具美感：重峦叠巘，岚气升腾；奇岩怪石，云鬟雾鬓，是那么秀丽多姿，又是那么缥缈神奇！唯有以“云”字命名，才反映出西樵山的本质特征，也才准确生动地表现出变化万千、静谧幽深的气象。

山名如此，水名亦如此。西樵为粗面岩地貌，具有气孔状构造，山体易于吸水储水。水从岩石深处蜿蜒起伏、分支衍派，流之则为溪、为涧、为瀑，贮之则为潭、为湖、为井。山中计有主泉32个，瀑布25条，大、小泉眼200只，溪涧8条，湖9个，池潭9个，井9个。以“云”命名的有“云崖飞瀑”（又称“西樵云瀑”）、大云泉、云谷泉、云路二泉、云端泉、云外瀑、小云泉、紫云泉、翠云泉、白云湖、碧云溪等。

大云泉，又名“云瀑”，因其一泻千丈，通常被称为“飞流千尺”，为西樵山四大瀑布之一。它位于白云洞中，云外瀑左下，瀑从山上西天湖流下，经白水坑，穿林过坳，成三叠瀑。清人温汝适有诗赞曰：“云瀑不可名，似是银河泻，阴疑风雨至，晴见轻烟惹。”其实，不仅阴晴景色迥异，从不同高度、不同的距离观赏，人们的印象感受也各不相同。置身洗心石，近距离仰头观瀑，但见飞花溅玉，湿面沾衣，荡胸涤肺，心旷神怡，难怪前人会有“借得飞流千尺瀑，洗去胸臆十斛尘”的感叹；安坐楼阁凭窗观瀑，唯觉清风扑面，神清气爽，流连忘返，逸兴思飞，正所谓“白云流水起胸臆，往往掩卷心回萦”；立于华盖峰上眺望，又见三叠清泉，飞流而下，壮观景色，全然在目，大有“百尺斜飞破空下，琼瑰倒泻骊龙奔”的气象。相传康有为在此游学时，曾盘坐洗心石上，以棉团塞耳，潜心苦读。

云谷泉，源发天峰南，泻于云谷，会合天泉，东注九曲溪。

云路二泉，源出云路村南方井口，穿龙口岩而下。

云端泉，源出云端村的石井，流绕村前，潆洄左右。

云外瀑，位于龙涎瀑下。泉从崖顶飞奔而下，挟电流光，直如利剑，势不可挡，难怪游人惊呼“独立品崖不厌观，飞淙千丈下云间”。

小云泉，源发白云峰西北。泉飞扑如雪，小流淙淙，经小云亭，下注白云溪，泉水清澈。尤其是日落时分，幽静莫名，令人陶醉，流连忘返，正所谓“白云深处结闲缘，一抹斜阴夕照边”。

紫云泉，源出紫云溪，绕白山峰贮而成潭。水清冽，有石级可下，又名“阶梯泉”。

翠云泉，源出翠云峰，南流经滑石坑，绕仙人床，下流狮子洞。

白云湖，在白云洞外，面积约200亩，上接白云溪水，颇有“一泓远接银河流，云影天光日夜浮”的气象。

碧云溪，源出碧云村后，盈积成池，流而成溪。山民夹溪而居，自有“云液馨香来院宇，水声弦管出峥嵘”的惬意。

凡此种种，姿态横生。或一泻千丈，或涓涓不绝；或飞珠溅玉，或悬壁成帘；或急管繁弦，或声震山谷；或潆洄婉转，或低吟浅唱。以“云”名之，尽显奇伟、清逸、幽缈，形象飞动，亦最传神。

二

西樵的“云”字地名是社会文化的产物，与当地宗教的兴起有着密切的联系。明代中期以来，西樵山的文化活动多姿多彩、层出不穷。清流学者、僧人道士纷纷来此，或设馆授业，或建庙修行，或筑观传道，遂成儒、释、道三教名山。他们的信仰不同，宗派有别，对“云”的钟爱却是毫无二致，随着三教的传播，云字地名也大量涌现。

众所周知，西樵最著名的景区是“白云洞”，由三座山峰环抱而成。既有自然天成的危崖幽壑，奇峰怪石，飞瀑流泉，又有精巧别致的亭台楼阁，静谧深幽，妙趣无穷。董必武曾有诗赞曰：“欲览西樵胜，先应访白云。”而其得名就与三教的兴盛相关。在相当长的时期里，这里并未引起人们的关注，亦无“白云洞”之名。就连“天下名山皆留迹”的明代大旅行家徐霞客也与它失之交臂。鉴于山谷远离尘嚣，格外清幽，是理想的读书之处，当地学子何中行，乃斥资修筑洞门，探幽发潜，游息其间。其子何亮，继承父志，在此筑室读书，修身养性，自号“白云先生”，洞亦因此得名。此间原有一座寺庙，建于明正德二年（1507 年），几个世纪以来，一直名为“宝震”（宝震庵或宝震寺），到清嘉庆二十四年（1819 年）重建时，则更名为“白云宝震寺”，再过半个世纪，清光绪二年（1876 年）再次重建，竟直接称“白云古寺”，并一直沿用至今。从“宝震庵”过渡到“白云宝震寺”，再到“白云古寺”，寺名的变化，可以看到人们的取舍。究其原因，大概正在于“白云”二字是当地风物的真实写照，与寺庙周边的自然环境更加贴切，更加圆融浑然。相比之下，“宝震”之名却失之泛泛。寺庙高悬的那幅门联：“曲水长流，跨鹤旧寻三洞古；白云犹在，与梅同住一山幽”，既突出了“白云”，强化了“洞”与“寺”的联系，增添了古意，同时又巧妙地移花接木，以“白云”为宗，在强调曲水长流、白云常驻之时，不知不觉地将思古之幽情完全转移到新的寺名，而原来的寺名反而彻底湮没在烟雨尘埃之中。

道观“云泉仙馆”同样如此。它位于白云洞中部，鉴湖侧畔，谷地尽头。它依山而建，坐东北，向西南，三面环山，远挹西江，左为飞流千尺、曲水流淌；右耸奇峰万叠，紫气祥云；四围古木参天，花树苍郁，有若仙境。馆内两进庭院，有石桥相通，殿内供奉吕洞宾；石桥旁为“放生池”，大殿右侧为“墨庄”和“祖堂”，后有“帝亲殿”。门前开阔，石阶叠砌，左右立有华表和石狮各一对，护墙之上饰有陶塑的狮、凤、鱼浮雕和六骏图、百鸟朝凤图等壁画。馆门匾额“云泉仙馆”四个大字，为钦差大臣、太子少保、协办大学士、兵部尚书、两广总督、宗室耆英书，时在“道光戊申新正”，即清道光二十八年（1848 年）正月。而究其历史，此处原为蕴玉山房，清乾隆四十年（1775 年），南海石岗李蔼廷改其名为“攻玉楼”。清道光年间始易之名为“云泉仙馆”。其得名虽晚，却后来居上，不仅遐迩相传，而且足令“蕴玉”、“攻玉”相形见绌，从此退出人们的视野。究其原因，除了当时的崇道风气之外，就在于它与自然地理融为一体。馆内原有“小云泉”，流水淙淙，清澈可爱，沁人心脾，径称“云泉仙馆”，不仅即景应物，而且颇见道缘。因此，一旦得名，再无变更，沿袭至今。此间的对联“千重云气排丹阙，万古泉声护洞门”，不仅巧妙地将“云”、“泉”二字嵌入其中，而且也是道观得名的最好注脚。

西樵山以“云”字命名的书院，明有云谷书院，清有云溪书院、云瀛书院。虽然大都只剩下遗迹，但其名依然载入史册，流传于民间。

三

西樵地名钟爱“云”字，还反映出人们的精神寄托和志趣追求，透过地名可以窥探当地诗意的生活，了解千百年的乡风民俗。在传统文化中，随时出没、自由飞扬的“白云”是清标高洁的象征、飘逸潇洒的标志、自在无为的化身。

西樵山共有八个古村落，其中以“云”字命名的就有四个，分别是云端村、云路村、碧云村、云谷村。

云端村隐藏在山林深处，非常幽雅安静。居西樵山天湖以南，云端峰东，主要有马、冯、关、冼等家族。著名实业家、全国政协副主席马万祺先生的祖籍就在这里。村外有一道长达百米、高约十余米的护村墙，据村里的老人介绍，它建于明末清初，至少有三百年历史，虽然历经风雨，但屹立不倒，连砌墙石材的边角仍然保持原来的棱角，不曾磨损。砌墙的工艺也非常精致高超，每块石材大小规格几乎一样，非常平整。由于年代久远，古墙长满了青苔，有的缝隙处，还长出许多不知名的植物。游人可沿着山间小径，直入村舍体会田园生活，感受“人家在何许，云外一声鸡”的恬淡、宁静。他们的生活如同白云，出入有时，去来无意，是那么自由自在，又是那么悠然自得。

如果说，云端村洋溢着田园生活的诗意，那么云路村则承载着对孤高气节的向往。它地处燕巢峰南，是西樵山地势最高的村庄之一。云路村有一座古墓，依山而建，坐南向北，墓地面积40平方米，它就是李子长墓。李子长，名孔修，号抱真子，顺德大良人，明正统元年（1436年）生。他受业于江门陈献章（陈白沙）门下，好读书，善周易，擅诗画，工书法，是明朝中叶广东著名画师。他与唐寅、仇十洲处于同一个时代，自成一家。相传其笔下禽畜、虫鱼、山水、花鸟无不毕肖，“画猫，鼠见惊走”，作品深得群众喜爱。他满腹经纶，刚正廉洁，早年在广州参加乡试，试场差役借口防止夹带，勒索钱财，不给钱就进行搜身，侮辱人格，考生都敢怒不敢言，唯他义不受辱，摔砚罢考，从此不再涉足科场。他隐居西樵，潜心治学，依然不事权势，达官显贵登门求画，均谢绝。李子长年至九十，无疾而终。西樵山人对李子长十分敬仰，生前尊他为乡贤，死后将他葬于村口。儿童入学，必先备礼品去墓前拜祭，据说孩子日后就会聪明勤学。如今，四百多年风雨已令墓志字迹斑驳，难以辨认，但碑顶“名儒风高”

四字横额、“大明高士抱真子李子长先生之墓”的碑额及墓后“李山后土之龙神”和“崇祀乡贤”碑刻，保存依旧。墓碑由南海霍韬撰文，陈本城书丹，番禺甘学题篆。2006年李子长墓被列为佛山市重点文物保护单位。

孤高清绝，是白云的风格，也是李子长的风格，还是云路村的风格。人们精心护理、年年祭扫画师的墓葬，正是出于对高风亮节的崇尚。与云路村相比，碧云村的弹痕则记录了民族的尊严，表现出对民族气节的坚持与捍卫。

碧云村，是山中最大的村庄，位于西樵山碧云峰北麓，村以峰名。村民以马、罗、傅、陈、康、余等姓为主。村人马慈航（1904—1966年）是近代著名画家，佛山祖庙的双龙壁画就出自其手。澳门富商傅老榕的故乡亦在此。如今村中还有罗氏、陈氏宗祠和傅家祠。村庄四周古木参天，村内的丹桂、银杏，树龄都在百年左右，盛夏浓荫如盖，秋日丹桂飘香。掩映在苍翠树林中的建筑，多为清末民初的砖木结构旧平房，晨昏时分，炊烟从民居袅袅升起，一片宁静祥和，透出古色古香。村有一井，处于团荫之中，却无一片落叶，故名“无叶井”，究其原因，则因井属上升泉，井壁源源不断有泉涌出，井水因之外溢，树叶坠入井中，旋即随水漂出。井水甘甜清凉，沁人心脾，用来冲茶，浓香四溢。因而碧云村成为西樵著名景点。然而令人难以想象的是，这世外桃源般的碧云村，经历了血与火的洗礼，有过不屈不挠的生死抗争。据《南海文史资料》记载，1937年抗日战争爆发，为躲避日机的轰炸，广州仲恺农工学校、广东省立女子师范学校、执信中学先后搬迁至西樵。同年12月26日，郭沫若在云瀛书院对1 000多名爱国民众和学生作了“抗日必胜”的演讲。为了保卫家乡，1938年西樵的爱国学生和青年先后成立了“广东人民抗日先锋官山独立第一支队”、“官山镇壮丁抗日自卫队”。他们配合国军，凭借西江阻击日军。一时，西樵成为抗日的前沿阵地。同年农历十月二十四，自卫队对来犯日军迎头痛击，击毙、击伤日军十多人，两次击溃日军的进攻。随后，日军出动飞机、迫击炮，从海陆空进犯西樵。碧云村成为日军狂轰滥炸的目标，导致房屋倒塌，170 多人罹难。1939 年农历十月二十四，日军又对山上村民进行大屠杀，罹难者有 273 人。今天，碧云村老屋墙壁上依然可以见到日军机关枪扫射留下来的弹孔。为纪念保卫家乡牺牲的抗日将士及死难同胞，西樵人民在东湖堤坝下面建起了一座抗日先烈和死难同胞的英雄纪念碑。1994 年，南海和西樵两级政府分别把纪念碑定为南海重点文物保护单位和中小学生爱国主义教育基地。

《西樵山志》记载了这么一个传说：远古时期，珠江三角洲住着一户人家，丈夫叫大樵，妻子叫云姐，两人恩爱无比。曾有金、银二龙在这里搏斗，搅得天翻地覆，为了平息纷争，将二龙驱去南海，大樵竭尽全力，勇战二龙。最终金龙遁去，化为西江；银龙逃走，变为北江。大樵为地方赢得了安宁，自己却力竭倒地，再也没有起来，云姐扑在丈夫身上，哭得死去活来，旋即气绝而亡。不久，大樵的躯体化作一座山，耸立在西江、北江之间，这就是今天的西樵山，而云姐呢，变成了白云，朝夕不离，缠绕着山峦。这动人的传说昭示了西樵与白云的亲密，也为“云”字地名遍布西樵作了最好的解释。

西樵山——珠江文明的灯塔

西樵山位于南海西南部，地处广州、佛山、顺德、江门、高明之间，面积约 14 平方公里，共有 72 峰，主峰 346 米，是国家 4A 级景区，国家森林公园和国家地质公园。满山色彩斑斓、璀璨如锦的岩石，曾带给它一个绚丽的名字：锦石山。传说在西汉（公元前 206—25 年）时期，罗浮山和锦石山成为广州人采樵（打柴）的主要去处，两山分别位于广州的东边和西边，于是，称罗浮山为“东樵”，锦石山为“西樵”。自古以来，西樵山就与罗浮山、鼎湖山、丹霞山一起被誉为“南粤四大名山”。而西樵山与罗浮山又以其独特的魅力赢得了“南粤名山数二樵”的美誉。

西樵山又有“茶山”、“三教名山”、“理学名山”、“官山”、“会唱歌的山”等别名。每一个别名都有其独特的历史文化内涵。

晚唐诗人曹松（约 830—903 年）曾隐居西樵，见这里泉清土腴，宜于种茶，便千里迢迢跑到浙江，从友人陆龟蒙处找来贡茶——顾渚山紫笋茶茶种，赠给山民，教他们栽植采制之法。于是，西樵山成了岭南最早的产茶区。西樵山的云雾茶以其特有的风味饮誉中外，清代有人云“樵茶为广粤第一”，亦有人称“樵茶甲于天下”。西樵山也成了历史上名噪一时的“茶山”。

西樵山层林叠翠，风光绮丽，是修身养性的好地方。儒、释、道三教竞相在此修建书院，开设寺馆，因此有“三教名山”之美称。明中叶以来，湛若水、方献夫、霍韬等著名学者相继在此研究新儒教——程朱理学，因此，西樵山又有了“理学名山”之雅号。

明代中期，方献夫、湛若水、霍韬等南海士大夫先后入山居住，他们都是博学鸿儒，官居尚书、首辅，地位显赫，名满天下，而且他们的祖居都近在咫尺，人称“一门三进士，五里四会元”。他们在西樵山的活动经历自然留下了许多文化古迹，以霍氏大宗祠为代表的宏大祠堂群至今还屹立在石头村；雷坛峰下的霍韬母墓，曾经享有“御赐祭葬”的荣耀。于是，西樵又有“官山”之名，并派生的官山圩、官山街、官山村、官山涌等地名，这些都是官府活动的遗存，显示出南海士大夫集团昔日的光辉。

西樵山水源丰富，山中计有 25 条瀑布、232 眼泉、8 溪、9 湖、9 潭、9 井。古人赞云：“谁信匡庐千丈瀑，移来一半在西樵。”西樵山山顶碧波荡漾，山坡飞瀑轰鸣、流泉叮咚，因此被称为“会唱歌的山”。

“未有珠三角，先有西樵山。”千万年来，“会唱歌的山”一直歌唱着西樵神奇而悠长的历史，诉说着珠江三角洲古人类文明进化的历程。

一、西樵山贝丘遗址

与地球上一切生命相同，海洋是西樵山的摇篮。距今 5 100 ~ 4 500 万年前，珠江三角洲还是一片海湾，西樵则是海底的活火山，一次次海底火山爆发喷出的岩浆凝结成山丘，改变了海床的结构，待到海水消退，冲积平原形成，西樵山便孤傲地屹立在珠江三角洲的大地上。其山体外陡内平，宛若莲花。随着一年又一年秋风春雨的滋养，由火山岩构成的西樵山绿树如盖，泉水潺潺，引来各类生物栖息，成为古越人的家园。

早在 6 000 ~ 8 000 年之前，西樵山就有了人类活动，西樵山贝丘遗址出土的大量史实证明，当南粤大地还处于洪荒时期，这里居住的南海先民就创造了辉煌的文化，给珠江流域投入了最早的文明曙光。

西樵山贝丘遗址共计28处，大都处于河涌、鱼塘等低洼地带，少数在山冈丘陵。分布在大同、百东、太平、杏头、联新、百西、简村、民乐、新河、崇南、岭西等村。其中，最具代表性的是大同灶岗贝丘遗址和百西鱿鱼岗贝丘遗址。

灶岗贝丘遗址位于西樵镇大同村东灶西南坡。主要由淡水贝类的蛤、蠕、螺和少量海生的蚝和鲍鱼壳等堆积而成，贝丘堆积沿山脚伸向西北，厚达2米。1978年，经广东省博物馆发掘，遗址土层分四层，第一层为表土层，深0.3米，呈灰黄色，有陶片、磁片和石器；第二层为灰黑色土层，深0.4～1米，有少量陶片、石器和陶纺轮；第三层为贝壳层，深约2米，有大量的贝壳和丰富的陶片、石制品、骨制品，还有住房基地3处、墓葬6座；第四层为生土层，灰黄色，与贝壳界限分明。这里不仅出土了石器、石制品和骨制品，还有用于渔猎的矛、镞，用于工具制作的石锤、砺石，以及锛、斧、铲等工具和釜、罐、豆等用具，此外还出土了饰物之类的人文手工艺品。

鱿鱼岗贝丘遗址位于西樵山旅游度假区西岸村东南，面积约1.4万平方米，于1980年文物普查时发现。1985年9月，北京大学考古系、广东省博物馆考古队、南海博物馆联手，对它进行考古发掘，清理出面积130平方米、厚约1.5米的文化层堆积，先后发掘出柱洞、灰坑、红烧土面、木骨泥墙等，显然是古人居所的遗迹。此外还清理原始墓葬36座，墓葬均为长方形浅穴土坑，东西向，单人仰身直肢，生前有拔牙习俗。墓葬内无棺木，成年人占多数，也有少量儿童，成年人的人均高度为女1.55米、男1.57米。出土陶器有夹砂陶、泥质陶的釜、罐、豆、盘、纺轮等。陶片纹饰丰富，有曲折纹、云雷纹、席纹、篮纹、绳纹等，石器有双肩石斧、石锛、三棱石镞、石凿、石矛、石环等，骨器有锥、镞、梭、环针等，还有水陆两栖动物遗骨。据专家推测，其年代为新石器时代晚期至青铜时代早期，属殷商时期。鱿鱼岗贝丘遗址文化内涵丰富，对研究珠江三角洲原始人类生活习俗有极高的价值。于是，南海博物馆专门搭建简易房子，把整个考古发掘现场保护起来。1988 年 6 月广东省人民政府将它列为重点文物保护单位。

经过考古工作者多年的努力，西樵的考古调查不断有新的发现，已发掘墓葬近 100 多座，其共同的特点是，均为仰身直肢葬，以浅穴墓为主，随葬品不多。墓葬多发现于贝丘遗址中，从而印证西樵古人类活动由来已久。

二、西樵石器遗址

西樵山石器遗址主要分布于山麓周边地区，也有一些见于山中。西樵是中石器时代至新石器时代珠江三角洲主要的石器制作场，遗迹主要分布在中部铁泉峰锦岩、南蛇岗东南坡、火石迳、富贤村后坡，镇头及佛子庙等地。出土遗物非常丰富，有加工石器的石砧、石锤、琢锤，还有石斧、石锛、石铲等。学界普遍认为这里打造的细石器和双肩石斧精细实用，深刻影响了珠江流域的原始文明。其中最密集、最有考古价值的遗址有四处：

火石硁遗址，在西樵山东麓睡牛峰、鸡镇峰、旋峰之东南及毗连的太监岗、蚺蛇岗一带，迤逦 2 公里余。因古代居民靠击石生火，而此间生长的石头被大量用于取火，故称“火石硁”。1958 年中山大学考古队发现，地表处露出燧石，疤痕累累，属于人工打制的印记。山坡沿线还有许多远古遗留的石器，随手可取。经挖掘，火石硁遗址出土了大量燧石质的小石叶、石片、细石核。

铁泉峰和燕巢峰遗址，位于西樵山深处云路村以北铁泉峰和燕巢峰的山坡上，山腰公路的交叉处。其东侧为铁泉岩，西侧为藏书岩，故又称铁泉岩和藏书岩遗址。其岩洞和山坡均留有采石遗迹，霏细盐似的纹理呈水平面状，留有人工剥离的痕迹。从这里挖掘出经过打制的石器，包括双肩石器的半成品和篮球大小的霏细岩石核，还有大片的石块、石头堆积层。

镇头峰遗址，在西樵山西南的象岗，面积约7万平方米，从镇头峰山坡一直延伸至农田。不同形态的石屑、各种残缺的石器稀稀落落散布其间，沟旁路底有一文化层。其顶部存在一个面积约600平方米的贝丘堆积，多为淡水贝类介壳，如河蚌、蛤蜊、圜棱螺等。出土的石器有双肩石斧、尖状器、刮削器、石片等，均由霏细岩制成，但多为毛坯或残次品。此外，还有釜、罐、陶片。

富贤村遗址，在山南的狮脑峰下、富贤村北，面积与镇头峰遗址相若，从山腰顺坡而下至平地，最长约500米，宽约150米。遗存丰富。山坡上有一条山洪冲出的深沟，沟壁露出文化层。1959年，广东省博物馆和中山大学曾先后对它进行挖掘，出土多为打制和磨制的双肩石斧、石球以及刮削器、砍砸器等，夹杂有类砂粗黑陶器。

通过对这些遗址的调查、发掘，可以发现西樵出土的石器，大体可分为两类：一是细石器类，一是打制、磨制类，都取材于山上的原生岩石。细石器的原料多为浅灰色和黑色的燧石、半透明的玛瑙，双肩石器多采用霏细岩制成。专家推测，西樵山石器遗址距今5 155 ~5 355年。当时的西樵山是一个大型的石器制造场，其生产时间之长、石材散布之广、石器数量之多、供应范围之大，堪为新石器时代遗址之冠。

2010年出版的《佛山读本》指出，史前时期的西樵石器流传甚广，不仅促进了珠江三角洲的文明发展，而且传播到了更大的范围：有肩石器通过西江水系经云贵高原一直传播到印度河，欧亚大陆古文化就在那里分界；有段石锛则联系着环太平洋地区直到新西兰岛。可以说，以石器制造为核心的西樵山文化，由于它所处的通江达海的地理位置，一开始就呈现出强烈的开放性和辐射性，将中国大陆与印度次大陆和环太平洋地区的文化联系起来，成为我国原始文化中面向海洋并产生深远影响的一支。

三、西樵采石场和冶炼场遗址

石器制作离不开石料的开采，西樵山是一座古老的死火山，火山形成的独特岩石最适于人类打制石器，从而成就了远古的石器开采与制作。因此，西樵石器制作场往往同时又是采石场，工匠们就地取材，加工石材与石器，推动了珠江三角洲的社会文明。保存最完好、最具有考古价值的古代采石场首推石燕岩采石遗址。

石燕岩在西樵山狮脑峰的东南部，因岩洞内栖息有大量的石燕而得名，它本是古采石场遗址，如今却成为西樵山主要景区之一。

石燕岩由采石场变为著名景点完全是“无心插柳柳成荫”。石燕岩内原本生长红色的粗面岩，适宜做建筑石材。当地居民很早就从此处采石建房，不仅西樵附近一带建筑物的墙基石、舂臼、石柱、夹柱石多出于此，珠江三角洲广大地区也慕名前来购买石材。西樵山下有村名“石岗圩”，就是当年石匠在此采石到山下贩卖的交易场所。随着社会生活的发展，人们对石材的需求不断增长，采石的技术越来越高，开采规模也越来越大。明代以前多为露天开采，明代以后发展为洞穴开采，多以斜井掘进。“天窗格”正是此种方式掘进的产物。为了便于深入采石，石匠在洞中留下部分岩石作为支撑柱，它们既如顶梁，又如列屏，把洞分成内外两进。外洞高数丈，洞壁凝珠含霞，虽六月而凉气袭人，巨大洞穴可以容纳千人；内洞因地下水充盈，已积水成湖，设有游艇专供游人探幽访奇，欣赏洞中有洞、洞里有湖的美景，抬眼望去，洞里的粗面岩上，可以清晰地看到火山岩浆与海底砂石凝结的痕迹。更奇妙的是，不同时期、不同层面、不同方式的开凿雕削，不仅造就了石燕岩别样洞天，而且使它更加千姿百态，形成了石屏风、冬菇石、天窗格、石祠堂、景良亭等景观。

石屏风，就是一道道石墙，是采石留下的支撑物，如同房屋建筑的内墙支撑着上下天地。在石燕岩里，石墙随处可见。经过岁月磨洗，显得既雄伟又神奇。

冬菇石圆而浑黑，上望似仙帽，下望似冬菇，因而得名。

天窗格是石匠采石留下的通天眼，石燕岩的山坡上有巨石横拦，中空成井口般的长方格，俯首下视，但见洞深十余丈，四壁直削如劈，令人心惊胆战，故又名“险煞万仞”。

石祠堂本是山中最大的矿穴。洞口狭小，仅容一人弯腰而过，前进数步，隐约有光，步过小桥，豁然开朗。洞穴高达二三十丈，有柱有墙，像宽敞的大祠堂。上有险道直通山顶，光柱由此透入，照在洞内奇形怪状的岩石上，给人以奇幻幽怖的感觉。据说，山里有一位德高望重的老石工，采石技术精良，且古道热肠，被崇为匠师，他弃世后，工匠们为了纪念他，就把山里的最大矿穴作为他的祠堂。石祠堂由此得名。

专家指出，石燕岩水下采石场面积达数十万平方米，是国内迄今发现的规模最大、最完整的古代遗址。它远远超过意大利中世纪的加城采石遗址。

盛夏之际，步入石燕洞，游客在欣赏景观的同时，还能享受一片清凉；大雨过后，洞里泛起一层薄如蝉翼的轻雾，如仙女的霓裳，寂静无声，别有一种朦胧美，愈发使人感觉天生一个仙人洞，无限风光在其中，既清幽又空濛。本是无心造景，却胜似鬼斧神工。

正因为它同时兼有历史遗迹和旅游景区的价值和功能，2002年7月，广东省人民政府将石燕岩采石遗址列为省级文物保护单位。

当然，石燕岩采石遗址只是西樵山采石场遗址的代表，迄今为止，西樵采石场和石器加工场遗址已发现十多处，采石场至少从宋代起就源源不断向佛山、顺德等地提供石材，证明佛山不仅是陶瓷之都，自北宋时期起很可能也是建材之都。

除了采石遗址外，西樵还保留了古代的冶炼遗址。主要有：

竹园里冶炼遗址，在河岗竹园村南端，临近西江，在小丘陵地带，露出长约 30 米、厚达 1.3 米的文化堆积层，混杂着大量铁渣和褐红色沙砾土。考古发现有圆柱形的炼炉垫砖，其外层为耐火材料，被石英砂、红黏土和少量石灰包裹。砖长 20 厘米，直径长 9 厘米。

铁屎墩冶炼遗址，位于太平鲤鱼岗东北的田野中，为一个长 80 米、宽 40 米的土墩，只要挖除表层约 1 米的泥土，即发现它覆盖了厚达 2 米的铁屎渣混合层，铁渣呈灰黑色，质坚而重，有锈蚀现象。由于开荒辟耕，目前土墩只留存原有面积的八分之一。

大地村冶炼遗址，在百西大地村东北，面积 700 平方米，文化堆积层厚薄不匀，最厚处 1.3 米，主要是冶炼残渣，夹杂煅烧过的红土，还有坚硬的陶片，呈圆柱形、灰黑色。1982 年文物普查时发现，目前尚未发掘。

总之，数千年前，西樵已是古越族定居聚落，并为珠江流域提供用于捕捞、狩猎和农业生产等的石器工具。1960 年中国科学院院士、著名人类学家和考古学家贾兰坡在《未来希望》一书中首次将它命名为“西樵山文化”。1978 年秋，广东省人民政府将“西樵山遗址”列入第一批省级重点文物保护单位。可以毫不夸张地说，西樵山文化是珠江文明发展的标志，是点亮珠三角文明的火种，是照耀岭南的文明之光，是整个“珠江文明的灯塔”。

从大桐到大同

——地名与民心民望

地名景观是居民文化实践活动的产物。它既能反映出一个地域的文化历史，亦能传达出该地域的民心民望。在漫漫的历史长河中，人民的生活愿望和社会理想常常凝聚成一个又一个精辟的地名文化符号，八方传播，代代相承，激励人们为实现美好理想而奋斗。南海西樵镇就有一道承载着民心民望、具有悠久历史的地名风景线——大同。

一

大同，原名“大桐”。相传南宋咸淳十年（1274 年），从南雄珠玑巷南迁而至的先民，见此地生长着一棵高大的梧桐树，认为此乃福地，便在树边开村，并以“大桐”为村名。先民的选择蕴含着深厚的中华民族文化传统。梧桐高大挺拔，是最早进入中国文学视野的树木之一。我国第一部诗歌总集《诗经》就有对于梧桐的歌咏：“凤凰鸣矣，于彼高冈。梧桐生矣，于彼朝阳。菶菶萋萋，雍雍喈喈。”（《诗经・大雅・卷阿》）诗以“菶菶萋萋”来形容梧桐枝叶茂盛的样子，以“雍雍喈喈”来摹写凤凰悠扬的鸣叫声，营造了一个高岗上，朝阳下，梧桐以其伟岸繁茂之情状引来凤凰和鸣的祥瑞意境。或许是由于《诗经》的强大影响，此后，梧桐一直以高贵祥瑞之形象反复出现在文人作品之中。例如，《庄子・秋水》篇写道：“南方有鸟，其名为鹓鶵，子知之乎？夫鹓鶵，发于南海而飞于北海，非梧桐不止，非练实不食，非醴泉不饮。”文中的“鹓鶵”就是凤凰的一种，鹓鶵从南海飞往北海，路途遥遥，但不管如何辛劳，必须见到梧桐才肯落下栖息，可见梧桐之高贵吉祥。又如，《三国演义》第三十七回写刘备三顾草庐，见草堂之上，一少年拥炉抱膝，歌曰：“凤翱翔于千仞兮，非梧不栖；士伏处于一方兮，非主不依。”此歌再次佐证了梧桐在国人心中的非凡地位。文学经典塑造的梧桐形象，在民间早已演变成一句流传深广的谚语：“家有梧桐树，自有凤凰来。”因此，“大桐”村名，表达了大桐人对幸福吉祥的期许，对于高洁美好的追求以及对于兴旺发达的向往。

“大桐”何时易名为“大同”？《南海市地名志》这样介绍“大同圩”：“宋末始成圩，当时圩旁岗上有梧桐树，故取名大桐。后以孙中山提倡‘世界大同’乃易名大同。”此说疑似有误。孙中山先生出生于1866年，而在此400余年之前，“大同”作为一个坊名，就已经出现在明代《永乐大典》辑录的《南海县图经志》中。明嘉靖四十年（1561年），明代大学者黄佐纂修的《广东通志》记载：大同堡是南海县鼎安都十八堡之一。明崇祯十五年（1642年），由朱光熙修、庞景忠等纂的《南海县志》所附南海地图——“邑总图”上，清晰地标有“大同堡”的地名；“坊都”篇辑录的六十四堡中有“大同堡”；“墟市”篇提到：“大同圩”；“圩岸”篇提到“大同堡，二，凡一千四百五十丈，护田三百一十五顷。”以上历史资料充分说明，“大桐”易名为“大同”至少在1403年之前，由于年代久远，易名的确切时间已很难考证。

值得一提的是，查阅历史资料，不难发现，尽管在1403年之前，“大桐”就已经易名为“大同”，但大桐作为一个地名词并未因此消失。例如，清同治十一年（1872年）出版的《南海县志》中之“县境全图”编中，就有“大桐堡图”。而这并不等于当时已经将“大同”又易名为“大桐”。因为在清宣统二年（1910年）出版的《南海县志》中，出现了使用“大同”与“大桐”两个不同的地名词来指示同一个地域的现象。《南海县志·都堡》中写道，九江主簿辖五堡“曰九江堡，曰大桐堡，曰沙头堡，曰河清堡，曰镇涌堡”。而后，在详述这五堡情况时，又多次使用了“大同堡”的字样。这或许能够说明，在很长的历史时间里，大桐与大同这两个地名词在民间都通用。当然，从大多数资料来看，从1403年到21世纪的今天，大同都是指示该地域的占主导地位的地名。

那么，古人为什么要把原本已经十分美好的一个地名“大桐”易名为“大同”呢？

大同概念出自儒家经典《礼记》之“礼运”篇：

大道之行也，天下为公。选贤与能，讲信修睦，故人不独亲其亲，不独子其子，使老有所终，壮有所用，幼有所长。鳏寡、孤独、废疾者，皆有所养。男有分，女有归。货，恶其弃于地也，不必藏于己；力，恶其不出于身也，不必为己。是故谋闭而不兴，盗窃乱贼而不作。故外户而不闭。是谓大同。

这段文字描绘了儒家理想的大同社会：天下为公，管理者不谋私利，人们生活幸福、心灵美好，社会公正和谐。在先秦的典籍中，并非只有《礼记·礼运》记载了对理想社会的描绘、对大同世界的追求。《诗经》的《硕鼠》篇同样表现出对“乐土”、“乐国”、“乐邦”的向往。它们朴素地表达了人们厌恶剥削压迫，渴求和谐幸福的生活愿望。就其社会理想的基本精神而言，“乐土”、“乐国”、“乐邦”与“大同”有着内在的一致性。此外，先秦诸子中的老子、墨子，以及后来的佛教、道教中也都有类似的思想表达。而“大同”理念之所以有着如此深厚的文化基础，最根本的原因在于它与最广大人民的利益和愿望是一致的。

比较“大桐”与“大同”，我们不难发现，两者既有外在和内在的联系，又有明显的区别。其外在联系为同音，其内在联系为都蕴含了人们对美好生活的向往：大桐——期望借梧桐树的贵气，实现生活的美满；大同——期望一个天下为公的社会，让全民获得幸福。显而易见，相比之下，大桐的内蕴较为简朴、单一、朦胧；而大同的概念则具有更为生动的想象、更为深刻的思想和更为丰富的社会学内涵。因此，“大桐”易名为“大同”的过程，既映照出人们对自然和社会的认识不断深化的过程，又映照出人们的生活理想不断丰富、不断深刻、不断完善的过程。从某种意义上说，“大桐”易名为“大同”，有着历史的必然。

二

随着历史的发展，大同的区划时有变化。

据旧志记载，在明万历三十七年（1609 年）和清康熙三十年（1691 年），大同堡均辖 10 村 4 图；至清乾隆六年（1741 年），大同堡辖 10 村 5 图；至清道光十五年（1835 年），大同堡均辖 34 村 6 图。清宣统二年（1910 年）出版的《南海县志·都堡》对大同堡的记述如下：

大同堡在省城之西南，距省城一百一十里。

东至磨熨基汛，与沙头堡、九江堡相界；西至陈仲海，与下金瓯堡界；西南与镇涌堡界；北至西樵山脚；东北与沙头堡界；南至武帝庙，与九江堡、河清堡相界。

堡内分五社。一社村六，曰村尾（今又名绿涌乡），曰井头，曰大塘边，曰上巷，曰新基，曰新地（旧名灰部）；二社村八，曰璜玑（兼镇涌堡），曰淇洲（旧名歧洲），曰径边，曰敦根，曰长褁，曰茶根，曰古巷，曰腾龙（旧名藤村）；三社村六，曰柏山

（又名岗尾），曰街边（魏志作佳边，误），曰番村（又名番山），曰完美（旧志作园井），曰坑表，曰锡龙里；四社村八，曰朝山，曰牌楼（又名郭村，旧名卢村），曰西边，曰寺边，曰闸边（旧名大茂），曰竹园，曰澳表，曰石龙里；五社村八，曰显乡（旧名凤山），曰蓼岗（旧志作廖岗），曰高浪，曰苏洲，曰水北，曰凤林，曰隔岗（又名凤台），曰富贤。村凡三十六。

当时，南海县有包括佛山、九江、盐步等 65 堡。65 堡中有 41 堡管辖的村数在 20 个以下，其中平洲堡仅辖一村。而大同堡所辖的村数仅次于金紫堡（68 村）、西隆堡（44 村）和九江堡（41 村），名列第四。尽管每个村的地域大小不一，但可以肯定，村数仍是衡量各堡管理幅度的有效尺度之一。而村数名列第四的大同堡在南海 65 堡中应当有比较重要的地位。

民国时期，大同堡属南海第一区。1928 年以后，大同堡改为大同乡，下辖大同镇、大同一社乡、大同二社乡、大同三社乡、大同四社乡、大同五社乡。

1949 年，新中国成立后，大同乡属南海第五区；1958 年为大同大队；1961 年，成立大同公社；1984—1987 年恢复大同乡；1989 年改为大同管理区；1993 年设九江镇大同街道办事处；1994 年，划入西樵山旅游度假区，设大同城区办事处。据《南海市西樵山旅游度假区志》记载，2002 年，西樵山旅游度假区辖官山、民乐、大同和太平 4 个城区以及西樵、大同等 27 个行政村。关于大同城区，该志写道：“又称大同圩。位于西樵山南面 3 公里处，显岗村西面，七星村南面，大同村北面，朝山村东面，四村环抱。原圩南北向一条街，东西合掌建铺，全长 200 米。2002 年，城区占地面积 0. 6 平方公里，户籍 361 户，641 人……有商业店铺 300 余家。”关于大同行政村，该志记述：“位于西樵山旅游度假区南部，官山城区南部 5 公里处。东与显岗村，南与九江敦根沙咀村，西与朝山村，北与七星村、大同城区接壤。辖区面积 7.7 平方公里……2002 年底，户籍有 1 261 户，共 4 773 人。农业用地总面积为 5 446.6 亩。经济总收入 24 900 万元。工业收入 14 100 万元。农业收入 2 400 万元。人平均分配 7 406 元。辖大同一村、大同二村、大同三村、大同四村、新社、圆美、腾龙、长庆、槎根、柏山 10 个自然村。”

从南宋咸淳十年（1274 年）开村到 21 世纪的今天，由“大桐”而“大同”，这个负载着民心民望的美好地名成功地穿越了历史的风雨烟云，展示出强大的生命力。

三

地名是人类历史文化的结晶，地名又以其文化内涵对人的思想产生潜移默化的影响。在历史长河中，“大同”用自己的文化乳汁哺育出一代又一代无愧于这个地名的居民。

大同村共有村民百余人，全都姓戴。他们珍藏着一本族谱——《江浦戴氏宗谱》。它告诉人们，大同的开村之祖来自江苏安徽南部。正是他们带来了高度发达的中原文明，并将具有丰富文化内涵的村名赋予珠江三角洲的这个小村。数百年来，大同村人才辈出。清代西樵境内共有 27 人中举，其中 9 人来自大同村，占 33%。清末著名外交家戴鸿慈（1853—1910 年）是村民最引以为傲的大同人之一。

戴鸿慈，字光孺，号少怀。清光绪二年（1876 年）中进士，授翰林院编修。光绪二十年（1894 年）翰林大考，名列一等。历官刑部侍郎、户部侍郎、法部尚书、经筵讲官、参预政务大臣、礼部尚书、协办大学士、军机大臣、太子少保等职。其一生的亮点是出洋考察、倡导宪制、推行新政。光绪三十一年（1905 年）戴鸿慈等清廷五大臣奉命出使东西洋，考察西方政治，写了《出使九国日记》，编辑成《列国政要》及《欧美政治要义》进呈。

力主仿效英国，实行君主立宪政体。他曾向朝廷提出《善后十二策》，内容与康梁“公车上书”相当接近。这些著作成为20世纪初研究欧美政治、经济、文化、军事的重要历史文献，清廷“预备立宪”时多有借鉴。戴鸿慈在推行新政时更是不遗余力，他是清廷“预备立宪”后的首位法部尚书，从申明权责入手，规定法部专任司法，大理院专掌审判，这些制度并未因为清朝覆灭而废止，还为后来民国所沿用。清宣统元年（1909年）4月，戴鸿慈抱病出使俄国，目击日俄在东三省拓地殖民，心急如焚，奏请朝廷“非急谋抵制无以固边圉，非振兴实业无以图富强”，主张火速筹谋，自强抗敌。清宣统二年（1910年）正月，戴鸿慈病逝，享年58岁，赏加太子少保衔，谥“文诚”，归葬广州白云山，该古墓于1993年8月被列为广州市文物保护单位。

如今，大同村还保留有戴氏大宗祠。清光绪二十六年（1900年），戴鸿慈休假回乡时主持修建，并亲笔题写牌匾。历经百年，原宗祠三进建筑先后损毁，仅剩余部分前墙、祠前石砌体及祠内“门官土地”砖雕。戴氏宗祠是戴氏子孙的寻根之地和精神家园，2005年来自全世界各地的戴氏子孙800余人聚首于此，举行恳亲大会。戴鸿慈作为杰出人物受到戴氏后人的景仰。戴氏恳亲联谊会从1994年开始至今，已经举办了六次，而最近一次有来自六个国家和地区的1 800多名海内外戴氏乡亲出席，人数之多、规模之大，堪称历史之最。

深受大同思想影响且一生为大同理想呼吁奔走的还有康有为。他虽然不是大同人，但其家乡丹灶却毗邻西樵。22岁时康有为离开朱次琦，独自到西樵山白云洞读书，对儒家的社会理想深有研究，鉴于世界潮流和西方的社会变革，他于1894年开始编撰《人类公理》一书，经多次修补，最后定名《大同书》出版。它揭示并分析了人世的种种苦难，提出了大同的社会理想。正是从建设大同社会出发，1895—1898年，康有为开始变法实践。他给光绪皇帝进献《应诏统筹全局折》，又进呈所著的《日本明治变政考》、《俄罗斯大彼得变政记》二书；与梁启超一道，组织保国会，号召救国图强；主张学习西方，提倡科学文化，改革政治、教育制度，发展农、工、商业等。虽然这场变法运动仅维持103天而以流血失败告终，但是，大同的思想更加深入人心，反对专制、呼唤公平、争取民权的浪潮更加汹涌澎湃。当它汇入共和民主的历史潮流时，反动的清王朝便陷入了灭顶之灾。

特别值得一提的是，西樵除了大同外，还有太平、官清、民乐等承载着民心民望的地名，它们都体现了数千年儒家理想社会的核心价值，反映出古代人民纯朴而善良的生活愿望。这些地名不断发展的事实证明：地名，作为一种大众使用的生活文化符号，越是符合广大人民的利益和愿望，就越为人们所喜爱，越具有生命力。

西樵、锦石非一山

“南粤名山数二樵”，西樵山位于佛山市南海区西南部，风光旖旎，钟灵毓秀，美如诗画，是国家4A级风景名胜区，被辟为国家森林公园。西樵山为石器时代华南最大的制造场，乃国内最大、最完整、最宏伟的水下古代生产遗址，号称“珠江文明的灯塔”；西樵山是古火山遗址，断崖绝壁，回溪叠壑，刻录着古火山活动的历史，是著名的国家地质公园。这里曾孕育了康有为、陈启沅、詹天佑、黄飞鸿、黄君璧、冼玉清等大批时贤俊杰。明清时期，这里大儒云集、书院林立，人文景观异彩纷呈。西樵山的自然、历史、人文资源如此丰厚，以至于人们不禁发出这样的感叹：不上西樵，未至岭南。

西樵山有许多美称、异名。其中，充满诗意的名字当数锦石山。例如：

（1）西樵山之名，由来已久。“樵”，是打柴的意思。传说古时广州人往东面是罗浮山采樵，罗浮山谓之东樵，往西面的山采樵，这个山就叫西樵。

西樵山又叫锦石山。因峰石色灿如锦得名。

（关祥《西樵山志》）

（2）书云：西樵山北麓的火山灰石色灿如锦，因而得名“锦石山”。

（《用好祖先留下的文化遗产》，《佛山日报》2003年7月31日）

（3）西樵山别名特别多，因为山上峰石灿烂如锦，西樵山原名锦石山，因为山上出产云雾茶，又得名茶山，同时拥有儒释道三家的庙宇，因而得名三教名山，历史上曾经书院广布，有理学名山的美称。

（钱玮珏《西樵山上觅飞鸿》，《南方日报》2010年4月28日）

（4）西樵有很多雅号，比如茶山、仙山、名山、锦石山、理学名山……

（龙建刚《西樵，让世界好好瞧瞧》，《南方日报》2011年6月29日）

（5）麒英边走边告诉他："据史料记载，两千多年前，显赫一时的南越王赵佗就多次游览西樵山。赵佗称王后，在广州建立皇宫。他听说西樵山盛产五色石，风景又美，喜欢书法和治印的他，不久就亲临西樵山，尽情欣赏了山上的锦石。西樵山又称为锦石山，据说就是因为赵佗而得名的。"

（韩春萌《武林奇侠黄飞鸿正传》）

学者文人，言之凿凿：锦石山就是西樵山。至于"西樵山古称锦石山"、"锦石山就是今天的西樵山"、"锦石山即西樵山"、"把锦石山叫作西樵"之类的断语，更是充斥网络，在介绍西樵山的文章、旅游广告、政府网站中，四处可见。锦石山究竟是不是西樵山的古称或别称？我们认为，从现有史料看，锦石山在德庆，而西樵山属南海，两者并不指同一地理实体。西樵、锦石非一山。

屈大均（1630—1696年），番禺人，明末清初著名学者、诗人，与陈恭尹、梁佩兰并称"岭南三大家"。他所著的《广东新语》记录了广东的天文地理、经济风物、人物风俗，集各史志之长，记述翔实，内容丰富，具有极高的史料价值和学术价值，是有口皆碑的传世之作，被誉为"广东大百科"。屈大均在山语篇里，辟专章记述锦石山，在水语、艺语中也多次谈及锦石山：

(6) 山（锦石山）在德庆州西，高百余丈。一石状天柱，削成而圆，旁有数大石，若箕踞而坐然。盖自崧台而西，舟行三日，夹岸皆土山绵亘，惟此石拔起，若莲茎上矗，旁无附丽。汉大夫陆贾使南越，从桂岭取道至此，施锦步障以登。尝祷山灵，若佗降，当以锦为报。其后佗去帝号，受南越王封，与贾泛舟珠江，溯牂牁而上。贾因以锦包山石，锦不足，植花卉代之，遍岩谷间，望若霞绚，因名锦石山。

（屈大均《广东新语·卷三·山语》）

(7) 在德庆西四十里，其源出佛子岭，东流四十里入于江。自陆贾至此，溪名陆。山名锦石，江名锦水，亦曰锦江。以贾所曾濯锦，又名濯锦川。人知蜀有锦水锦江，不知东粤亦有之。

（屈大均《广东新语·卷四·水语》）

(8) 吾粤先辈多善书。有赵东台者，于诃林书“梁唐嘉树”四大字。而黎瑶石于锦石山书“华表石”三大字，大径丈余，人皆以为神笔。

（屈大均《广东新语·卷十三·艺语》）

《广东新语》非常明确地记录着，锦石山在德庆，源于汉代陆贾出使岭南时“以锦裹山”并“植花卉代之”的传说。与屈大均同时的另一大家顾祖禹，笔耕三十余载，完成举世闻名的“千古绝作”《读史方舆纪要》。其中有关锦石山的记录为：

(9) 锦石山，在（德庆）州西五十里，上有石柱，直插霄汉。相传南越迎陆贾时，尝以锦覆石。万历四年，征罗旁贼，尝驻师于此。

（顾祖禹《读史方舆纪要·卷一百零一·广东二》）

究竟是陆贾裹锦报赵佗，还是南越覆锦迎陆贾，屈、顾说法不一，但都确定：锦石山在德庆。清代学者李调元，乾隆四十二年（1777 年）出任广东学政，“遂得遍历全省诸郡县”，“可以征信而核实”，编《南越笔记》。其中“锦石山”一章，与《广东新语》几乎一样。

锦石山在德庆的其他可信材料还有：

（10）锦石山，又呼锦裹石、和尚石，今曰华表石，高百一十丈。锦石在端溪，陆贾使南越时，设锦绣帏帐于此，因名。相传南越迎陆贾时，尝以锦覆石。

（清光绪《德庆州志》）

（11）德庆州府西百八十里。西北：香山，一名利人山。东北：西源山。南：西江自封川入，东流过锦石山曰锦水，又东与渌水合，过州治，端溪水南流入焉。

（《清史稿·卷七十二·志四十七》）

（12）梁修（1859—1898 年），字少游，号锦石山人，德庆县附城人。幼年聪敏好学，二十六岁中举人。终生掌教州城端山书院、锦石义学。善诗文……

（《锦石集》卷十）

锦石山，坐落于德庆县城西 25 公里陆水河与西江汇流处，是古代火山爆发时由地下喷出来的岩浆凝聚而成的火山岩石山，号称“西江奇观”、“西江第一怪石”。锦石山高 375 米，分两层，上层 200 米的圆柱石山直插云霄，下层 175 米的土山相辅。从不同方向远眺，锦石山有不同景象：或如天然华表，称“华表石”；或如老人，名“老君石”；或如和尚之头，叫“和尚石”。山上林木芳菲，怪石嶙峋，又有仙人桥、狮子石、燕子岩诸景点。锦石山得名，与史传有关，成为上古时期民族友好的历史见证。

上述史料说明，锦石山属德庆，与西樵相去甚远。西樵主峰大科峰，高 344 米，而锦石山高 375 米；西樵是诸峰相连的群山，锦石是直插云霄的独峰，两者形态迥异。那么，是否与珠三角许多地名雷同一样，西樵有个别名叫锦石山，与德庆锦石山同名呢？明清时期记录西樵山的史料，均未提到这个异名。例如：

(13) 西南一百二十里曰西樵山，高耸千仞，势若游龙，周围四十里，盘踞简村、沙头、龙津、金瓯四堡。之间峰峦七十二，相互联属，面皆内向，若莲花擎空，上多平陆，有民居焉。

（明崇祯《南海县志》）

(14) 广州有三樵，曰东樵，曰南樵，曰西樵。西樵者，南海之望，而东樵罗浮之佐也。去广州治西百余里，奇秀峭拔，挹云霄而上之，望若青莲之华，而四面方立。立皆内向，诸峰大小相联属，皆隐于削成之中，又若芙蕖之未开然者。……

（屈大均《广东新语·卷三·山语》）

(15) 西樵山，府西百二十里。高数百仞，势若游龙，盘踞四十余里。峰峦大者七十有二，互相连属，内顾若罗城。其极高峻者曰大科峰，峰之南曰雷坛峰、宝峰。又折而东南曰大观峰，下有九曜岩、九龙岩。……又有黄龙洞，居人皆以种茶为业。

（《读史方舆纪要·卷一百零一·广东二》）

东樵、南樵、西樵，以广州为视点而冠名。随后，西樵、东樵成为对称，正如东樵名罗浮一样，西樵原本也一定有自己的名字。那它是否就是人们所说的锦石呢？我们觉得，这种说法依然缺少史证。其一，德庆锦石有史可查，且历史悠久，也在广州西面，锦石为西樵古称也许只是一种误传。其二，如果西樵古称锦石，为何在这些文献均无记述，甚至至今也没能找到西樵号称锦石山的史料。事实上，《广东新语》记录山水民风，非常翔实，如写罗浮山，不厌其烦地细细阐释“罗”与“浮”的来历；《广东新语》也喜用“亦曰”、“一名”来罗列别名，如“西江在西粤为三，在东粤为一，一名郁水”，“南海名山灵洲，大川郁水，亦曰牂牁江”，“盖东粤江之大者无如牂牁，故南海一名牂牁海，亦曰牂牁大洋”。为何《广东新语》在介绍西樵时，只字不提其别名锦石呢？况且锦石山一章，安排在西樵山的稍后，如果西樵真有别称锦石，作者必定加以说明，与德庆锦石加以区分。无独有偶，顾祖禹、李调元以及明清县志也均未提及，这是质疑西樵山又叫锦石山的主要原因。

或者，锦石山只是一个民间口头相传的描写性称呼，对西樵的岩石颜色进行描写。由于地质条件的相似，而号称“锦石”的山在广东比较普遍。例如，丹霞山有锦石岩，阳江也有锦石岩。

锦石与西樵一样，均居广州之西；两山都位于西江之畔，同为著名的风景名胜旅游区。这样，即便锦石山历史上真是西樵山的曾用名，甚至两者命名理据各异（德庆锦石源于历史传说，西樵锦石描写山质色彩），但从地名保护与规范的角度考虑，为了地名指位的准确，最好让锦石成为德庆奇石的专名。这样才不会造成混乱，把外来游客弄得一头雾水。

飞鸿故里，名扬天下

西樵山水，含英孕秀，武林宗师黄飞鸿的原籍就在西樵山下岭西禄舟村。他原名黄锡祥，字达云，生于清咸丰六年（1856年）七月初九。黄飞鸿祖父黄镇江（黄泰）、父亲黄麒英都是南拳高手。黄泰善罗汉金钱镖，时人称之为“金钱泰”。黄麒英是南少林洪拳第四代传人，武艺精湛，被称作“广东十虎”之一。“前清十虎说太公，麒英衣钵传飞鸿。西樵山下显三杰，禄舟一村现虎龙。”20世纪40年代在广州西关一带广为传唱的民谣，道出了人们对黄飞鸿及其祖辈的推崇。

黄飞鸿五岁从父习武，尽得家传功夫；后来又在林福成（“广东十虎”之一铁桥三之爱徒）门下学得铁线拳、飞砣绝技，并在宋辉镗处学得无影脚，武艺日臻精进。年少时黄飞鸿曾随父亲在广州、佛山、顺德一带四处卖武售药，1872年结束多年的漂泊生涯，在广州西关第七甫设馆授徒。黄飞鸿一生中曾先后接受提督吴全美、黑旗军首领刘永福聘请，出任军中技击教练、福字军技击总教练、广东民团总教练，门下弟子遍布南粤，是名重一时的武术家。他崇尚武德，强调“习武德为先”，从不恃强凌弱，坚持以德服人。他武艺超群，平生绝技有双飞砣、铁线拳、虎鹤双形拳、罗汉金钱镖、四象标龙棍、工字伏虎拳等，其中最擅长的是虎鹤双形和飞砣，虎鹤双形拳是飞鸿一脉之代表拳法，由黄飞鸿集各家之精华融会贯通而创立，为武术界独树一帜，经久不衰。新中国成立后，虎鹤双形拳还被列为我国高等体育院校的教材内容之一。

黄飞鸿还是一位救死扶伤、医术精湛的名医，其驳骨疗伤之技，时称一绝。光绪年中，他在广州仁安里开设了一个跌打医馆“宝芝林”，悬壶济世，治病救人，惠及普罗大众，他甚至将跌打酒浸泡法和防暑凉茶验方向社会公开，希望能有助于贫苦百姓。他的医术与医德，深受世人敬重。

黄飞鸿还是一位有着强烈家国情怀的武者。他与爱国将领刘永福结缘于1888年。黄飞鸿治好了刘永福多年的顽疾，刘永福有感于此，特赠他“技艺皆精”的匾额，聘他为黑旗军的军医官，同时任福字军技击总教练。1894年，刘永福领兵赴台湾抗击日本侵略军，黄飞鸿率九营福字军随之抵台，并在刘永福所倚重的福建巡抚唐景崧麾下任职，1895年还被任命为殿前大将军，在保卫台湾的战争中立下功勋，至刘永福护台失利，黄飞鸿才离台返粤。

黄飞鸿亦善于舞狮，是南派醒狮高超技艺的集大成者，“飞砣踩高青”、“竹梯青”、“蟹青”等都是他技压群芳的拿手好戏。他开创了南派狮子“狮”与“舞”的先河，有“广州狮王”之称。他大力推动的狮艺，已成为极具地域特色的传统文化。他力主能者为师，摒除门派之阂，更是力排重男轻女之见，是最先收女弟子和组织女子狮队的武师之一。

在崇尚勇力的冷兵器时代，有着高超武艺的黄飞鸿，仍然要为全家的一日三餐疲于奔波。1924年10月，广州国民政府镇压商团暴乱，西关一带房屋被毁，黄飞鸿与其继室莫桂兰苦心经营数十年的“宝芝林”医馆毁于战火，刘永福赠予他的“技艺皆精”的匾额和他唯一的照片亦化为灰烬，其时长子又告失业，备受打击的黄飞鸿忧郁成疾，于1925年农历三月二十五病逝于广州城西方便医院。黄飞鸿的后事萧条，无钱成殓，后事全靠女弟子邓秀琼一手料理，葬于白云山麓。

一代宗师落寂地走了，他的影响却与日俱增。这种影响，首先源于他培养了一大批颇负盛名的弟子：莫桂兰在林世荣、邓秀琼的帮助下，携黄飞鸿的两名儿子移居香港，设馆授徒。她先后创办了“黄飞鸿国术馆”和“黄飞鸿健身学院”，为光大黄飞鸿所创立的南派武术绝技，做了许多有益的事。之后，她又把飞鸿的秘技“铁线拳”传给她的外孙李灿窝，李灿窝后来担任“黄飞鸿健身学院”院长；林世荣随黄飞鸿学艺20年，曾勇夺首届广东武术比赛第一名，令其师名大显。林世荣在广州开过三家武馆，一生授徒超过万人，其影响之大显而易见，20世纪20年代迁居香港，他和弟子打破门派界限，对洪拳作了全面的整理，先后刊印了《工字伏虎拳》、《虎鹤双形拳》、《铁线拳》等拳谱，开创了广东近代武术套路写作的先河……正是由于黄飞鸿及其弟子们的努力，使至清末趋于式微的洪拳得以振兴，并广为流传。现在一代又一代后人与传人正在继承黄飞鸿未竟的事业。据统计，他的传人已经分布在五洲四海，除了我国的广东、香港、澳门、台湾以外，美国、加拿大、澳大利亚、以色列、南非、意大利、新加坡、马来西亚、泰国、墨西哥、德国、英国、瑞士、波兰、比利时、捷克等地，都有他的弟子和再传弟子。

其次，大量的影视作品及其他文学样式也助力“黄飞鸿”走向世界，使他生前弘扬国粹、匡扶正义、见义勇为、扶危助贫、济世为怀的风范广为传诵。这些艺术产品围绕着武师黄飞鸿，描述了一个个感人故事，刻画出一个行侠仗义、除暴安良、忧国忧民、坚忍不拔的艺术形象。以黄飞鸿为题材的电影更是世界影坛中的一朵奇葩，自1949年以来，以黄飞鸿为主题拍摄的电影已经超过百部，创下了吉尼斯世界纪录，为功夫电影的崛起做出了巨大的贡献，亦成为电影界不朽的神话。“傲气傲笑万重浪，热血热胜红日光……”人们正是从这些雄壮激昂的旋律、荡气回肠的故事中认识了黄飞鸿，认识了中国功夫，认识了古老的中国。武侠与文化的完美融合，让“黄飞鸿”超越了民族，征服了世界。如今佛山功夫已成为中国传统武术的代表，成为世界了解和认识中国文化和武术的窗口。

今天的黄飞鸿已不再只是一个武林宗师，更是一个响亮的文化品牌，一个代表中国形象的文化使者。从他身上，可以看到西樵人团结协作、开拓创新、不畏艰难、平实谦厚的传统美德。黄飞鸿的成名使其故里禄舟村成为世界各地习武者的朝圣之地。

禄舟村在宋末已有人聚居。因村后岗地似鹿而得名，后人按谐音取名“禄舟”。它位于岭西村民委员会西南部，东与羔州村，南与儒溪江边村，西与太平三门、敦庆村，北与凰岗村接界。由于村中有三分之一的人姓黄，所以也有人称之为“黄家村”。西樵山的郁郁山林曾经陪同黄飞鸿一起练功习武，现禄舟村仍保存着黄飞鸿生前练武时的石锁和石墩各一具。

伴随着小说、电影、电视甚至动漫等艺术手段的全方位宣传，“黄飞鸿现象”引起了黄飞鸿故乡的高度重视。打造飞鸿故里，将佛山推向世界，成为广东省各级政府的共识。

1996 年，禄舟村人将飞鸿故居附近的黄氏宗祠，改建成“黄飞鸿狮艺武术馆”，以传承飞鸿精神。狮艺武术馆紧靠国画大师黄君璧纪念馆，背倚西樵山白云洞，将山水之美与人文精神融为一体，黄飞鸿铜像当阶而立。且看飞鸿，神气若定，长袍束带，傲然风中，令人肃然起敬。武术馆占地面积 5.23 亩，青砖琉璃瓦，幽雅静谧，极具清代佛山武馆的韵味。馆内设有黄飞鸿故居、黄飞鸿史迹陈列影视室、宝芝林堂、骨伤科堂、百草堂、关德兴纪念堂（20 世纪五六十年代香港便已拍摄了近八十部以黄飞鸿为题材的电影，其中黄飞鸿一角，除了两部由白玉堂担当外，其余都由关德兴担当，所以香港人常称关德兴为“黄师傅”，狮艺武术馆中专设关德兴纪念堂就是对其宣传黄飞鸿所做贡献的充分肯定），配套设施则有武林的“广东十虎”名师像亭、黄飞鸿公园。走进武术馆，你可以欣赏到狮艺武术队的表演——集中了长拳、洪拳、棍术、剑术、九节鞭等的武术表演，能令你眼花缭乱，真正感受到“武术之乡”夺人的气势；还可以观赏三狮争锋、双狮采青、单狮过桥等，一系列的醒狮高桩绝活及舞龙等传统项目，让人目不暇接。

黄飞鸿狮艺武术馆醒狮团曾获诸多殊荣，1998 年获“香港世界功夫群英大赛”六枚金奖；1999 年获“香港世界醒狮大赛”亚军及“世界狮王”称号、“黄飞鸿杯”南粤狮王争霸赛两项金奖，2000 年获“全国农运会龙狮大赛”冠军等，所有这些都为一代宗师黄飞鸿增光添彩。

如今的狮艺武术馆已成为西樵的知名旅游景点，每年都吸引着众多的游客来狮艺馆了解黄飞鸿的历史典故，学习南狮文化，观看精彩绝伦的武术、舞狮、舞龙表演；每年还有不少世界各地的武术爱好者，前来寻根问祖，学武练狮。为进一步发展旅游业，充分利用名人效应，飞鸿故里还建起了黄飞鸿影视城、黄飞鸿武术学校、黄飞鸿武术村等景观。在国家体育总局、中国龙狮运动协会的支持下，南海龙狮武术运动协会与西樵旅游部门联手，从 2001 年开始，连续十年利用每年的黄金周在西樵举办冠名“黄飞鸿杯”的狮王争霸赛和中华武林大赛，随着历届赛事的成功举办，西樵岭西禄舟村作为飞鸿故里而走出广东、迈出国门，名扬天下！

狮舞龙腾·情系大沥

——记大沥特色民俗活动舞龙狮

一、历史悠久

南海素有“龙狮源地，飞鸿故里”的美誉，而大沥正是龙狮源地的核心区域，龙狮文化在大沥人心中有着深深的情结。富有民间传统渊源的大沥舞狮运动早在两千多年前已成形。《汉书·礼乐志》中就有“象人”一词的记载，何谓“象人”？三国时魏人孟康的注释说：“象人就如今（指魏国）扮演鱼、虾、狮子的伎人。”在唐朝，薛用弱撰写的《集异记·王维》曾详细地记述了一个与舞狮有关的故事：以诗画驰名于公卿之间、任太乐丞的王维，因手下伶人擅自舞《黄狮子》，被免职贬作济州（今山东济宁）司库参军（因为《黄狮子》舞在皇帝不在场观看时，是不能表演的。王维违反了这个规矩。）此外，在唐代的《太平乐》中也记载有《五方狮子舞》。该舞表演时，由伎人扮演五头五种颜色不同的狮子，每头狮子由两名戏狮子的狮子郎牵着，狮子郎手里拿着红拂子逗引狮子，狮子作俯、仰、腾、跃各种动作，同时还有一百四十人高唱着《太平乐》伴舞。这不难看出，当时的演出场面是十分壮观的。唐代大诗人白居易在《西凉伎》诗中，对狮子舞作了详尽的描述：“西凉伎，西凉伎，假面胡人假狮子。刻木为头丝作尾，金镀眼睛银贴齿。奋迅毛衣摆双耳。……”从上述史料中，我们可以看到舞狮在唐代从形式到技巧都已发展到相当高的水平。至明清时期，舞狮运动已在民间盛行。

到20世纪五六十年代，大沥的舞狮之风吹遍城乡每个角落。20世纪80年代初期，在各级政府和职能部门的努力下，大沥镇的龙狮团队得以复兴和发展，从此醒狮运动呈现一派欣欣向荣的景象。每年农历正月，大沥镇各地的“狮会”、“生菜会”就是大沥人流传数百年的传统习俗。据统计，大沥镇各地的“狮会”、“生菜会”共十多处，特别是每年正月十四大沥的传统“狮会”、正月十一盐步的传统“狮会”，四乡醒狮云集，竞技、采青、比武，场面十分热闹，汇集醒狮最多时达600多头，观众达10万之众。

在大沥的传统民俗活动中，舞狮子的同时往往离不开舞龙。“龙”是中华民族世世代代所崇拜的图腾。在古代，中国人就把“龙”看成能行云布雨、消灾降福的神奇之物。数千年来，炎黄子孙都把自己称作“龙的传人”。早在汉代，就有杂记记载了这样的壮观场面：为了祈雨，人们身穿各色彩衣，舞起各色大龙。渐渐地，舞“龙”成了人们表达良好祝愿、祈求人寿年丰必有的形式，尤其是在喜庆的节日里，人们更是手舞长“龙”，表达着欢快的情绪。

据不完全统计，目前大沥镇共有醒狮队1 000多头，各级龙狮训练基地和龙狮武馆37个。投资1 200万元兴建的黄飞鸿中联龙狮训练基地是目前全国最具规模的综合性龙狮、龙舟训练基地，曾11次代表中国参加国际比赛，获得25项国际比赛冠军。同时，大沥还在新落成的中国龙狮运动南海训练新基地建成了世界第一大狮王和鼓。

二、技艺精湛

中国民间狮舞以地域不同分南狮与北狮。大沥盛行的舞狮运动主要采用南狮造型。南狮由于狮头前额经常绘有“云头如意纹”，象征“吉祥如意”，因此又有瑞狮、醒狮之称。南狮造型威武，身披鳞甲，有金、银、红、黄、黑、蓝诸多颜色，五彩缤纷，但以金、银二色居多。南狮表演讲求整体配合，突出表现狮的喜、怒、疑、惊、睡、醒等感情变化。狮舞多有双狮演出，成双成对，表演生动活泼。更有多头醒狮群舞，威武雄壮，气势磅礴。

采青是舞狮表演高潮，青用生菜，取生财之意。醒狮时临门采青，寓意生财利是，兴旺发达。采青狮有不同阵式，其中梅花桩阵难度颇高，更有柔功门弟子一柱擎天采高青，在杆顶离足旋转三圈后凌空飞跃，动作难度极高。

通过长年历史演变，狮艺变化越来越精。在大沥，民间常以醒狮活动辞旧迎新，迎春接福，祈求来年过上美好的生活。民间流传着这样一句话："逢庆必舞狮，无狮不过年。"新春开市，开业、奠基，联欢贺喜，新年开工时人们都会请上几头狮子热闹一番。舞狮已成为人民生活中不可或缺的一项民俗活动。

舞龙在大沥特别是平地麦边村或盐步等地也深受人们的喜爱，这与它的群众性、娱乐性是分不开的。民间传说："七八岁玩草龙，十五六岁耍小龙，青年壮年舞大龙。"耍龙的时候，少则一两个人，多则上百人舞一条大龙。最为普遍的叫"火龙"，舞火龙的时候，常常伴有数十盏云灯相随，并常常在夜里舞，所以"火龙"又有一个名称叫"龙灯"。耍龙灯的时候，由几十个大汉举着巨龙在云灯里上下穿行，时而腾起，时而俯冲，变化万千，间或还有鞭炮、焰火，大有腾云驾雾之势。下面簇拥着成百上千狂欢的人们，锣鼓齐鸣，蔚为壮观，好不热闹。这种气势雄伟的场面，极大地感染了人们的情绪，振奋和鼓舞了人心。因此，舞"龙"成为维系传统文化的不可或缺的乐章，也体现了当地人战天斗地、无往不胜的豪迈气概。

三、情系大沥

摊开地方文献或开启民间记忆，大沥龙狮文化都值得大书一笔。缘于美好传说的龙狮运动，在经历了几百年风雨后，已由当初单一的龙狮活动演化成具有象征意义的多元文化现象，并成为大沥的形象符号，紧紧地镶嵌在人们的脑海中。舞动的龙狮所倡导的喜庆、团结以及进取精神的内核，已经流淌于每一位大沥人的血液中，凝聚成大沥的“龙狮”精神。

大沥人对舞龙狮可谓情有独钟。他们爱龙狮，犹如关爱自身的血脉，龙狮的奋发、勇敢、健康、有为精神，成为他们独有的标志性区域基因。家家户户会舞龙，在大沥平地村委会麦边村民小组，这种说法一点也不夸张。甚至有的村民一家四代都与龙狮结缘。大沥人对龙狮的深爱程度，外人是难以想象的。正月，大沥城区、村庄的大街小巷成了龙狮的海洋，每个村甚至都形成了固定的演出时间表，大多数大沥市民对表演时间都能脱口而出，例如正月初八兴贤村、正月十一颜峰村、正月十四大沥（镇中心）、正月十六泌冲村……特别是在每年的正月十四，大沥会云集四乡醒狮，竞技、献艺、采青、比武，表演多种技艺。鼓声齐擂，狮子上杆，翻腾舞龙，龙舞天涯，狮舞东方，那种气势磅礴、惊险刺激的场面赢得了观众不断的掌声和喝彩声。

文化的意义在于传承。2004 年开始，盐步舞龙队在盐步职业中学招募队员，共有 160 名学生加入舞龙队。2006 年，大沥打破了清一色的男生舞龙传统，开创了女生舞龙的先河。参加亚洲艺术节巡演的 10 条小龙中就有 5 条女龙。国家体育总局正式授予南海区大沥镇“中国龙狮运动名镇”荣誉称号。大沥龙狮运动正在树立“世界狮王”的国际品牌形象。目前，龙狮已走向规范化、科学化、竞技化、国际化的发展轨道。据不完全统计，目前大沥共有醒狮 1 000 多头，舞龙 40 多条，各级龙狮训练基地和龙狮场馆 37 个。龙狮文化犹如火种，分布在大沥的每个角落。最近几年，大沥龙狮荣获省级以上主要荣誉（包括重大活动演出）131 项，其中醒狮主要荣誉 31 项，舞龙主要荣誉 15 项，龙舟 85 项。

“中国龙狮运动名镇”的称号是对大沥龙狮运动深厚文化底蕴和创新发展的一种肯定。

舞龙狮不仅是大沥一种传统的特色民俗活动，它还代表了一种精神——龙狮精神。这种精神就是一种不屈不挠、勇于拼搏、奋发努力、知难而上的精神，更是一种崇尚群体、凝聚合力的精神。醒狮和舞龙早已成为大沥人生活中不可分割的一部分，是大沥人引以为豪的精神乐园“压轴”戏。

盐步老龙与广府龙舟文化

龙舟文化是广府地区最具传统特色、最具大众参与性、最具传承发展性的文化之一。龙舟及其竞渡，可以看作是远古先民图腾崇拜的遗俗。早在七千年前，南方水网地区的人们就已经会刳木成舟，作为生产工具和交通工具。在原始蒙昧时期，人类认识自然、改造自然的能力很低，生命安全常常受到自然力的威胁，因此希冀某种具有超自然力量的生物来保护自己。古籍曾记载“鲧死……化为黄龙，是用出禹”，表明最晚在夏代，龙就成了芸芸众生心目中能腾云驾雾、呼风唤雨、威力无穷的神灵。人们从精神上依附于龙，祈求风调雨顺，五谷丰登。龙也就成了华夏民族的图腾。《穆天子传·古文》载：“癸亥，天子乘鸟舟龙，浮于大沼。”（晋）郭璞注：“沼，池。龙下有舟字（子），舟皆以龙鸟为形制，今吴之青雀舫，此其遗象也。”郭璞说，龙舟就是外形像龙鸟一样的船。由此可以推断龙舟在周穆王的时候就已经有了。在充满神秘色彩的龙图腾祭祀节日里，人们把独木舟装饰成龙的形态竞渡，敬奉与欢娱神明（龙），而你追我赶的热闹景象背后却是人们战战兢兢地吁请生命保障的祈求。这就是龙舟文化的最初意义。

随着社会生产力的发展，人们对自然的了解逐渐加深，掌握命运的信心逐渐增强，渐渐地从对图腾龙的惊恐与崇拜中摆脱出来。龙舟竞渡的宗教性祭祀色彩逐渐消失，成为纯粹社会性的娱乐活动，人们在紧张的角逐中享受着胜利的欢乐。龙舟竞渡从娱神到娱民的转化，使龙舟文化发生了质的变化。至今的端午划龙舟（扒龙舟）节庆成为水乡民众最盛大的节日。

珠三角端午节的龙舟竞渡活动有上千年的历史，各地都衍生出不尽相同的龙舟文化。在为数众多的龙舟中，最为人熟知的莫过于“盐步老龙”。“盐步老龙”是迄今为止全国最长寿的龙舟，其历史可以追溯到明宣德七年（1432 年），是珠三角一带名副其实的“龙头老大”。

“盐步老龙”由上等坤甸木制成，全长 36.8 米（不包括龙头、龙尾），宽 1.15 米，重约四吨，座位 68 个。老龙龙头呈狭长形，头上安装着一对真鹿角，下巴留有长长的白须，使人见之不觉肃然起敬。老龙身上的“行当”和“头衔”很多。一般的龙舟身上只有 1～4 个罗伞，而老龙却有 5 个，而且中间一个是白色的。最特别的是老龙的头顶插有 1 个金属制的孖金钱以及 12 支色彩斑斓的雉鸡尾，相传这些都是慈禧太后所赏赐的。近一百多年的端午节，老龙每次都是高姿态地出现在龙舟景上，但只作游龙表演，而不参加龙子龙孙们的竞渡比赛。“老龙”在广州附近的龙舟中威望很高，各地龙舟竞赛发生争执，多由它出面调解，每一年都有不少龙舟慕名前去拜访。端午过后它会藏身于盐步龙涌村淤泥之下，因为用坤甸木制成的船身，平时需以泥覆盖、埋在水中，方能保存，如直接放在岸上，则会干裂。沉睡一年后，到来年的端午之前老龙才再度出水。

每年临近农历五月，龙涌村村民们就要进行“起龙”仪式。仪式前，村民们先要吃一顿由西瓜丁、辣椒丁、猪肉丁、萝卜丁、青菜丁等制作的“龙舟饭”。再将金猪、苹果、花生等祭品摆在涌边，将米酒倒入河中，依次在船头、船中、船尾插上香，船中还要呈环形放十几束香。待吉时一到，主持者一声令下，鞭炮声响起，村民们就跃入河中，开始起龙舟。他们将铺在老龙上面的水浮莲拔开，然后不停地从船舱往外舀水，以使船身浮出水面，缓缓滑出龙涌。老龙出水后，村民们用藤丝打磨龙身，还要用肥猪肉将龙身擦拭干净，以便划起舟来更“扇水”（速度更快）。五月初一或初二，老龙要到华光庙拜华光神。民间传说每一条龙舟都有一个神灵护佑，“盐步老龙”的保护神就是华光庙供奉的华光神。每年龙舟出水后、游龙前都需去庙里祭拜，保佑龙舟“一帆风顺”，并祈祷国泰民安、五谷丰登。拜祭后，老龙要前往龙涌边上采青，将两束绿色的姜花叶分置船头船尾以辟邪。拜完华光神后，全村老少都会聚在一起吃龙舟饭，这个风俗保存至今。

作为珠三角姿态最高、资格最老的赛龙夺锦的明星，几百年来发生在盐步老龙身上的故事不胜枚举、妙趣横生，而它与广州荔湾泮塘小龙在四百多年前曾经结下的一段“父子情”则更被传为佳话。话说四百多年前明朝万历年间（1573—1620 年）某年的端午，珠江河举行龙舟比赛，广州及周边地区共有几十条龙舟参赛，经过一番激烈的角逐，当时已经一百多岁的盐步龙舟和泮塘龙舟进入了决赛。决赛当日，两船奋勇向前、你追我赶，临近终点的时候盐步龙舟比泮塘的快半个龙舟头的位置，眼看夺标在即，不料泮塘龙舟夺标手“眼疾手快”，一个鱼跃扑下水去夺了锦旗，随后以冠军名义领了奖品烧猪。泮塘龙舟队回家乡时，泮塘父老得知详情后觉得胜之不武，夺标应是盐步老龙，便派人把烧猪送回盐步。盐步人不肯收下，又送了回来，就这样送来送去，烧猪都发臭了。最后，一位老人出来说：“这样吧，盐步老龙有须，泮塘的没须，一个做契爷（干爹），一个做契仔（干儿子）。”双方一听欣然答应，从此泮塘小龙与盐步老龙结下了亲戚，世代交好，而盐步老龙也因为谦让大度，在广佛周边的威信更高了。

“契仔”、“契爷”结谊后的四百多年间，两条龙舟亲密无间。每年端午节当天，盐步老龙就会穿上全部“行当”，在两条“护龙”的陪伴下，精神抖擞地去广州荔湾探望“契仔”泮塘龙舟。而泮塘本地早早地就准备迎接盐步龙舟的到来。五约的龙舟和三约、四约的龙舟会到闸口排开，迎接盐步龙舟进河，还要选出一位三代同堂、配偶健在且德高望重的父老为远道而来的“老龙”簪花挂红（两角戴上金花，颈上挂上红布），送上自家特产“泮塘五秀”（莲藕、菱角、茭笋、马蹄、慈姑）及烧猪、烧酒，以表示“契仔”对“契爷”的尊敬。而“契爷”也要回敬黄皮与秋茄等。当两船相互游来游去，互相经过时，船上的人会抱拳作揖以示敬意。盐步龙舟要离开时，泮塘龙舟就会依依不舍地相送，双方在窄窄的河道上并排划上好几次。随后，“契仔”伴着“契爷”，在荔湾涌上进行游龙表演。端午翌日，“契仔”小龙就会到盐步探望老龙，回赠泮塘马蹄粉、菱角等特色礼物。两龙再次在盐步的水道上“操水”。以前珠江的河道跟现在很不同，扒龙舟要挨着村地扒过去，需要很大的体力。现在河道窄了，传统的礼节也省略不少，但保留不变的是，泮塘五约每年都会送一支夺标的黑纱锦旗给盐步老龙，上书对联“昔日夺标同鼎甲，当年沧海占群龙”，而盐步老龙也会回赠五约一副对联“昔子交情詹子曰，幸同夺锦忆当年”。泮塘五约赠给泮塘三约、四约龙舟的则是“昔日夺标同结契，当年沧海占群龙”，以示区别。根据传统，泮塘龙舟陪伴老龙来回巡游的时候，其龙头要比老龙龙头稍微落后，以示对老龙的尊敬。

在“盐步老龙”的典故中，“五京奎”的故事最让人津津乐道。据说同样在明朝万历年间，珠江上组织了一场大型的龙舟比赛，有几百条龙舟参与。经过几轮预赛，最后五艘龙舟脱颖而出，进入决赛，分别是盐步老龙、泮塘凸眼龙、白沙红龙、石井大头龙和雅瑶东涌龙。当时一位姓陶的驸马目睹了五龙的英姿，也听说了盐步老龙与泮塘龙舟结交的动人故事，就授意把盐步老龙、泮塘凸眼龙、白沙红龙、石井大龙头和雅窑东涌龙，定为当时的“五京奎”。到了清朝光绪年间，此事传入京城皇宫，慈禧太后得知后，便封盐步老龙、泮塘凸眼龙、白沙红龙、石井大头龙、雅瑶东涌龙为“五京奎”，即为当时速度最快的五条龙舟，并赐有白底黑字的船牌。据说，当时这种船牌只有“五京奎”才有资格有，而其他龙舟的船牌虽然是各种颜色都有，但唯独没有白底黑字的。除此以外，慈禧为了表彰盐步老龙和泮塘小龙在比赛中既有奋勇争先的精神，又具互相谦让的美德，赐盐步龙舟“盐步老龙”称号，并赐12支“雉鸡尾”及一对孖金钱、一面“百足旗”为标志，赐泮塘龙舟九支“雉鸡尾”、一对孖金钱。从此，“盐步老龙”就成为长者，在龙舟竞赛中不参加任何赛事，只作游龙表演，让人们尽情欣赏“老龙”的英姿。而泮塘龙舟到盐步也只是助兴，不参与龙舟竞赛。

龙舟竞渡千年来伴随着广府水乡人的繁衍与成长，见证了这里沧海桑田般的历史变迁。它不仅反映了广府人视水为生命、以水为荣、以水为神的一种文化信仰，也是乡间代代相传的得以维系坊间渔耕生活的一个文化空间。随着社会的发展，特别是进入21世纪后，人们对端午祭图腾、划龙舟、吃龙舟饭、吃粽子等传统乡土文化的怀念和追逐渐成时尚。然而，不可否认的是，龙舟文化也受到了多方面的冲击，这个持续千年的风俗在现代化的包围下正面临种种困境，在有些地区甚至日渐式微。但不管怎样，龙舟竞赛发展的脚步却从未停止。

龙舟节是礼仪周详、四乡和睦的欢乐节。广府龙舟节包括了由起龙仪式、龙舟准备、邀请宗亲、赛龙夺锦、趁景狂欢、藏龙散龙仪式等组成的一系列活动，而每一个活动都有其独特的魅力和延展空间。龙舟“结谊”在珠三角是一个很常见也很有意思的现象。在中国传统文化中，“结谊”是没有血缘关系的人结为一种拟亲属的关系，彼此之间以亲情维系，可以是长辈和幼辈，也可以是同辈。通常友上加亲，亦友亦亲，关系比一般的远亲和一般的朋友更密切，结谊之人会同声共气，相互援引，生死以助。龙舟在广府人看来是有生命的，但是龙舟“结谊”也的确是人的“结谊”。在“寸土尺金”的泮塘仁威古庙内，供奉着一尊复制的盐步老龙龙头，这尊龙头便是盐步人送给泮塘人的礼物，也是两地亲如一家的见证。

在龙舟节期间，有一个不成文的规定，就是只要见到龙舟过往，不论亲疏，乡亲们一律热情招呼，请船过来吃龙舟饼。无论往日有什么不愉快的事情，发生过多么大的摩擦，在这个时候，只要吃个饼、喝口水，恩怨即随一嬉一笑伴江风而去。正是民间的这种纯朴的风俗，使龙舟节作为一种特殊的交际方式，维系着四方乡亲的和睦相处，并得以长期地流传下来。生于水边、长于江岸的广府人有着如水般任器而方圆的宽容，“水”浸润在广府人的内心深处，扒龙舟就是广府人习水性格的最好诠释。

龙舟节中，村落、宗族之间的最特殊的交流方式，同时也是最令人激动的竞技活动莫过于赛龙舟夺锦标了，这一活动俗称“斗标”。“斗标”反映了广府人团结奋进、拼搏争先的精神。要想夺标，不仅需要高超的划船技术，更需要鼓手、锣手、舵手、桨手、标手等整条龙舟几十个人的齐心协力。赛龙舟夺锦标是一个氏族人丁兴旺、事业有成的见证。

传统的龙舟文化精神已经融进了广府人的血脉里。“敢为人先、齐心协力、和谐融通”的龙舟精神在培育龙舟文化的同时，也孕育了许多影响中国近现代历史进程的革命先行者，如康有为、梁启超、孙中山等。广东成为近代革命的策源地和当代改革开放的前沿地，与龙舟文化精神的浸润不无关系。对于广府人来说，江河水是实实在在的生命源泉，龙舟是生命活力的载体，龙舟精神则是他们生生不息、勇往直前的不竭动力。

地名“南海”的悠久历史

“南海”一名，在我国先秦古籍早有载及，其所指大体为二，一是海域，二是行政区划。不过，无论是指海域还是行政区划，从古至今，“南海”名称所指都因时因地而不同。《辞海·南海》即说：“古时南海名称所指因时而异。先秦古籍或以为南方各族居地泛称，或有实际的海域所指。”

就“南海”指海域而言，“南海”名在周朝时已经出现。屈大均《广东新语·地语·南交》说：“史称周武王巡狩，陈诗南海，又诗曰：‘于疆于理，至于南海’，则举南海，又可以概粤矣。”如此，“南海”名称可能出现于周武王（公元前1046年—公元前1043年）时，“南海”得名距今至少三千年以上，是我国最早命名的地名之一。其后，海名南海在不同典籍中不断出现（东汉至唐宋时有“涨海”的别称），但不同典籍的南海指称范围有很大不同。据史家研究，古籍海名南海有以下三义：①今南海；②泛指东南亚一带及其海域，甚至远至印度洋的海域；③指爪哇岛至澳大利亚洲一带的海洋。

由海名“南海”，人们再进而将“南海”指称濒临南海的陆地。据《逸周书》记载，周成王时，进贡中央王朝的特产中有一种叫“南海之秬”，“秬”是陆生作物黑黍，此处的“南海”所指的应该是濒临南海的岭南陆地。后来的史籍唐《通历》则说：“周夷王八年（公元前878年），楚子熊伐扬越，自是南海事楚，有楚亭。”由此可见，先秦时期，人们是在海域、陆地两种含义中混用南海一词的。陆地“南海”一词与海名一样得名悠久，有三千多年以上的历史。

“南海”用于行政区划名称，始于秦始皇。《史记·秦始皇本纪》载，始皇三十三年（公元前214年），“贾人略取陆梁地，为桂林、象郡、南海，以适遣戍”。这是“南海”作为行政区划的开始。两千多年的“南海”建制沿革大体如下：

秦，始皇三十三年（公元前214年）置南海郡，下辖四县（番禺、四会、博罗、龙川），郡治设于番禺县。

秦亡，原南海郡尉赵佗于汉高祖元年［公元前206年，一说汉高祖三年（公元前204年）］统一岭南，建南越国，并改南海为南武，定都番禺，历时93年。南越国承秦制，番禺仍同为南海郡郡治和番禺县县治。

汉武帝元鼎六年（公元前111年），南越国亡，岭南设九郡（南海、苍梧、郁林、合浦、交趾、九真、日南、珠崖、儋耳），隶于交趾刺史部，南海郡下辖番禺、中宿、博罗、龙川、四会、揭阳六县，郡治番禺。

东汉实行州、郡、县三级行政制度，南海郡属交州。三国时，孙吴黄武五年（226年）交州分为交、广两州。“广州”名称自此开始使用。南海郡隶广州。

南朝梁武帝普通四年（523年）置广州都督府，广州领11郡。梁武帝始析番禺为南海县，这是南海县政区建制的开始。

隋实行州（郡）县制。开皇十年（590年）以番禺县地置南海县，治广州。仁寿元年（601年）广州改称番州，大业三年（607年）改称南海郡，领15县。今广州地区主要属南海郡南海县和增城县。

唐承隋制，武德四年（621年）废南海郡置广州，长安三年（703年）由南海县分置番禺县，天宝元年（742年）改广州为南海郡，乾元元年（758年）复改南海郡为广州，或州或郡，南海县均为其属县。

唐末群雄割据，出现五代十国。后梁贞明三年（917 年）刘岩称帝广州，国号越，翌年（918 年）改国号为汉，是为南汉国。广州为都城，称“兴王府”，辖 14 县。撤销南海县建制，析南海县地为常康、咸宁二县和永丰、重合二场。

宋承唐制，唯以“路”代替“道”。北宋开宝四年（971 年）灭南汉，废兴王府，设广南路广州（广南分东西两路后，广州属广南东路）；开宝五年（972 年），撤销常康、咸宁二县和永丰、重合二场，复置南海县，属广州。南宋祥兴元年（1278 年）升广州为翔龙府，治所在南海县。

元代实行省、道、路、县四级政区。至元十七年（1280 年）置广东道，隶于江西省；至元三十年（1293 年）置广州路。广东道和广州路皆治广州。南海县属广州路。

明代实行省、府、县三级政区，洪武元年（1368 年）改广州路为广州府，辖 1 个州 15 个县，翌年置广东等处行中书省，简称广东省。南海县属广州府。明代南海县区域缩小。景泰三年（1452 年）析南海、新会部分地区置顺德县，治大良镇。嘉靖五年（1526 年）析南海县及高要一部置三水县，治河口镇。

清代基本依照明制，仍分省、府、县三级，南海县仍属广州府，其所辖区域再次缩小。康熙二十四年（1685 年）析番禺、南海北部山区置花县。

民国元年（1912 年）裁撤府级建制，南海县直隶广东省，移治佛山镇。民国三年（1914 年），省、县间增设道级建制，南海县属粤海道。民国十四年（1925 年）7 月道级建制废除，南海县直隶广东省。民国十七年（1928 年），省分区设善后管理委员会分管各县，南海县属西区善后管理委员会。民国二十一年（1932 年），罢善后管理委员会，设绥靖公署，南海县属中区绥靖公署。民国二十五年（1936 年），改绥靖公署为行政督察专员公署，南海县属第一区行政督察专员公署［民国二十九至三十四年

(1940—1945 年)，改属第三区行政督察专员公署]。

中华人民共和国建立后，南海县开始时直隶于广东省，省分区设派出机关以管理各县。分管南海县的广东省派出机关，1950 年 1 月至 1952 年 11 月为珠江专员公署，1952 年 11 月至 1956 年 2 月为粤中行政公署，1956 年 3 月至 1958 年 11 月为佛山专员公署，1958 年 11 月至 1959 年 1 月为广州专员公署，1959 年 1 月至 1967 年 1 月为佛山专员公署，文化大革命期间的 1967 年 3 月至 1968 年 3 月属佛山地区军事管制委员会军管，1968 年 3 月至 1979 年 4 月为佛山专区（1970 年 10 月改为佛山地区）革命委员会，文化大革命结束后，1980 年 1 月至 1983 年 6 月为佛山地区行政公署。1983 年 6 月，广东省实行市管县制，省、县间增设市一级行政区划；地、市合并后佛山市为地级市，南海县隶属于佛山市。1992 年，撤县改市，为南海市。

2002 年 12 月 8 日，国务院批准调整佛山市行政区划：撤销县级南海市，设立佛山市南海区。以原县级南海市的行政区域（不含南庄镇）为南海区的行政区域。区人民政府驻南海大道。2003 年 1 月 8 日正式挂牌。原县级南海市的南庄镇划归佛山市禅城区管辖。

2005 年，南海区调整部分镇（街）行政区划：撤销和顺镇，将其行政区域并入里水镇；撤销金沙镇，将其行政区域并入丹灶镇；撤销沙头镇，将其行政区域并入九江镇；撤销狮山街道办事处、松岗镇、官窑镇、小塘镇，合并设立狮山镇；撤销罗村镇，设立罗村街道办事处；撤并桂城、平洲街道，组建新的桂城街道，办事处设在原平洲；撤销大沥、盐步、黄岐 3 个街道办事处，合并设立大沥镇，新辖区户籍人口将达 24.4 万。保留西樵镇现有行政建制。为方便群众办事，利于管理，分别在桂城街道设置平洲管理处；在大沥镇设置大沥、盐步、黄岐办事处；在里水镇设置和顺办事处；在狮山镇设置狮山、小塘、官窑、松岗办事处；在丹灶镇设置金沙办事处；在九江镇设置沙头办事处。调整后，南海区辖2个街道（桂城、罗村）、6个镇（里水、狮山、大沥、九江、丹灶、西樵）。

综观“南海”的建制沿革，可见：

（1）“南海”是岭南最早的行政区划之一，其作为行政区划的用名距今已有两千多年的历史，并且在历史上曾经长时期是岭南的行政中心，且由于远离中央行政中心，曾经出现过南越、南汉、南明三个独立政权，“南海”先民在“南海”一地创建了无数丰功伟业，“南海”有着丰富的历史文化内涵，这是当今取之不尽的一笔历史遗产。

（2）“南海”与广州、番禺有着难以割断的千丝万缕的关系。南海郡或南海县的治所长时期在番禺或广州，“南海”在一定程度上成了广东的代称，海外广东籍华裔多称自己为南海人，“南海”是联结广东籍同胞的一个语音符号，这应作为一个非常有益的文化遗产加以继承和利用。

（3）历史上冠以“南海”为名的行政区划经过了从郡—县—市—区的演变，“南海”的境域在历史政权的变迁中也不断变化，但总的趋势是不断缩小。对“南海”以及南海区地名的保护应该提到战略高度上加以重视。

南海地名的区域特征

广府文化里，“南番东顺”与“广佛陈龙”两个民间俗语早已蜚声海外，反映了珠江三角洲（以下简称“珠三角”）核心片区城镇和县域的点面关系以及明清时广东经济的整体格局。南海、番禺和顺德合称“南番顺”，又叫“三邑”。三邑会馆在澳大利亚与美国有150多年的历史，与江门的四邑、五邑相对，折射出广佛文化同源、语言相通、经济互融的历史渊源。东莞清代时属广州府，与“三邑”并称“南番东顺”。明末清初，与我国“四大名镇”相应，广州、佛山、顺德陈村、东莞石龙为“广东四镇”，简称“广佛陈龙”。历史上，南海既是广州的母县，又是广州的附郭县；明清时期全国“四大镇”与“四大聚”之一的佛山，长期以来都是南海县辖的天下巨镇。因此，南海地名系统的特点，能较好地代表珠三角地名乃至广府地名的区域特征。

一、南海地名的地理特色

南海位于通江达海的珠三角腹地，属珠三角冲积平原，咸淡水交汇，层叠着独特的地理文化。

（一）境域地理特征

南海区地处珠三角腹地，地势平坦，冲积平原占总面积的82.3%；北部间有低丘陵及台地，西南部多桑基鱼塘。河道纵横交错，西江从西部边境流过，北江干流（东平水道）斜贯区境。

冲积平原是由河流沉积作用形成的平原地貌。河流从上游侵蚀了大量泥沙，到了下游，地势一般都比较平坦，流速不再足以携带泥沙，泥沙在河的两岸沉积，冲积平原便逐渐形成。水流、泥沙、对水流起减速与梗阻作用的石质岛礁，是形成珠三角冲积平原的三大要素。水、石、沙以及岗（指低丘陵和台地），是南海乃至珠三角最常见的地名用字。

（二）南海地名的地理特色

1. 水、石、沙、岗类地名普遍

（1）水族地名。

《广东省志·方言志》解释说，“越（粤）”是音译词，意为水或海；“粤人”指水上人家或居住在海边的人。屈大均用“广为水国”概括了珠三角地理的典型特征。南粤大地，三江水系与茫茫南海咸淡交融，湖、氹、滘、澳星罗棋布，河涌水道密如蛛网，孕育着泽润古今的水性文明。在广府文化里，水有着无与伦比的地位，除了是客观物质的所指符号外，更是一个文化内涵异常丰厚的民俗符号。珠三角水族地名，比比皆是，备受人们的关注。

同一概念分化越细，在文化中的地位越重要。珠江三角洲地区，水之通名分得非常细，除了常见的江、河、海、水、溪、湖、塘、浦之外，还有涌、滘、沥、潭、湾、濠、澳、圳、涡、氹、氹等字。其中，滘、涌最为常见，据20世纪的统计，广东“滘”字地名有269个，“涌”字地名有2 585个。南海河网密布，包括西江、北江干流及其支流的西南涌、南沙涌、佛山涌、平洲水道等，区内河涌8大水系、596条内河涌。南海表示水体的地名特别多，在清康熙年间的《南海县志》中，与“水”有关的村落地名大致有230个。

涌，也写成“湧”，粤音为［cung¹］，指小河。南海有龙涌、李涌、新涌、莘涌、深涌、隔涌、华涌、沙涌、岗头涌、涌口、涌尾、涌源等地名。滘，是广东通行的方言字，采用的声旁不同，又写作“漖”，简为“教”；粤语保留着中古音，仍属见母，音为

[gao^3]，普通话读［jiào］；常指河道相通处，也称分支的水道或水围着的地面。南海有叠滘、横滘、滘边、联滘、沙滘、下滘、河滘、滘口以及异形的滧表、滧边、滧心、大文教、小文教等带滘字地名。

（2）石字地名。

水以动为性，遇石而止；石以守为质，赋水以形。在南之大海渐成洲岛的进程中，水之动与石之定（古人称“碇”）起着决定性作用。赋水以形的石，往往被人忽略。事实上，珠三角同样有不少石字地名。

据王存《元丰九域志》等史籍记载，北宋时广东设17镇，其中9个在三角洲，即南海大通、番禺瑞石、并石、猎德、大水、石门、白田、扶胥、增城足子镇，九镇中以石命名的就有3个。

由广州的石井、黄石往南，在珠江东西两岸，形成了两个石字地名十分密集的区域：其一是南番顺，包括现在的佛山，计有石桥、石碁、石楼、大石、石壁、石洲、石涌、石硝、石硖、石湾、石头、澜石、石梁等；其二是东莞，包括增城、惠州的部分地区，计有石碣、石龙、石排、企石、石滩、石湾、石鼓等。石字地名的集群分布，正好说明“南番东顺”因为多石，淤塞泥沙，是珠三角最早成洲的地方，也是南来移民最早定居与开发的地方。珠三角的地质构造中多石，石字地名雷同现象比较普遍。

南海有石硝、石硖、石潭、石溪、石塘、石步塘、万石、释石、石排、石龙。石硝位于桂城街道的东南端，是个较大的管理村，那里是明丞相、赠太师梁储的故里。村庄名称“石硖”，已经变成优质龙眼的代称。创办于1932年的南海石门中学，北倚石门而得名。佛山有石湾、石头、澜石、石梁。石湾，指多石的河湾；澜石，字面义是“波涛中的潜石”，当地人称地片为“屈龙角”；石头村，田土底层多石块而取名。屈大均在《广东新语》中记录着石头、黎涌、石硝“五里四会元”的辉煌。

（3）沙字地名。

《说文解字》对“沙”进行解释：“沙，水中散石也。”沙是非常细碎的石粒。珠三角是冲积平原，沙在水的冲流中，自然堆积成大量的沙滩、沙洲。因此沙字地名，在珠三角也是比比皆是。亚运会在广州举行，海心沙这个地名，传遍全球。顺德的伦教以前也叫“海心沙”，南海九江、顺德乐从也各有一个地名“海心沙”。位于我国海南岛东面和南面海域的四大群岛，也均用沙字命名，分别叫东沙群岛、西沙群岛、中沙群岛、南沙群岛，其中曾母暗沙是中国领土的最南端。

南海有很多沙字地名，如沙头、金沙、东沙、南沙、上沙、中沙、下沙、平沙、海心沙、五房沙、田心沙、沙涌、沙口、沙滘、沙溪、沙水、沙基、沙步、沙坑、沙堤、沙寮等。沙头、金沙曾是南海的镇级行政单位。佛山文昌沙，简称“文沙”，是汾江中部一处河滩，建有文昌庙，这里曾是“省佛通衢”的起点、店铺林立的墟市。

与沙字地名密切相关的洲字地名，出现在南海乃至珠三角的频率也相当高。

（4）岗字地名。

岭南多低山丘陵，尤以低丘陵为多，当地人们称之为岗，尤其是珠江三角洲边缘地带，以岗命名的地名也多。如广州的桂花岗、龟岗、七星岗等，深圳的龙岗、横岗，东莞的双岗，三水的高岗等。南海有蠕岗、鱿鱼岗、象岗、凤岗、鲁岗、群岗、黎岗、灶岗、横岗、河岗、稔岗、伴仙岗、鹤暖岗、白露岗、天竺岗、显子岗等许多岗字地名。岗指高起的土坡，山指地面形成的高耸的部分，岭指山、山脉。南海地名中，指凸起的地貌，岗字最多，山字较少，岭字居中，几乎不用坡字。

2. 独特用字彰显地名的地域色彩

蠕，读［léi］，粤音为［lêu^5 吕］，形声字，从虫雷声。蠕是

珠三角一带的贝类软体动物，双壳，形似蚬或花蛤，比蚬大而坚厚，比蚌小而浑圆，与蚝相当。南海地名有蟠岗。

�，南海区桂城街道东南端，有个较大的村叫石�。“硑”字，本地人读［geng^2］（［kəŋ^2］）；普通话与之对应念［gěng］（［kəŋ^3］），硑是当地人创造的方言土字，仅出现在南海地名中，在其他地方或场合觅不见其踪影。《南海市地名志》释为“硌”义，沿着“因声求义”的路径推断，“硑”是从“更”得音、从“石”和“更”得义。

坜，低矮山冈，较为平缓的坡地，如牛车坜。罗村有中坜、小坜黄、小坜张，官窑与和顺有小坜。山坜，附近都是平坦草地，俗称“小坜地”。

埗，古越人以舟楫为渡河工具，在地名上通用步、埗等表示津渡码头。宋人吴厚处在《青箱杂记》说：“岭南谓水津为步。”据《广州音词典》，埠读［bou^{6}步］。埠头，停船的码头，靠近水的地方。古也作“埗”或“步”。珠三角含“步”或“埗”的地名很多。广州有增步、炭步，花都有官禄埗，台山市水步，深圳上步，香港深水埗，皆为货物转运码头或渡口，反映商业文化兴盛。南海有盐步、瓜步、步头、西埗。

塱、塽，指冲积平原、水网沼泽地或江、湖边的低洼地，一些小河汇入大水的平地间多此类地名。塱字地名为古地名，南海有大塱、小塱、柏塱、塱下、塱心、塱沙、南塱。

㙟，热，人在田间高起的地方或土墩缺水处。南海有大㙟、小㙟、㙟头、罗㙟、沙㙟。

此外，磐、础、鳌、埕、埇塽、弇、斛、稔、寮、窦，都是比较特别的地名用字，带有浓郁的地域色彩。

二、南海地名的历史特色

南海具有悠久的历史，是岭南文化的发源地，积淀着深厚的历史文化。

（一）历史悠久，古村古镇多

南海西樵山文化遗址，再现了距今五六千年前远古先民的生活图景，号称“珠江文明的灯塔”。公元前 214 年，秦平定岭南，设桂林、象郡、南海三个郡，南海有两千多年的建制史，是《史记》中出现次数最多的广东老地名。隋唐时期，南海郡建立至撤销已经历了八百多年的历史，郡的建制可以撤销，南海之名在人们的心目中却不易消失；而郡的建制不可恢复，只好用原郡治所在县改置为南海县以继承南海之名了。可见，南海之名历史悠久，知名度甚高，甚至宋元时期虽已无南海郡之建制，却仍然修有《南海县志》（叙事范围包括原南海郡辖下各县）。正是因为“南海”这个地名，包含着如此厚重的历史文化信息，南海区政府有责任将地名“南海”申请为非物质文化遗产。

官窑、丹灶、平洲等一大批镇街地名，以及破排角遗址、北涌亭等景点名称，都有着非常悠久的历史。官窑镇，为西、北江通向广州的咽喉之地，晋代就极盛一时，故云“未有佛山，先有官窑”。丹灶在晋代建村，相传东晋时道家葛洪在金峰岗上，建灶炼丹，得名“丹灶”；平洲，在唐朝已形成圩市，古代这里是平原，三面临水，称“平洲”。

历史与地理是时和空的学科，历史层进的时间线索，有时能清晰地投射在空间地域上。现存地域文化的渐次相连，正好能展示一个民族在一定时期内的演变层次。历史上，我国政治中心多在北方，广东居南，保留了更多民族文化的传统。在汉语方言中，粤语残存着更多的中原古音；粤港澳的酬神祈福文化，以及由此衍生的民风民俗，都显得更为古朴。2010 年，桂城叠南茶基村、九江烟南烟桥村、西樵上金瓯松塘村、西樵百西村头村、丹灶仙岗村、丹灶南沙棋盘村、狮山狮岭黎边村、大沥高边璜溪村、里水汤村汤南村和里水共同孔村西街，被评为“南海十大古村落”；

桂城叠南江头村、西樵百西大地村、西樵山碧云村、西樵联新莘村梁家、狮山联表东和西村、里水贤僚三红村、里水逢涌逢西村和里水麻奢五群和后街村，被选为“南海较具潜力的古村落”。这些村落，一方面都具有悠久的开村历史；另一方面，古建筑和古民风保存得更加完整。

（二）祠堂、庙宇、纪念馆等历史地名多

神明祭祀与社会经济发展密切相关，有其自身的历史文化渊源。珠三角古为百越之地，越人曾有“食人、文身、断发”等野蛮、落后的民俗。秦统一岭南一带，中原文明的种子开始在百越之地上播种。在以后的漫长岁月中，北方民系特别是士阶层不断南迁，带来了儒、道、释、法等各种不同的观念，推动岭南文明逐渐向中原文明靠拢，“故习渐变，而俗庶几中洲”。然而，一方面，作为岭南文化的底层，古越遗风和信仰源流始终发挥着绵长的影响力；另一方面，历史上广州曾经是我国对外贸易的主要或唯一口岸，深受西方文明、海洋文化的熏陶。这形成了与中原文明有明显差异的岭南风格，塑造了广府文化开放包容、务实求变的性格。广府文化既有中华民族传统文化的共性，又有多种文化蕴含融通的特质。

岭南延续了古越历史遗风和祀神风俗，拥有发达的宗教文化。明代以来，珠三角地区的儒、释、道各教和民间宗教都极为兴盛，祠堂庙宇遍布大地，神诞赛会隆重热闹。“南海，广东一都会也……其风俗事佛尤谨”，“越人尚鬼，而佛山为甚”，历史上，这类记录不少。南海、佛山的民间信仰与迷信，五花八门，呈现出兼容并包、多元共存、糅合多变的特征。互文式俗语“顺德祠堂南海庙”，说明南海的祠堂、庙宇多，绮亭陈公祠、崔氏大宗祠、曹氏大宗祠、里水草场村洪圣古庙、沙头水南圣母庙、狮山陈洞村燕溪古庙、丹灶谭家村文武庙、西樵简村圣堂古庙（北帝庙）等，传承着南海人的教育理念和宗族信仰。改革开放以来，广东逐渐发展成为全国第一经济大省，令人瞩目。然而，祀神尚鬼、烧香拜佛、供奉先祖之风依然盛行，与港澳地区一体，在全国都是非常突出的。

明清时期，佛山号称“气标两广的人文之邦”，南海更是文人荟萃的岭南都会。方献夫、庞弼唐、梁储、庞尚鹏、郭尚宾、霍韬、何维柏、朱次琦、康有为、张荫桓、黎照寰、吴趼人、黄飞鸿……这一大批光芒四射的人物，照亮了南海辉煌的历史。大量的名人故居或纪念地，成为南海的重要名片。

（三）地名中的古音、历史词保留比较多

据朱熹《朱子语类》一百八十三则可知，宋代比较符合中原标准音的是粤语语音。如今，粤语尚保留着一些中古音，这在地名中也有明显的体现。舌根音（见母字）比较完整地保留下来，江、滘、滧等字，仍读［g］而不读［j］。江与岗同音，常常造成地名的讹传，例如，官窑与“大冈”相对的地名“小冈”讹传成为“小江”，小塘狮岭的“江头”又称“冈头”。瓦、雅仍读舌根鼻音，两者同音，于是“瓦窑”美化成了“雅瑶”。部分重唇也并未分化为轻唇，地名中频繁出现的“尾”字，与“头”相对，读［m］而不读［w］，与“美”同音，因此，在地名的雅化中，尾字常常被美字替代，例如，“冈尾”改为“冈美”、“察尾”变成“察美”、“塘尾”称作“塘美”。

珠三角地名保留着一些历史词，最典型的是“约”字地名。珠三角以“约”命名的小村落特别多，雅瑶有东约，西樵有中约、南约、北约，华涌有首约、一约；广州仑头、官洲也有北约、东约、西约；江门棠下镇古村落良溪，号称“后珠玑巷”，分为北约、东约、西约、首约；陆丰大安镇有东约馆、西约馆、南约馆、北约馆等“四约四馆”。“约”频频出现在岭南地名中，《广州话词典》释云：“yêg[3]，小胡同（比较少用，一般多用‘街’或‘巷’），如龙溪首约、宝源中约。”将“约”解释为“小胡同”，缺乏理据，是词典的一处失误。清朝时期，根据我国乡村聚族而居的特点，村下设约，约下设里。约是居村与里之间的片区单位名。“约”依然沿用“商约、约定、约束”的义项，没有“小胡同”的意思，只是名物化后转指地方的民间机构。在南海蟠岗的周围，分布着东约、南约、西约、北约四个行政村，附近东二管理区辖下也有东约、中约、西约、南约四个自然村。约并不是粤语的方言词，而是一个历史词，随着乡村公约制的废止，“约”字地名逐步退出历史舞台，只是广东保留了较多的“约”字地名而已。

丹灶西联，有不少“甲”字地名，如二甲、五甲、八甲，是明清时期里甲制留下的痕迹，“甲”也是个历史词。

（四）政区南海与水域南海同源

“南海”一名，在我国先秦古籍早有载及，其所指大体为二，一是水域，二是行政区划。政区南海是个历史悠久的地名，在不同的历史时期，对应郡、县、市、区等行政单位，现指中国广东省佛山市南海区。水域南海是亚洲三大边缘海之一，为面积 350 万平方公里的深海盆，因位于中国南边而得名。两个南海，都是我国历史悠久的古地名。不过，无论是指水域还是行政区划，从古至今，“南海”名称都因时因地而不同。《辞海·南海》即说：“古时南海名称所指因时而异。先秦古籍或以为南方各族居地泛称，或有实际的海域所指。”

就水域“南海”而言，“南海”名在周朝时已经出现。屈大均在《广东新语·地语·南交》云：“史称周武王巡狩，陈诗南海，又诗曰：‘于疆于理，至于南海’，则举南海，又可以概粤矣。”如此，“南海”名称可能出现于周武王（公元前 1046 年—公元前 1043 年）时，“南海”得名距今至少三千年以上，是我国最早命名的地名之一。其后，水域南海在不同典籍中不断出现（东汉至唐宋时有“涨海”的别称），但不同典籍的南海指称范围有很大不同。据史家研究，古籍水名南海有以下三义：①今南海；②泛指东南亚一带及其海域，甚至远至印度洋的海域；③指爪哇岛至澳大利亚洲一带的海洋。

由水名“南海”，人们再进而将“南海”指称濒临南海的陆地。据《逸周书》记载，周成王时，进贡中央王朝的特产中有一种叫“南海之秬”。“秬”是陆生作物黑黍，此处的“南海”所指的应该是濒临南海的岭南陆地。后来的史籍唐代《通历》则说：“周夷王八年（公元前878年），楚子熊伐扬越，自是南海事楚，有楚亭（编者按：后多谓‘楚庭’）。”由此可见，先秦时期，人们是在海域、陆地两种含义中混用南海一词的。陆地“南海”一词与海名一样得名悠久，有三千多年以上的历史。

如今，在珠三角的九个城市（未含香港、澳门）中，只有佛山与肇庆隔离南海，佛山南海区自然离南海还有一段距离。然而，历史上两个南海有着十分密切的历史渊源。秦设南海郡，辖多少县，《史记》未有记载。《中国古今地名大辞典》对南海郡词条的注释称：“广东旧广州、韶州、惠州、肇庆、南雄诸府州及高州府北境，广西旧平乐府东境，梧州府东南境皆其地。”据《前汉书》所述，南海郡辖番禺、博罗、中宿（县治在清远西北60公里）、龙川、四会、揭阳6县，《后汉书》所载则多了从番禺分出之增城县共7县。屈大均云：“古时五岭以南皆大海，故地曰南海。其后渐为洲岛，民亦蕃焉。”从屈大均的话语中可以看出，政区南海与水域南海语源相同。两个南海渐行渐远，主要基于两个方面的原因：其一，水域南海逐渐南移。在遥远的古代，南粤仍是一片茫茫海域（珠三角古地图），分布着大小不同的海岛，这些岛屿正是北部山体延伸至海的部分，珠三角就是由海岛罗列的溺谷海湾因珠江泥沙不断充填而成的冲积平原。陆进海退，是漫长的地理演变过程中的主旋律。其二，政区南海的管辖范围，逐步缩小。由秦时的郡，到隋唐以降的县，再到今天的区，政区南海这个地名，所指的空间范围越来越狭小。南海郡以濒临南海得名，但南海县境仅是原南海郡中的一个县，而且以后还不断分地给新置的县市，故与海洋的距离越来越远，形成今天“南海无海”的现象。

三、南海地名的文化特色

（一）广府文化的核心片区

1. 移民特征与拷贝地名

语言是文化认同的基础与标记，人们对母语的深深依恋和无比忠诚，表现为一种强烈的语言感情。同样，人们对生于斯、长于斯的故土，有着一份魂牵梦绕的眷恋；对故乡老地名，绵延着一种难以割舍的深情厚谊，叫“地名感情”。老地名是维系人际关系的情感纽带和传承历史的文化桥梁。漂泊异地的人们直接将故乡的地名挪移到新的定居点上，是地名感情和地名忠诚的突出表现方式。

南海的洙泗、三山、简村、瓜步，都是满载着思乡情愫的移用地名。洙泗从山东经南雄漂泊到叠滘，三山、奕贤从福建植入季华，简村自西樵复制到平洲，瓜步由沙堤拷贝到平胜：地名移用刻录着家族迁徙的历史，蕴含着故土眷恋的感情，标志着乡风民俗的传承与扩散。桂城西河，村民祖籍多为山西西河郡，西河也是一个移民拷贝地名。又如小塘的前身——龙唐之名，记录了珠玑巷中原族群南迁的历史，也折射出了小塘先民的精神风貌。这些南迁的中原族群或是为了避乱，或是为了寻求更广阔的发展空间来到小塘，在小塘安居乐业、开枝散叶，但内心深处仍然对故乡魂牵梦绕，因此他们沿用原迁地之名，表达对家乡的怀念。

以人名地，在南海最为突出的是“姓氏+地理通名（或方位词等）”，反映了北人南迁、聚族而居的历史文化。孔溪、黎涌、江头、简家、谭村、吴屋、黎冈、黄洞、葛里、苏坑、梁洲、周合、邓南……种类繁多。

2. 水性文化特征

大沥、氹浪、澉表、沙滘、隔涌、南浦、海心洲、河村、横江、泌冲、儒溪、大涡等，大量通名从水，是岭南水性文明的外形标记；蟠岗，记录着它“咸水滩涂”的历史身份；步、埔、甫等字表示津渡码头。

宋代以降，在西江沿岸和珠江三角洲各地，人们为取得耕地和防洪治涝而大规模围垦，于是以围、基、堤为首尾的地名大量出现，这也是水文化的一种反映。如珠江三角洲有桑园围、长利围、赤项围、罗格围、景福围、龙利围、大有围等，南海有蔗围、新围、文海围、怡心围、茶基、沙堤等地名。南海金沙的堤围修建最早始于明代，北部的南沙、联沙、联洲等处修筑了南沙围、茯洲铁围、茯洲沙围。清朝时，筑堤围田的规模扩大了，修筑了鼎安围、昌山围、芳山围、肚窝围、射洲围、丰积围等，这些堤围多是由各家族、村落修建的“私基”，堤围短而矮，村人傍堤而居，村名因此带上了堤围的色彩，如基杨、基何、横基等。此外，南海还有不少“闸”字地名，记录着水乡人们水利开发与建设的历史文化。

龙是中华民族进入农业社会后创造的一种虚拟动物，属于水物，它的产生与农业对水的需求有关。龙平时住在水里，春分时节，登天化雨，滋润禾苗。“蛇身”即蛇形文身，是古越族习俗。《说文解字》中记载：“南蛮、东南越，蛇种。”《路史》：“三皇蛇身。”《乙巳占》中记载：“越云如龙。”这些记载表明帝王身上的龙纹来源于越文化的蛇。龙与水、百越有着密切的关系，所以，珠三角龙字地名特别密集。顺德的龙江、龙山简称“两龙”，很有名。南海的龙字地名有回龙、聚龙、西龙、甡龙、新龙、蛇龙、石龙、义龙、会龙、健龙里、石龙里、聚龙南、聚龙北、龙东、龙西、龙湾、龙头、龙腹、龙溪。

佛山，起初乃岭南边陲小村，属中原文化传播需要跨越万水千山的“徐闻”之地。佛山最重要的三个地名塔坡、佛山、禅城，都是梵语的音译之词。佛山与佛教结缘竟然如此之早，实乃得益于广州，得益于水上交通的便利。佛教来到佛山，与“海上丝绸之路”的蓝色文明相伴而生。

（二）异质文化的融合

珠三角曾是南越人主要栖息地，有着深厚的南越文化积淀层，壮语地名数量多、分布广。“那”字起首的地名群，反映的是一种稻作文化；“洞（峒、垌）、夫（扶）、罗、冲、濑、猛、冯、封”等为起首地名表示自然地理实体或区域；“古、边、都、思、良、云”为首尾地名表示村落人文景观。

这些古南越族的底层词，与壮侗语系词汇有着密切联系。《广西壮语地名选集》中认为，凡带“洞（峒、峝、垌）”、“涌（冲）”、“塱”、“埗（步、埠、阜）”等字的地名都是古南越族的底层词。底层词是一种双语现象，其形成常常与所在地的地理环境、历史文化等因素联系在一起。底层词地名的遗留记录着古南越族与汉族语言接触并融合的历史。例如，“洞”是“洞、硐、峒、峝”的统一书写形式，跟“侗族”之“侗”在音义上有着历史的渊源。

出现频率最高的是“姓+边”式的村落名，如谢边（因历史演变，如今谢边以梁姓为主）、邵边、袁边、孔边、冼边、劳边、李边、梁边、高边、邝边、蔡边、欧边、钟边、曹边等，有些早期中间还含“屋”字，如袁屋边、卢屋边、孙屋边、叶屋边、唐屋边，据统计，南海共有80余处“边”字地名，此外还有“东便”、“西便”等地名。徐松石教授解释说：“遍及广西和琼雷的壮语‘板’字地名，在广东许多地区又把‘板’字从土音译为‘边’字，并将原始土语倒装为顺装，故称村为‘边’，但没有‘边缘、靠边’意思。”汉藏语系侗泰语族中，壮语、布依语、傣语、水语里，表示“村子”的词读［ba：n］，声调略有不同；拉珈语前面加喉塞音。在地图上，这些地名音译汉字有“板、畈、班、曼、芒、望、万、蛮”。南海“边”字地名，“边”表村落之义，应是古代百越的底层词，粤语“呢度”、“边度”也都不是汉语原生词，而是底层词。但这个“边”是否为“板”的近译，结构上是否经历了语序调转的演变过程，南海村名滘边、街边、沙边、埗边、迳边、水边、坑边、路边、基边、缯边、贤边、社边中的“边”是否也指村落，这些问题还有待进一步研究。

四、南海地名的语言特色

南海地名在语言方面也体现出一定的特色。除了前面谈到保留较多的方言字、古音和历史词、底层词以外，还有以下几个方面的特点：

（1）地名用字的异形现象普遍。比较典型的几组是：滘、漖、教，历、沥，唐、塘，蟠、雷，硝、肯、耿，冈、岗，褰、杏，步、埗、埠，塱、塑、朗，墪、墩，涌、冲。长期以来，地名重音轻形，是造成异形的主要原因；民间求简趋易，是造成异形的另一原因。

（2）重名现象比较普遍。包括命名理据相同的重名，主要分布在区内或珠三角范围内；命名理据不同的重名，主要是区内地名与外省地名的雷同。

（3）地名用字不避俗。表达方位、方向的词语，除了使用东、南、西、北、中、内、外等以外，较多使用上、下、头、尾、心、里、表等词语表示方向或方位，带有浓郁的口语色彩。

南海与“水”有关的地名及其水文化生态

地名是人们赋予某一特定空间位置上自然或人文地理实体的专有名称。地名既是一种语言现象，又是一种文化现象。我们每个人的大脑里都储存着一个地名信息系统，特别是对于自己土生土长的故乡无比熟悉，有着深深的地名情结。因为它很好地保存着关于故乡最丰富而古老的文化遗产，也见证着故乡在历史长河中的沧桑变化。一个地名，或承载着一个古老的故事，或彰显着一个杰出的人物，或镌刻着一段非凡的历史，或蕴含着某种丰富的文化。南海一大批与“水”有关的地名正是海洋文化、水神文化、风水文化等的真实见证。

一、与“水”有关的地名

南海为富饶的珠江三角洲核心区域，区境由西北向东南倾斜，平原坦荡，河道纵横，浅丘散落。其地形地貌的特点是西北部呈低丘台地，岗峦起伏；东南部呈冲积平原，沙田密布、河涌交错；西南部则多桑基鱼塘。因此南海形成了与所处地理环境有密切关系的不同历史地名的集中分布带。概括地说，其地名分布特点就是，西北多“岗洞”，东南多“沙涌”。翻开南海地名的历史，我们可以看到带“涌”、“沙”、“洲”、“溪”、“塘”、“浦”、“滘”、“江”、“河”、“海”等表示水体的地名特别多。据笔者的初步统计，在清康熙年间的《南海县志》中与“水”有关的地名大致有230个。（见表1）

表1　清康熙年间的《南海县志》中与“水”有关的地名

乡、都、堡、村	与“水”有关的地名	数量
乡七	丰湖	1
都六	三江、泌冲、西淋	3
堡六十二	恩洲、绿潭、大江、沙堤、上冲、沙溪、百滘、海舟、九江、河清、镇涌、沙头、云津、龙津头、沙丸、泌冲、叠滘、夏教、平洲、溶洲、深村、河泊所	22
恩洲堡村十五	棠溪、沙涌、戙船澳	3
草场堡村八	横沙、洲村	2
丰冈堡村十四	潭村、流潮、里水、沥口	4
麻奢堡村十九	灵洲、窦头、潭边、水表	4
黄冈堡村十二	塘涌	1
白石堡村二十二	大文教、小文教、沥口、大沥、塘夏涌	5
金紫堡村五十九	井头、大涡、满洲塘、沙溪、三江口、莲塘、沙浦、湖塘、莲子塘、天湖	10
大榄堡村三十一	三洲、官塘、水坑园、潭村、沥水、平浦	6
绿潭堡村二十一	紫洞、澳涌、橐边、流滘、涛涌尾、湖涌、罗家沙	7
大富堡村七	莲塘、蚬江	2
兴贤堡村十七	庄步、白沙桥	2
西隆堡村十六	宁阜、沥口、田心涌尾、江边	4
大江堡村四	海川、石湾、大江	3
张槎堡村七	弼塘	1
土炉堡村四	大沙、翼冲	2
登俊堡村十一	南岸沙、洲头、荻洲、沙边、荻洲尾、陆洲、水口、茅洲	8

（续上表）

乡、都、堡、村	与“水”有关的地名	数量
丰宁堡村二十一	黄塘、塘头、平塘、芦塘、洲村、谭塘	6
深村堡十三	湾头	1
大通堡村十	黎岸涌、厚水、两滘、涌口	4
黄竹岐堡村十一	滘边、滘口、洲子	3
大历堡村十八	两海、江夏、贯甲良清塘	3
沙丸堡村十九	大冲、湖洲、大步、沙涌、半塘铺	5
泌冲堡村七	泌涌、涌口、白沙、沙贝	4
平地堡村十七	渡头、涌表、横滘	3
叠滘堡村十三	叠滘、澳边、海边、隔涌	4
桂华堡村二十	西江、涌源、沙巷、澳尾、隔塘	5
夏教堡村十	下涌口、洲表、上滘、干滘、涌园	5
蠕冈堡村六	南畔、东畔、西洋、莲塘	4
平洲堡村一	平朗（塱）村	1
魁冈堡村八	塘头、黎涌、河宕	3
溶洲堡村四	溶洲、渡头	2
林岳堡村二		0
丰华堡村二十四	天湖贝、塱下、大涡塘、华涌、龙湾	5
龙津头堡村十	沙闸、腾涌、冈头涌	3
上围堡村十一	大湾肚、西海、沙田、上滘、良濠、区江、下滘	7
伏隆堡村十	大㙟、小㙟、扶水	3
磻溪堡村十四	上大涡、大涡、石涌、清子塘、白水塘	5
丹桂堡村五	沙头岸、沙塘角、沙圃㙟	3
百滘堡村九	沙㙟、沙巷	2
简村堡村十八	吉水、㙟头	2

（续上表）

乡、都、堡、村	与“水”有关的地名	数量
海舟堡村三	海舟	1
先登堡村七	河步	1
九江堡村九	大洛口、沙坑、赵涌、沙嘴	4
河清堡村二	河清	1
镇涌堡村九	镇涌、李屋塘	2
大同堡村十		0
沙头堡村九	沙头、洲林褱	2
云津堡村九	大沙、涡村、百滘	3
登云堡村六	沙水、沙滘	2
金瓯堡村八	湖舟、杜滘、沙边	3
鳌头堡村六	苏滘、河滘	2
吉利堡村八	黎涌	1
盐步堡村十七	盐步、河北、沙涌	3
山南堡村二十一	上沙水竹园、联钟水尾、塘冲	3
佛山堡村十五	汾水、大塘涌、滘边社	3
上冲堡村九	冲霞、海村、隔沙、沙坊、梁沙、沙边	6
扶南堡村二十四	西滘、黄滘	2
沙堤堡村十二	瓜步、上沙坑、下沙坑、水坑头、沙涌、旋湾	6
大圃堡村二十二	木步水、绿杨涌	2
梯云堡村二十一	涌表、石步、九潭、杞水、水头、水边	6
桃子堡村十	横湖	1
骆村堡村十二	白沙墟、大涡、莲塘	3
合计		230

而在2008年南海区民政局编写的《南海市地名志》中，我们可以找到与“水”有关的地名大致有134个。（见表2）

表2 《南海市地名志》中与“水”有关的地名

镇街	与“水”有关的地名	数量
桂城	叠滘、江头、平洲、瓜步、五房沙、孔溪、环溪、滘口、洲表	9
罗村	充美（涌尾）、沙坑、沙堤、芦塘、庄步、沥口、塱沙	7
九江	九江、河清、沙头、沙尾、沙仔尾、海寿、沙咀、石江、沙口圩、腾滘、龙涌、良涌、夏江、楼涌	14
西樵	吉水、沙㘭、河溪、儒溪、新河、河岗、江边、羔洲、松塘、平沙、太平沙、海舟、朗（塱）星	13
丹灶	银河、沙头岸、沙滘、下沙滘、大涡、心溪、隔涌、横江圩、小塘、江湄、沙园、东沙、沙浦、三江口、莲塘、莲子塘、水口、陆洲、马沙、塱心、沙边、洲头、金沙、南沙、海心洲、高海、下滘、联沙、沙尾	29
狮山	敏溪、华涌、大涡塘、白沙桥、大平塘、塘头、塘联、石步塘、汀圃、石澎、沙头、泮边、湖下、南浦、小江、沙水、石泉浦、源洞、龙井水、燕溪、塱下	21
大沥	大沥、沥西、沥东、沥北、沥中、良清堂、湖马、大沥表、联滘、凤池、水头、水尾、黄溪、漖（滘）表、河西、河东、河村、泌冲、大沙、后海、六溪、沙溪、白沙、泗沥、隔海、横江、江心、沙海、水藤	29
里水	洲村、流潮、大冲（涌）、湖洲、沙涌、北沙、逢涌、大文教（滘）、小文教（滘）、石塘、沙洲、猛涌	12
合计		134

注：以上地名以现行镇街的行政分区为单位整理。

表1和表2中的地名生动地反映了南海独特的地形地貌，与水有关的河流、沙滩、河溪、池沼、水沟等特别多。这多与河网

地区的开发有关，这类地名通常带通名“河”、“海”、“江”、“冲”、“涌”、“滘”、“溪”、“沥”、“沙”、“塘”、“涡”等。带通名“河”、“海”、“江”、“冲”、“涌”的地名表示当地的某种地理性质或类型是以河流居多；带通名“滘”、“溪”、“沥”的地名表示当地的某种地理性质或类型是水沟、小溪流居多；带通名“沙”、“塘”、“涡”的地名则表示当地的某种地理性质或类型以低洼的积水、池沼为主。这种亲水格局的形成一方面与河网密布、纵横交错的地形地貌有关；另一方面则与该区雨水丰沛、湿热多变的气候有关。降水充沛给农耕带来福祉，但又常常招致水患，史上常有记载。如清道光年间的《广东南海县志》（卷三·舆地）中就有这段叙述：“（道光）十一年大雨江涨，七月初一飓风大作雨甚。十三年七月飓风大雨西江涨。十四年西江涨。十六年二月十九大雨，雨雹城北有大如盆者击牛毙。”于是，先人们为阻挡洪水肆虐，用坚固的石块筑堤防洪。南海区有相当一部分地名反映了这个史实，特别是带“步（埗、阜）”、“涡”的地名。如狮山的“石步塘”（原属官窑）反映的就是当地村民于民国年间为抵御洪涝，在水潭旁筑起石埠头挡水，后便有了“石步（埠之谐音）塘”这个地名；又如丹灶的“大涡”、狮山的“大涡塘”都反映了当地古时常有水患，每发大水，便出现“大漩涡”，因此取名为“大涡”或“大涡塘”等。带通名“涡”的地名在康熙年间的《南海县志》中也曾多次出现，如金紫堡、丰华堡、磻溪堡、骆村堡均有。

二、用“水”作通名的含义

从地名词汇的构词特点来看，南海的大部分地名是“专名+通名”这一基本构词形式，这是地名发展到成熟阶段的结构形式，如“叠滘”、“腾滘”、“沙滘”等；也有少部分地名是通名在前，专名在后的，如“沙头”、“沙浦”、“沙溪”等。此外，还有一小部分地名是古南越族的底层词，与壮侗语系词汇有着密切联系。如在张声震主编的《广西壮语地名选集》中有记录，凡带“洞（峒、峝、垌）”、“涌（冲）”、“塱”、“埗（步、埠、阜）”等字的地名都是古南越族的底层词。底层词是一种双语现象，其形成常常与所在地的地理环境、历史文化等因素联系在一起。底层词地名的遗留记录着古南越族与汉族语言接触与融合的过往，显现着过去民族在历史上的遗迹。专名用来表示某地的自然地理特征或人文地理特征，可以是单音节或多音节词；而通名多为单音节词，指称某地的地理性质和地理类型。如丹灶的“莲塘”、“莲子塘”（原属小塘）等词，“莲”、“莲子”反映该地多种莲藕的人文地理特征，而“塘”则用来指称该地显著的地理类型是地势低洼的池塘。南海与“水”有关的地名常以“江”、“河”、“海”、“冲”、“涌”、“滘”、“溪”、“沙”、“塘”、“涡”、“沥”等词组成通名。据笔者统计，这类与“水”有关，用来表示水体的“通名”就有二十多个。（见表3）

表3　南海古今与“水”有关地名的通名及其含义

通名	含义	备注
江	水道、河	“谓水通舟筏者曰江。”（清·李调元《南越笔记》）
河	同“江”	
海	广阔的水面	“凡水皆曰海，所见无非海也。”（清·李调元《南越笔记》）

(续上表)

通名	含义	备注
涌（冲）	小河流	“涌，冲也，音冲。”（清·李调元《南越笔记》）
滘（教、漖）	分支的河道	“谓水通舟筏者曰江，不通舟筏者曰水，二水相通处曰滘。”（清·李调元《南越笔记》）
溪	小河沟	
浦	水边或河流入海的地区	
沙	上游水流带来泥沙并淤积形成的沙地	
洲	同“沙”	
塘	水地、水池	“凡池沼皆曰塘。”（清·李调元《南越笔记》）
潭	深水坑	
湖	陆地中的封闭水域，与“塘”同	
湾	水流弯曲的地方	
涡	水流旋转形成中间低洼的地方	
汀	水边平地，小洲	
泮	屋前水池	
津、步（埠、埗）	码头、津渡	“岭南谓水津为步。”（宋·吴厚处《青箱杂记》）

(续上表)

通名	含义	备注
渡	过河的地方，同“津”	
澳	海边弯曲可以停船的地方	
沥	小河流	“浚也。从水歷聲。一曰水下滴瀝。郎擊切。”（（汉）许慎《说文解字》） “又瀝液，微流也。”（《康熙字典》）
濠	水沟	
塱（朗、塑）	江湖边上低洼积水之地	
㙟	热，人在田间高起的地方或土墩缺水处	方言词“㙟”，音为［hiŋ^3］。

这类与“水”有关的地名除了反映当地的地形地貌外，还生动地诠释了当地的水文化生态。

三、水文化生态

文化生态学（cultural ecology）是一门将生态学的方法运用于文化学研究的新兴交叉学科，是研究文化的存在和发展的资源、环境、状态及规律的学科。通俗地说，文化生态学就是研究文化与生态二者关系的学科。该学科具体研究某一环境背景中人类的行为和文化，考察人类如何与周围的环境相适应以及环境如何在一定程度上塑造这种文化，或者说，人类文化如何在其环境背景中取得发展。南海大量与“水”有关的地名蕴含着丰富的水文化，反映了人与自然的和谐共处，体现着文化生态的深刻内涵。

（一）海洋文化

海洋文化又称蓝色文化、水文化，是广府文化的重要组成部分。《老子》曰："上善若水，水善利万物而不争。"意思是说，最高境界的善行就像水的品性一样，泽被万物而不争名利。一方水土育一方人，三江之水源远流长，无声地润泽着大地万物及水性文明。南海为水乡泽国，河道纵横，低地遍布，这与人们日常生产、生活关系极大。因此，反映人们对水资源的认识、开发、利用以及防洪治涝活动的地名就甚为普遍。这类与"水"有关的地名正是蓝色海洋文化的一部分，在整个南海区的地名中占有显著优势。山水孕育文化，文化钟情山水。山水文化是中国文化的重要组成部分。山水诗、山水画、山水构筑的园林，成为中国文化的精品，山山水水无不充满诗情画意。南海与"水"有关的地名构筑了柔和清新而富有生命气息的水文化。这些地名描绘出一幅幅由小桥、流水、人家点缀而成的风情山水画。画中江水依依，烟雨蒙蒙，构造出自然、清新、和谐的意境。千年古郡，积淀着厚重的文化，而流动着的富有灵气的水则是它的灵魂。

（二）水神崇拜

降水充沛的气候给农耕带来润泽的同时也带来洪涝水患。南海特殊的气候环境和地理位置导致了先民们水神崇拜的盛行。《佛山忠义乡志》云："粤人尚鬼，而佛山为甚。"古时，佛山是南海的一个堡，南海其区域范围要远比今天的南海大。洪圣、北帝、天后、龙母被称为"岭南四大水神"，人们供奉水神的目的是为了镇水，祈求风调雨顺、国泰民安。时至今日，四大水神尚存，散落在南海各镇街村落的庙宇里，如官窑丁圃村、狮山黎边村的洪圣古庙，里水大石村的二圣古庙，西樵简村的圣堂古庙（北帝庙），和顺文教村的文教古庙、天后庙，九江红桥村、黄岐公园的龙母庙等。岭南有众多北帝庙，尤以佛山祖庙为大。每年农历三月初三为北帝诞，三月二十三为天后诞，五月初八为龙母诞。每逢众神的诞生日，庙前信众络绎不绝，赶来上香、祈福。特别是黄岐的龙母诞，是日还会在珠江流域黄岐段举行龙舟竞渡，吸引了广佛两地的民众前来睇（看）龙船。在南海，龙舟文化亦是水文化的重要组成部分。正是因为有水，才催生出一系列有关水文化的庙宇等物化形态，而水神文化则成为我国传统文化中最为神秘的一部分。这些庙宇或坐落在青山秀水之间，或处于古村古树之间，古刹与山水交相辉映，成为先民们水神崇拜的见证。

（三）风生水起

晋人郭璞在《葬经》里这样解释风水：“气乘风则散，界水则止，古人聚之使不散，行之使有止，故谓之风水。”清代吴鼎《阳宅撮要·总论》（卷一）有云：“凡京都府县，其基阔大，其基既阔，宜以河水辨之，河水之弯曲乃龙气之聚会也。”古往今来，从古代的都城、近代的大城市到现在的各级政府办公大楼其格局多为堂前聚水，或天然形成的江、河、海，或人工挖掘的小湖、水池、喷泉等，无不与“水”有着千丝万缕的关系。“弯曲乃龙气之聚会也”，曲则有情，不疾不徐。因此，像“塘”、“湾”、“湖”、“澳”等表示水体弯曲的地名在南海大量存在也就不足为奇了。南海的建筑比较注重选址和风水，特别是敬奉先祖的宗祠。因为在南海人看来，供奉祖先的宗祠如处在风水宝地，便能荫泽世世代代的子孙，庇佑众子孙风生水起。笔者闲时曾走访过南海多个宗祠（祠堂），发现大多数宗祠前面都有流动的“水”，或天然而成的小江、小河，或人工挖成的池塘、喷泉；而宗祠的背后则有山岭或种上树成就一片葱郁繁茂的林。从风水学角度看，前有水后有山这种山环水抱的格局既能旺财又能旺丁。又如，丹灶苏村康有为故居前有一弯荷塘，碧绿的荷塘上架起灰白的九曲石桥，呈九曲玉带环抱之势，给人吉利之感。这些都恰好验证了古人的论断。

（四）以水为财

广府人历来重商，带有浓厚的商业文化色彩。所以，可以毫不夸张地说，凡有广府人在的地方，商业一定经营得风生水起。而南海这种聚水格局的形成恰好反映了广府人以“水”为财的民俗文化观念，粤方言中就有一大批与“财”有关的“水族”词，如“磅水”（付款）、“干水”（钱花光了）、“水紧”（缺钱）、“水脚”（旅费）、“一旧水”（一百元）、“猪笼入水”（财源滚滚来）等。甚至流传于大街小巷里的童谣也离不开“水”，像这首童谣“落雨大，水浸街。阿哥担柴上街卖，阿嫂出街着（穿）花鞋，花鞋花袜花腰带，珍珠蝴蝶两边排，排排都有十二粒，粒粒圆滑无黐鰭（粤音［qi^1hai^4］，凹凸不平义）。”在2010年亚运会开幕式上，这首童谣还被谱上曲，美妙的旋律回荡在海心沙的上空，可谓“粤韵”飘飘。

南海与“水”有关的地名承载着丰富多彩的水文化。水性至柔，不张扬，却能以柔克刚、百折不回，海纳百川、兼容并包。我想这便是南海人所具有的水一般的秉性与胸怀。水若文化，滋润万物，悄然无声；文化如水，融通人心，潜移默化。南海人正承载着水上的生命之舟，以敢为人先的胆略和宽广的胸怀，孕育生机，拥抱未来！

南海自然村落的命名

村落一般是指农民的聚居点，自然村落是早期人类活动聚居而形成的，大多是以姓氏为单位。先民为了生存、生活和交往，需要为聚居点取代号以便识别，于是就有了村落地名。南海（郡）建于始皇帝三十三年（公元前 214 年），南海县行政区划建制开始于隋文帝开皇九年（589 年），南海的历史可谓悠久。南海自然村落的形成主要集中在南宋到明清时期，多数姓氏从南雄珠玑巷南迁而至，先民从此在南海这片广阔的土地上扎根发展，创造了南海这个千年古邑的辉煌。

据各时期的《南海县志》以及相关史书的记载，南海自然村落的发展经历了由少到多的过程。明万历年间有 809 个村，清康熙年间有 794 个村，清乾隆年间有 795 个村，清道光年间有 1 089 个村，清宣统年间有 1 153 个村，1989 年底南海县共有 1 365 个自然村，2008 年《南海市地名志》中统计的自然村数目已经达到 1 425个（注：明清时期的自然村按64 堡来统计；《南海市地名志》中的自然村统计包含后来在行政区域中划归佛山市禅城区的南庄镇，南庄镇的自然村数目是 125 个）。纵观南海自然村落的地名以及村落地名的演变，我们可以感受到南海村落地名的文化内涵，这片古老而年轻的地域千百年来的自然地理、人文历史、社会语言及其民俗风情也可略见一斑。

地名是一种特殊的语言现象，它利用语言中的词汇来指称某一个地理位置。南海自然村落的命名有其特有的方式，具有一定的命名理据，众多村名都可以说出其来历。南海村落命名方式主要有以下七种。

一、以地域特征或地域位置而命名

南海境内的地理地貌特点是：西北部为低丘台地，岗峦连绵起伏；东南部为冲积平原，沙田密布、河涌交错。村落因先民的生活和生产而形成，村名是他们的活动轨迹的记录，因此，南海村落的命名多与地理环境有关。

第一类是以地域的地势、地貌特征来命名，这在南海的自然村名中占了相当大的比例，村名能勾起人们的遐想。

桂城叠滘圩村：村中有“两溪汇聚”，故有“叠溪”、“双溪”、“叠水”之说法。

桂城石硝村：指船给石头“硝”了，“硝”是土话，即“硌”的意思，此地河涌交错，河底多石。

平洲表村：村旁有河，河边有沙洲，潮涨只露顶部，村名从之。

小塘南坑村：地貌似“南（蚺）蛇”盘踞。

狮山穆院村：南宋开村时地处荒丘，四周树林茂密，幽深静穆之。

黄岐罗村：珠江河畔曾有大石形如大螺突出江中，取名“螺村”（后作“罗村”）。

罗村：明朝开村，地形似谷箩，故名“箩村”（后人写为“罗村”）。

盐步平地村：南宋淳熙十三年（1186 年）开村，地势平坦，取村名“平地”。

盐步隔海村：又名“红泥基”，四面环水，与外界隔离。

盐步江心村：东、西、南三面有小河环抱。

盐步回龙村：河道迂回曲折。

大沥良清堂村：村中绿竹丛生，风凉（良）水冷。

大沥湖马村：地貌如挺立湖中的骏马。

官窑凤岗村：宋代开村，村落建在山岗之间，地似凤形。

里水鹿眠村：村中地形如安睡的山鹿，被认为是风水宝地，故名。

松岗龙头村：因地处丘陵，地形远望如龙的起伏腾挪，由西向东，取名“龙头”。

和顺大文教村与小文教村：该地水流形成一大一小两个河湾，当地称为“混滘”，故名“大混滘”和“小混滘”，后谐音雅称为“大文教”、“小文教”。

盐步泗沥村：因当地有“四水归源”之象，故以“泗”为村名。

和顺白岗村：因村侧的山冈表层多白土，故名。

和顺小坉村：附近是平坦草场，俗称“小坉地”。

西樵羔洲村：明代成村，因建村于形如羔羊卧地的山坡上而四周为水网区，故名。

西樵沙㷫村：村地为沙滩，日照气温较高，水汽蒸发，方言称热为㷫。

九江敦根村：在一土墩上建村，因地势高亢，无水患，移民认为此乃安居乐业之根基，乃取名“墩根村”（后谐音称“敦根”）。

九江良涌村：区姓族人从西樵大岗分支到此定居，此地土地肥沃，河涌水源充足，遂取名“良涌”。

松岗石碣村：村东有石碣古海岸遗迹，巨石嵯峨屹立，高达10余米，兀立如碣，故名。

松岗西鸦村：此地有大片树林，群鸦在此栖息，聚落方向朝西，取名“西鸦”。

九江翘南村：村东有小河自北向南蜿蜒注入西江。

金沙水口村：该地水丰草茂，利于牧鹅，村民遂结寮定居，因位于小涌的出口，故称“水口村”。

此类地名在南海自然村名中很常见，大多是带有西北部多丘地、东南面多沙涌的地名用字。如与江、涌、水、沙滩有关的黄岐潡表村、黄岐大沙村、盐步横江村、盐步海沙村、西樵江边村、西樵禄舟村、西樵大岸村、官窑汀圃村、官窑湖下村、松岗沙水村、小塘沙浦村、小塘洞田村、丹灶大涡村、丹灶沙滘村、九江涌滘村、丹灶沙头岸村等；与山地、山冈、洞田有关的西樵大地村、西樵稔岗村、狮山大平塘村、和顺田寮村（今贤僚村）、里水岗头村、丹灶塱心村等；反映地方特征及特点的官窑鼓岗村（今古岗村）、官窑鹧鸪坑村、官窑沙溪村（今沙头村）、和顺红涌村（今逢涌村）、西樵杏头村（取“甫人水”表热之意）、松岗鹤园村、松岗田厦村、松岗源洞村、松岗龙井水村、松岗燕溪村、九江石头村（今石龙村）、罗村果岗村、罗村上柏村、罗村芦塘村等。

第二类是以方位来命名，这些村名中多带有“东、西、南、北、中”等方位词，或者是以“上”、“下”来表示定位，“上”、“下”有时也表示南北方位，北为“上”，南为“下”。

桂城叠北村、叠南村：因在叠滘的北面和南面而得名。

桂城东约、南约、西约、北约村：位于蟠岗之东、南、西、北方。

平洲上海村，位于平洲水道上方，地方方言称“河”为“海”，故名。

黄岐岐东村：位于黄岐乡东面。

黄岐北村：村民采江边青石筑门楼，名“青石村”，又因位于六联乡之北，改为“北村”。

黄岐中村：位于南村、北村之间。

黄岐后海村：村前面临水口水道。

西樵村头村：村西有六和岗，牧鸭之地，在大地村之北，方位以北为尊。

西樵田心村：村人在河滩牧鸭，四周为禾田和鱼塘，聚落居中。

里水上亨田村、下亨田村：村前有大片水田，称亨田。村在亨田北面，名上亨田村；村在亨田之南，名下亨田村。

官窑厚村：在官窑圩后面，初称“后村”，后改为“厚村”。

盐步庵前村：村后有小庵堂，故名。

罗村罗南村：因位于罗村南部，故名。

罗村充美村：因地处河涌之尾，称“涌尾村”，后嫌不雅，雅化为“充美”。

小塘江湄村：位于北江之湄（水边），遂以之为村名。

九江沙咀村：相传开村之初，村南部为西江左岸的沙滩边沿，故名。

沙头北村：因地处沙头堡以北，故名。

第三类是以周边的环境为参照点，借助村里或村附近的水名、岗名、桥名、建筑名等来为自然村落命名。

平洲高桥村：村里建有一桥名“高桥”，村从桥名。

盐步江龙村：古建有江龙桥，村以桥得名。

平洲麻洪村：村中有一河汊名“麻洪涌”，村从涌名。

小塘大涡村：乡西北有上千亩低洼地，名大涡塘，以之而得名。

黄岐泌冲村：泌水通水口水道，故名。

黄岐白沙村：村民在白沙河旁垦耕，村从河名。

盐步官田村：官船泊于村边码头，称“官船头”，后围滩造田，称“官田头村”，后简称“官田村”。

西樵碧云村：位于西樵山碧云峰北麓，村以峰得名。

里水西华村：位于西华山东北隅，村因山得名。

西樵坑边村：原称“茵荣”，因在西樵山朱坑（瀑布）旁，村以瀑布得名。

里水大冲村：村前有“大涌”河，以“大冲”（“涌”与“冲”同音）为村名。

里水展旗村：位于展旗岗下，以岗为村名。

和顺猛涌村：原属土名而无建村，1955 年在猛涌口建造水闸，负责管理水闸的人员定居成村，以“猛涌”取名。

和顺鹤峰村：又名“鹤暖岗”，因鹤群栖息于村前竹基上，常在村后山冈飞翔，人称“鹤峰岗”，以岗而得名。

官窑七甫村：古官窑旧街长有六甫，旧街的街尾与村相连，顺延为“七甫”。

以这种方式命名的自然村还有黄岐沙溪村、平洲滘口村、小塘敏溪村、盐步小桥村、和顺金利村（又名金溪村）、罗村沙坑村、里水丰岗村、金沙西岸村、金沙洲头村、金沙沙边村、沙头南边村、沙头清平村、沙头西桥村、沙头夏江村、九江龙涌村、九江奇山村、丹灶西城村、松岗元岗村等。

二、因人文历史而命名

南海历史悠久，人杰地灵，文化气息浓厚，文人轶事、历史传说、名胜古迹数不胜数，这在自然村落的冠名中必然有所反映。

平洲五斗村：明初有一地方官，薪俸微薄，被戏称“五斗米”，由此演变为村名。

平洲正街村：南宋时有宦官从福建迁到此地，其住处命名为“正街”，沿用为村名。

黄岐九村：开村时建有洲子庙，曾名“洲子村”。因村民多住茅屋，被外人蔑称为“狗村”，后谐音“九村”。

里水流潮村：古代发大水，一块衙门牌匾被冲入芦苇丛，渔夫发现后报官，官府遂赐村名为“流潮”。

大沥表村：由明宪宗皇帝亲书，派官员前来立碑钦定村名。

西樵儒村：村中建有“儒林首第”牌坊，沿用为村名。

官窑大贤边村：村人敬仰孔子，崇尚读书，村名冠为“大贤”。

大沥吉水村：因当时的文人湛若水的诗句“勇渡吉水流，更泛褰江头”而得名。

和顺天竺岗村：宋初此地有古庙，门口楹联上句为“面对白云天竺寺”，庙旁一山冈取名为“天竺岗”，明洪武年间建村时以岗名为村名。

大沥抱伦村：传明代告老归田官员开挖塘底，有泥色如鲜血，人们认为龙脉所在，村名为“抱龙”，众人相传讹为“抱伦”。

西樵碧霞村：地处水网地带，水如“碧玉之晶莹，丹霞之绚丽”，故名。

里水草场村：明初设有驿站，就地种草供驿马之用，渐成为大草场。驿站撤离后，岗尾村人迁入，以草场为村名。

和顺马村：清代以前，赴京考试之人多在此地歇息，马匹交由村民喂养，由此得名。

松岗联表村：元末为南北交通要道，为防商旅、行人遭匪劫，村人沿途设有保镳联防，故称“联镳”。“镳”字生僻，遂定名“联表”。

沙头忠义村：因崇拜三国时期蜀将关云长的忠义精神而命村名。

罗村寨边村：初称“宁埠乡”，因黄萧养起义前，曾领兵占领司衙，并在村边扎寨。乡民景仰黄，改村名为“寨边”，对外则仍称“宁埠乡”。

小塘萧家村：相传黄萧养幼时由一名萧姓的妇人抚养，后来村人以其养母姓氏定村名为“萧家”。

金沙大十麦村：原称“麦家村”，村民为感激在京为官的大十为家乡行善，改名“大十麦村”，简称“大十村”。

沙头陈教村：据传曾有陈姓（佚名）塾师在该村开设私塾，教学有方，学生中屡有考取功名者。村民为纪念其育才功德，改村名为“陈教”。

因此，在南海自然村落的命名中，我们可以看到南海丰富的文化内涵，如桂城翰林村、盐步虎榜村、官窑豸下村、小塘扳挂村（今杨坊村）与赴京考试获取功名有关；里水伴仙岗村、官窑百计村（白鸡塱）、丹灶镇丹灶村、小塘西竺村与美丽的传说有关；罗村街边村、和顺石塘村、小塘华涌村、九江侯王村与古代的庙宇有关；里水麻奢村、和顺袁屋边村与纪念先人有关；松岗铁坑村、盐步水藤村与风水有关；小塘走马营村、小塘洞神堂村则与先民的职业有关。

三、以当地物产来命名

南海地大物博，物产丰富，从事农林牧渔的先民热爱这片赖以生存的土地，以当地物产作为村名是他们发自内心的一种自豪。

桂城蔗围村：清代盛产糖蔗，开设糖寮榨糖。

狮山紫岗村：又名“紫竹岗”，遍种紫竹。

西樵樟坑村，村旁山坑多樟树而名。

大沥荔庄村：清代开村，因遍植荔枝树而得名。

大沥嫩茶村：因建有茶园而名。

西樵松塘村：南宋咸淳年间，区氏先民从南雄珠玑巷来此挖塘养鱼，村中有一长列鱼塘，塘边遍植水松，村三面低丘环抱。

小塘茅竹村：今名“洞神堂村”，当地野生茅竹甚多，故名。

官窑刘边村：元顺帝时，刘姓兄弟从南雄珠玑巷逃难南迁，在大榄锅南部河滩结寮定居，四周多柳树，取名“柳边”，后改称“刘边”。

松岗显子岗村：原名“蚬壳岗”，因当地盛产蚬子，日久蚬壳堆积如山而得名。后来村人期望子孙后代功名显赫，遂借“显”与“蚬”谐音而改名。

罗村总排村：南宋时南雄珠玑巷吴姓人迁此定居。此地在古代为江边，为竹木材集散地，从北江中上游流放的竹木排泊于此，往往长达数里，故称“总排”。

小塘桃园村：明永乐年间李姓人从新境坑口村移居此地。村后岗上曾种有大量果树，称为“世外桃源”，后遂以之作村名。

和顺瑶头村：清初官府在村后建陶窑，原名“窑头村”，谐音“瑶头”。

小塘莲塘村：村中地势低洼，多种莲藕。

大沥雅瑶村：岗上有瓦窑，并以之为村名“瓦窑”，后谐音为“雅瑶”。

九江柳木村：开村时小涌两岸种满沙柳树，故名。

九江兰昌村：原名“大谷二村”，因兰昌制罐厂出名而从1990年起改称“兰昌”村。

四、以姓氏冠名

南海的村落是先民的聚落点，早期的聚落多以家族为群，所以，自然村名中姓氏地名很多，一般都采用“姓氏＋通名”的命名式，通名中多用“村、洞、边、家、屋、坑”等字，有的村名则采用“姓氏+地理特征+通名”的命名方式。

桂城江头村：江姓为主。

西樵简村：宋代开村，村始祖简氏。

小塘罗洞村：以姓冠名。

狮山陈洞村：村中有一对水井，曾用“双井村”、“燕洞”为村名，后再以姓氏冠村名。

盐步周边村：周姓村民。

和顺孔村：明永乐十一年（1413年），山东曲阜孔氏族人迁此建村，以姓为村名。

金沙陆洲村：三水湖湾陆姓的水上人家迁此定居，故名。

大沥谭边村：南宋由南雄珠玑巷迁至，村中原有11个姓氏，后来只剩下谭姓，故名。

盐步黄边村：曾名为“黄冯边村”，因黄姓人众多，改为“黄边村”。

和顺汤村：始祖汤讳贵，南宋末年在雄州任官，游览岭南各地时夜得祥梦，卜居于此，以姓冠名。

沙头大老村和世老村：相传南宋末年有老姓人先移民至此围垦，定居六世后，其后代分别建成大老村和细老村。后细老村民不甘认“细”，遂改为“世老”。

里水河村：原称“何村”，何氏人从南雄珠玑巷迁入，其他姓氏迁入后，改称为“河村”。

里水邓岗村：村中有一小山岗，邓氏先至，故名。

狮山杨坳村：杨姓，在山坳上建村。

小塘三江口谭村：宋末元初何、梁、谭姓从南雄珠玑巷南迁至此开村，各以姓氏为村名，俱冠以“三江口”，由北至南分别是三江口谭、三江口梁、三江口何。

与姓氏相关的村落名很多，如狮山白边村、狮山唐边村、盐步邵边村、盐步关边村、盐步颜边村、大沥张边村、大沥谢边村、大沥钟边村、大沥曹边村、里水沈村、里水朱村（今名“洲村”）、小塘黎边村、金沙杜家村、金沙镇北陈村、金沙镇林斛村、金沙镇高斛村、丹灶劳边村、丹灶苏村、丹灶孔边村、丹灶石涌张村（今名“石东村”）等。

五、移植故土名而命名

南海先民来自五湖四海，从南宋年间到清代乃至近代，因为逃避战乱、生计、任官留驻、城镇建设等种种的原因迁徙南海各地。为了寄托对祖籍的怀念之情，他们往往会把故土名移植为村名。

桂城洙泗村：南宋逃避战乱至南海，以故乡的河流洙水、泗水而定村名。

平洲瓜步村：20世纪50年代，罗村因建沙堤机场，村民由罗村迁至平洲，村名仍用旧村名。

桂城林岳村：开村人留话“林立人才，岳望中原”，因此得名。

平洲奕东村和奕西村：旧称“奕贤村”，宋代福建邵氏人迁此，用故乡村名来命名。

大沥高边村：南宋淳熙年间，小塘高边村人迁此，沿用祖籍地名命名新村。

和顺鲁岗村：明洪武年间建村，始居者为山东籍人，籍地春秋时为鲁国地，把村北山岗命名为“鲁岗”，以示不忘根本，村从岗名。

小塘奇石村：曾称“奇石街”，宋末元初，新会白沙乡陈姓人分支到此开村。因新会崖门有奇石屹立海面，为表不忘故土而取名“奇石村”。

六、以美好祝愿来命名

中国人办事喜欢讨吉利，古代的时候讲究风水，自然村落的地名就具有趋吉避凶的特色，村落的命名就寄托了人们希望生活越来越美好的美好祝愿。，

桂城南福村：取“南边的福地”为寓意。

大沥凤池村：清乾隆年间开村，传此地为凤凰栖息之地，凤为吉祥之物，故取村名。

大沥点头村：原名“汤村”，清道光年间改称“点头村”，寓崇尚礼仪之意。

大沥新龙村：明万历年间已有人聚居，后扩展为东西两社，合称“新龙”，寄予新龙腾跃之意。

西樵民乐圩村：明代始有人居，历遭火劫后三次重建，地域扩大并且越加繁荣，外地人和周边人视之为乐土，表达安居乐业的期盼。

和顺镇和顺村：清康熙二十四年（1685 年）以前称“和锋村”。村人常与人发生争执，村中有识之士认为“锋”字有争锋、锋芒含义，有碍和睦相处，遂改为“顺”字，改村名“和顺村”，寓“敦睦祥和”之意。

沙头罗客村：初称“朗村”，村所在地曾被堪舆师称为“雁落平沙”，村民认为对人居不利，遂求风水先生指点，用打锣的方式吓跑飞雁才可化凶为吉，遂取“锣吓”，后谐音为“罗客”。

松岗万石村：相传宋代江西吉州府人万纯因避灾迁居到此，村之四周多大石，村人认为这是吉祥之兆，子孙后代能食到万石

俸禄，乃取名“万石村”。

松岗缙紫村：村名“缙紫”意在祈求子孙读书做官。因古代称身居官位或做过官的人为缙绅，又公卿高官的印绶、袍服多为青或紫色，故后世以“青紫”代称高官。

盐步水藤村：周边共有带“边”字的村有13条（“水边”是一种汲水陶器，形状如埕，在埕口拴上藤条便于手提，称为“水藤”）。风水先生说要加条“水藤”来运水，带来生气，带旺盐步。

和顺贤僚村：原名“田寮村”。清光绪二十三年（1897年），村民郑贵升中武举人，希望子弟读书成才，仕途亨通，改村名为“贤僚村”。

七、因区划建制变化或时间的推移而命名

南海的区划建制多次发生变化，有的自然村名就留有了区域建制变化的痕迹，有的村名则随着时间的推移，因为自然村的分合而出现村名合称或派生的现象。

九江海寿村：1930年取邻近的沙洲海心沙、寿亭沙各一字命名，1946年才建制置村。

罗村云街村：村中有吕、霍二姓，吕姓属云津房，霍姓属街边房，各取一字合称。

丹灶建设村：东与罗行圩隔南沙涌相望，万历年间由杜姓人开村。1952年成立乡政府时改称今名。

金沙二甲村：“甲”是民国时期推行保甲制度的一级户籍编制单位，保之下为甲。按建制先后顺序排行第二，故名。

九江河清村：历史上此地曾称“古谭”、“河溪”、“清溪”，明、清两代设河清堡。新中国成立后，实属南胜乡，后成立河清

乡，村名沿之。

里水红旗村：广州慈善机构“爱育堂”置地八十亩，作为慈善基金，村名曾叫“八十亩”。土地改革前称“得胜乡”，后改“红旗村”。

沙头青叟村：1951 年由青云社、桥头坊、六世何、儒林巷组成一条片村。村名由青云社和桥头坊的何乙叟祠各取一字定名。

沙头莘深村：清代梅村何姓人分支到此建村，初称“莘里”。石江何姓人迁入，又称“深嘉里”。1953 年土地改革结束后，两里各取一字，合称“莘深村”。

九江龙回村：属于镇境中部基塘区腹地，由龙潭、回龙组成片村。

在当今的自然村名中还出现了不少“XX 村”、“XX 新村”的情况，这些都是村名派生的现象，如丹灶大涡村/大涡新村、金沙水口村/水口新村、罗村大塱村/大塱新村/小塱村、罗村芦塘旧村/芦塘新村、罗村旧誉洞/新誉洞、松岗源洞/新源洞、西樵茅岗东西便/茅岗新村、小塘黄边/新黄边/小黄边、小塘旧小榄/小榄尾等。

从南海自然村名的命名语源分析中，我们可以看到南海厚重的文化底蕴。丰富多彩的南海自然村落地名文化，见证了南海发展的辉煌。

南海自然村落的更名

南海自然村落的命名方式多姿多彩，同时反映出丰富的文化内涵和地域特色。南海自隋文帝开皇九年（589 年）建置南海县行政区划以来，已有 1 400 多年的历史，行政区划经历了分分合合，隶属关系发生了不少变化，自然地理地貌随着社会的发展而物换星移，南海自然村落的地名也必然随之发生变化，村落更名的现象在各个时期都很普遍。

一、南海自然村落地名变化的主要原因

（一）行政区域的变化

清代以前，县是朝廷命官掌控的最低一级行政区划，县以下设置都、堡；民国后期以县为自治单位，下设区与乡；新中国成立以后，建立了乡镇人民政府。由此，早期的“都”“堡”等叫法已不再使用。

改革开放以来，南海的城镇建制几经整合。1993 年南海撤县设市，共有 3 个街道办事处和 15 个镇；2002 年，南海撤市建区，南海设 6 个街道办事处和 11 个镇；2005 年，南海区再作调整，下辖 2 个街道和 6 个镇。至此，因为建制的变化，南海一些自然村的所属关系跟着发生变化，如盐步、黄岐归入大沥镇，金沙归入丹灶镇，平洲、凤鸣归入桂城镇，沙头归入九江镇，和顺归入里水镇，官窑、松岗、小塘归入狮山镇。部分镇的内部格局也有变化，其中原罗村镇的穆院、塘头、白沙桥、招大四个行政村下面的自然村划归狮山镇，原沙头的的山根行政村下面的自然村划归

西樵镇，原九江镇的朝山、七星、大同、显岗、西岸五个行政村下面的自然村划归西樵镇，上述自然村的叫法在行政管理上也随之发生改变。

（二）社会的发展，人员的流动，村落的迁移和变化

社会的发展和自然环境的改变，引发了聚落人员的流动、聚居村落的分化与搬迁、生产方式的变化等。这些都引起了自然村名的更改。

金沙镇北陈村：初称“湾北村”，后以陈姓人居多，改名“北陈”。

官窑吴屋村：定居谓“鹅村”，后吴姓人众多，改称“吴屋”。

里水洲村：朱姓人定居名“朱村”，后朱姓人迁出，李姓人迁入，改称“洲村”，有“洲清传家”之说。

小塘莲子塘村：麦姓人开村称“兴麦村”，后有梁、陈、周姓人到来改称“聚龙塘”，明初改称“莲子塘”。

金沙杜家村：先是何姓人定居，杜姓人后至，人丁超过何姓人，改称为“杜家村”。

罗村沙坑村：又名“下沙坑”，原为上、下沙坑的合称，新中国成立初期，因建机场上沙坑村迁往顺德大良，现有沙坑村实为原来下沙坑。

丹灶石龙村：原名“辽村”，后发现地下有如卧龙的红土带，遂把村名改称“石龙”。

金沙古镇村：曾名“油布行”，直至20世纪初，几百年村落旧貌并无多变化，村人乃自称为“古镇”。

松岗石泉浦村：即“石船埗”，当地以采石谋生，村东小河筑有埗头用船装运石料，遂取“船”、“埗”的谐音“泉”和“浦”，得村名“石泉浦”。

九江兰昌村：原为“大谷二村”，因兰昌制罐厂出名而从1990年起改称“兰昌村”。

小塘洞神堂村：原称“茅竹村”，后村人邓东溪兄弟在广州洞神坊做织布业，回村居住后认为村名不雅，遂改称“洞神堂”。

大沥雅瑶村：岗上有瓦窑而名，后改“瓦窑”为“雅瑶”。

和顺瑶头村：清初官府在村后建陶窑，始称“窑头村”，后谐音为“瑶头村”。

罗村务岗村：村名来源有两说。一说常年大雾笼罩，故称“雾岗”；另一说称因岗形如帽子，称“帽岗”，后嫌“帽”字不雅，改称“务岗”。

大沥璜溪村：原称“大黄坭”、“小黄坭”，把“黄”雅化为“璜”。

里水布新村：村址背向岗心而称“背心村”，后雅化为“布新村”。

和顺大文教村、小文教村：把“混滘”，雅称为“文教”。

罗村充美村：把“涌尾”雅化为“充美”。

九江梅圳村：因村民习惯在榕树下拴牛，起名“牛圳村”，后村人嫌“牛圳”不雅而改称“梅圳”。

黄岐九村：旧称“洲子村”，因村民住茅屋，被外人蔑称为“狗村”，谐音“九村”。

小塘走马营村：误传“走马人”为“走马营”，久之成为村名。

和顺逢涌村：村中有水来自石塘略带红色，人称“红涌”，讹为“逢涌”。

（三）历史及地域文化等因素的影响

南海不仅自然环境优越，物产资源丰富，同时又具有独具魅力的岭南文化传统，拥有深厚的历史文化积淀。自然村落的村名变更，记录了南海千载沧桑的历史，见证了南海人的开拓进取精神，承载着南海人的美好祝愿，也渗透着浓郁的地方文化气息。

桂城翰林村：清乾隆年间，村中考取了三名进士，姚光虞进翰林院，改村名。

大沥表村：由明宪宗皇帝亲书，派官员前来立碑钦定村名。

丹灶梅庄村：因村人冯成修登进士，写有“新生明月挂梅丛”诗句，因此把“庄头村”改称“梅庄村”。

和顺袁屋边村：原称“白石村”，朝廷钦犯袁保昌举家南逃至此。袁氏人大兴土木，建成大家宅第，袁氏后代人多财大，逐渐掌管村中要务，为纪念先祖来自北方，改称为“袁屋边”。

小塘杨坊村：村人科场中试，遂命村名“扳桂”，新中国成立后改称“杨坊”。

罗村寨边村：农民起义领袖黄萧养起义前曾在村边扎寨，乡民景仰黄萧养，改村名为“寨边”。

里水麻奢村：原分为“黄井头”、“岗背”两村。宋代官人陈宁后人以其之号“麻奢”统一村名。

西樵大同圩村：原名“大桐村”，后因孙中山提倡“世界大同”，易名“大同村”。

九江敦根村：先民在土墩上建村，希望安居乐业，乃改“墩根”为“敦根”。

松岗显子岗村：原名“蚬壳岗”，村人期望子孙后代功名显赫，遂将“显”与“蚬”调换。

沙头楼涌村：盛产鱼、虾、蟹，人称“虾米村”，后把村名改称“网顶村”。因“网顶村”与“网顶穿”谐音，认为不吉利，于是再改名“楼涌村”，谐音“留涌”，寓意“留住这条涌，村民就有好日子过”。

二、南海自然村落的更名形式

南海自然村落的更名经历了一个漫长的过程，考察南海自然村落地名的演变，前后的变化主要是通过以下的几种形式来完成。

（一）精简

精简就是指现行村名是原来村名的简称。

罗村上柏村：地处松柏岗北，称“上松柏”，简称“上柏”。

罗村下柏村：地处松柏岗下方，原称“下松柏”，简称下柏。

松岗源洞村：村名“桃源洞”，后简称“源洞”。

里水岗头村：地处山冈与小河之间，称“岗溪村”，后改称“岗头”。

金沙村尾村：位于南乡六约之尾，地域偏西，称“西村尾”，后简称“村尾”。

小塘罗岗村：村庄背枕小丘，形似罗盘，称“锦里罗岗村”，后简称“罗岗”。

小塘东沙村：初称“东边沙”，后简称“东沙”。

我们以有关南海地名记录的几个版本（①《南海市地名志》；②《南海市地名录》；③《南海县建制志》；④《南海县志》）中南海自然村落（或村民小组）的地名条进行对比，可以看出其地名在名称上的变化，后用的地名很多是以前地名的简称（见下表）。

表4　1992—2002年地名名称变化

	① 2002	② 1997	③ 1995	④ 1992
大沥	锦北	锦北	锦北岸	锦北岸
大沥	岗西	岗西	岗头西	岗头西

（续上表）

	① 2002	② 1997	③ 1995	④ 1992
大沥	岗东	岗东	岗头东	岗头东
大沥	石步	石步	石步塘	石步塘
大沥	珠江	珠岗	珠背岗	珠背岗
大沥		心堂	中心堂	中心堂
黄岐		怡兴	怡兴围	怡兴围
盐步	基尾	大基尾	大基尾	大基尾
盐步	小桥	小桥	小桥头	小桥头
丹灶	南丰	南丰	南丰坑	南丰坑
丹灶	沙岸	沙头岸	沙头岸	沙头岸
丹灶	涡村	涡村	涡村南	涡村南
丹灶			涡村北	涡村北
丹灶	仙岗	仙岗	大仙岗	大仙岗
金沙	新村	新村	水口新村	水口新村
金沙	白沙	白沙	白沙墩	白沙墩
金沙	王家	王家	王家	北岸王家
金沙	陈家	陈家	陈家	北岸陈家
平洲	西一		西村一	西村一
平洲	西二		西村二	西村二
平洲	西三		西村三	西村三
九江	一村	沙嘴一村	沙咀一村	沙嘴一村
九江	三村	沙嘴三村	沙咀三村	沙嘴三村
九江	四村	沙嘴四村		

（续上表）

	① 2002	② 1997	③ 1995	④ 1992
九江	一村	河清一村	河清一村	河清一村
九江	二村	河清二村	河清二村	河清二村
九江	三村	河清三村	河清三村	河清三村
九江	四村	河清四村	河清四村	河清四村
九江	风水		风水墩	风水墩
和顺	鹿鸣	鹿鸣岗	鹿鸣岗	鹿鸣岗
里水	伴岗	伴仙岗	伴仙岗	伴仙岗
里水	下沙	下沙涌	下沙涌	下沙涌
里水	上沙	上沙涌	上沙涌	上沙涌
里水	下亨	下亨田	下亨田	下亨田
里水	上亨	上亨田	上亨田	上亨田
罗村	新村	大塱新村	大塱新村	大塱新村
罗村	下沙		下罗沙	下罗沙
罗村	上沙		上罗沙	上罗沙
罗村	新村	芦塘新村	芦塘新村	芦塘新村
罗村	吴村	吴村	芦塘吴村	芦塘吴村
官窑	鱼埗	尤鱼埗	游鱼埗	游鱼埗
官窑	湖东		湖夏东	湖夏东
官窑	湖西		湖夏西	湖夏西
官窑	小榄	小榄	小榄圩	小榄圩
官窑	贤边	贤边	大贤边	大贤边
小塘	文笔		文笔岗	文笔岗
小塘	塘洲		塘洲园	塘洲园

（续上表）

	① 2002	② 1997	③ 1995	④ 1992
小塘	白仙	白仙	白仙巷	白仙巷
罗村	上旺	上旺田	上旺田	上旺田
罗村	下旺	下旺田	下旺田	下旺田
松岗	新企		新企岗	新企岗
松岗	旧企		旧企岗	旧企岗
松岗	龙井	龙井水	龙井水	龙井水
松岗	大坑	大坑庄	大坑庄	大坑庄
松岗	沙水	下沙水	下沙水	下沙水
松岗	上沙	上沙水	上沙水	上沙水
小塘	罗岗	罗岗	饭罗岗	饭罗岗
西樵	东坊		茅岗东坊	茅岗东坊
西樵	西坊		茅岗西坊	茅岗西坊
沙头	岗头	岗头涌	岗头涌	岗头涌

（二）谐音

谐音就是借助语音上的音同与音近的关系，替换原有村落地名中的某些用字，构成村落的新名称，前面的不少例子都属于这一类。如大沥的抱伦村/抱龙、雅瑶/瓦窑，盐步的北丫/碧华，和顺的逢涌/红涌、瑶头/窑头，罗村的务岗/雾岗或帽岗，九江敦根/墩根、燕桥/烟桥，松岗显子岗/蚬壳岗，沙头的楼涌/留涌，里水布新/背心，金沙的箩行/罗行，官窑的柳边/刘边，西樵的沙褁/沙杏。在《南海市地名志》、《南海市地名录》、《南海县建制志》和《南海县志》中，所记录的村名更名（曾用名）的谐音现象比比皆是。

大沥：水头河/水头何、厦巷/夏巷、良豪/良濠、九潭/九谭、珠江/珠岗、桥木/乔木、阳栏/羊栏

盐步：迴龙/回龙、深溪/心溪、沙教/沙滘、朗心/塱心

金沙：十陈/拾陈、新龙/新农

平洲：格涌/隔涌、蓬涌/蓬冲、生龙/甡龙、教口/滘口、大塱/大朗、墨盆/墨盘、西步/西埗

九江：沙嘴/沙咀、长龄/长令/长宁、龙迴/龙回、日耀/日曜坊、东升/东星、宫花塘/宫花堂

沙头：大朗/大塱、石排/石牌

和顺：上朗/上塱、料尾/料美、贤僚/贤寮

里水：蟹坑/蠏坑、岗美/冈美、谭村/潭村、沙夏塘/厦塘、大朗/大塱、潭边/谭边、浦溪北/蒲北、大甫/大圃、冲口/涌口

罗村：谭头/潭头、小朗/小塱、大朗/大塱、龙珠/龙朱、西边/西便、中布/中坾、察尾/察美、小坑尾/萧坑尾、新誉洞/新御洞

官窑：尤鱼坾/游鱼坾、后福/厚福、绿边/碌边/禄边、百鑑/百鉴、豸下/豸夏、塘边/唐边、杨坑/羊坑

松岗：联表/联镳、西鸦/西丫、永丰/永锋、石泉埔/石泉浦

小塘：蟹口/蚧口涡、牛溪/鳌溪、朗下/塱下、黄顶/黄鼎、西竹/西竺、范祥/范庠、大江社/大岗社、塘美/唐美、格岗/隔岗、朗下/塱下/塱霞、肖家/萧家、桃园/桃源

西樵：杏头/寨头、槎谭/槎潭、大地朗/大地塱、南朗/南塱、冈边/岗边、欧边/瓯边、增边/缯边、均林/筠林、仙来/仙莱、国泰南约/国太、唐先/塘先、墩庆/大墩寨

（三）雅化

雅化就是把可能引起不好的联想的地名或用字不雅的地名改过来，从而给人一种美好的、高雅的感觉。

小塘：茅竹—洞神堂

和顺：窑头—瑶头

黄岐：狗村—九村

里水：背心—布新

九江：牛圳—梅圳

官窑：羊坑—杨坑

罗村：雾岗—帽岗—务岗、涌尾—充美、岭背—岭贝、榴洞—刘洞

大沥：瓦窑—雅瑶、大黄坭—大璜坭、小黄坭—小璜坭、羊栏—杨栏

和顺：大混滘—大文教、小混滘—小文教村

（四）合称

因为行政区划的变化或生活生产的需要，村落会发生合并的现象，由此就引发了村名的变更，两村合并或是多村合并，聚落地名一般也会采用合称或统称的方式来更名。

丹灶大杏村：初为“大赢村”，由南蛇杏、沥杏、长扶杏组成统称“三杏”，后改称“大杏村”。

罗村三雅村：清末逐渐形成观音庄、大塘庄、瓦庄、五房庄、三房庄等几个聚落点，统称“耕庄”。1952 年土地改革后，庄农分到田地，将三个聚居点合称“三雅村”。

大沥邓边：邓南＋邓西

大沥竹冠：竹园＋冠甲

盐步永平：永安＋太平

大沥李潘：李合＋潘合

大沥潘谢：潘合＋石桥谢

平洲三联：塘边 + 马溪 + 三华

盐步六村：西宁 + 绍蟾 + 南郊 + 文兴 + 凝禧 + 南方

沙头莘深：莘里 + 深嘉里

九江龙回：龙潭 + 回龙

顺金叶：金凤庄 + 叶家庄

罗村田邓：田心 + 邓合

罗村龙朱：龙南 + 朱边

松岗巷西：巷口 + 四村

罗村上北：上边 + 北房

小塘邹孔：邹边 + 孔村

官窑大榄：大榄一村 ~ 大榄七村

（五）启用旧名

南海自然村的命名虽然有一定的理据，但规律性不强，地名的系列化与层次性不明显，古今地名、雅俗地名共存的现象不少。仅仅是 1992—2002 年期间，同一地方的地名记录用字就有差异，这种自然村名的名称差异，有时就是因为选用的标准不同而造成的，现行地名有时是启用了曾用地名。

从 1987 年开始，南海改乡为行政村，行政村下辖的自然村设立村民小组，一般是一村一小组，大村一村多组，小村多村一组，2002 年村民小组名称（出自 2008 年《南海市地名志》）与 1992 年自然村名（出自 2000 年《南海县志》）有异（已经排除了一村多组的现象），有些村名就有起用曾用名的情况。

里水：伴岗

丹灶：和平

松岗：西鸦

盐步：兴隆

西樵：豫章

金沙：二甲、新龙

罗村：察美、南区

沙头：先锋、小坑尾、新兴

小塘：格岗、朗下（曾用名塱下）、小罗岗、牛溪

九江：长龄、梅北、梅东、宫溪、群星

三、南海自然村落更名的规范问题

（一）南海自然村更名的特点

南海自然村落的更名过程是漫长的，直至今天，我们通过自然村名前后变化的比较可以看到，村名更名以后具有以下几个特点：

（1）以简单代替繁难。现在的自然村名中，选用常用字，减少了繁难字、生僻字和方言字，字数的组合也更为简单（这点详见上文“精简”部分用例），用字书写形式更为简单。

大沥：放尧/做尧、卢村/芦村、小布/小埗、良豪/良濠、乔木/桥木

盐步：回龙/廻龙、莺冲/莺涌

丹灶：心溪/深溪、下沙教/下沙滘、朗心/塱心

平洲：格涌/隔涌、蓬冲/蓬涌、生龙/甡龙、教口/滘口、西步/西埗

九江：长令/长龄、龙回/龙廻

沙头：大朗/大塱

里水：蟹坑/蟹坑、河朗沙/河塱沙、大朗/大塱、大甫/大圃

罗村：小朗/小塱、大朗/大塱、龙朱/龙珠、西边/西便、中布/中土布

官窑：后福/厚福、绿边/禄边、百鉴/百鑑、豸下/豸夏

狮山：牛溪/鳌溪、朗下/塱下、小坑尾/萧坑尾

松岗：联镳/联表、新企岗/新暨岗、旧企岗/旧暨岗、西丫/西鸦

小塘：西竹/西竺、范祥/范庠、格岗/隔江、朗下/塱霞、肖

家/萧家

西樵：大地朗/大地塱、南朗新村/南塱新村、均林/筠林、仙来/仙莱、唐先/塘先、墩庆/大敦褰

(2) 同音字互用。现用村名与曾用村名比较，同音字互用的情况较多，特别是以粤语同音字的互用为主（见上文“谐音”部分）。

(3) 雅化。通过各种方式更名以后，总体上说给人一种更加合理、更为和谐的感觉，尤其是部分雅化后的地名，去除了一些突兀、生硬、拗口的感觉。

（二）南海自然村名的更名变化

更改地名是一项涉及面广、影响大、有难度的工作，自然村是先民聚居生活的地方，村落名称早已约定俗成，更名后需要一个适应的过程。南海自然村地名更改以后，带来了一些变化，提出了一系列地名规范的问题。

更名后的变化主要有：

(1) 指位、指类不明显。指位、指类是地名的基本功能和本质特征，南海自然村名的更改，造成了部分村名的指位、指类的功能削弱。如：珠岗—珠江、雾庄（帽庄）—务庄、风水墩—风水，以地貌特征命名的特点消失；柳边—刘边，以物产命名的特色消失，让人以为是以姓氏命名；小桥头—小桥、隔涌—格涌，方位特征已不明显；北锦岸、石步塘、南丰坑、松桂坊、接云坊、南约坊、北胜坊、东社坊、日曜坊等去掉了通名，只留下专名，指称的范围泛化。

(2) 文化内涵减弱。南海自然村落的命名，处处渗透着人文气息，显示着岭南文化的特征。部分村名更名以后，形式上是系列化和规范化了，但是却削弱了原有地名的内涵，显得空洞乏味。如在2002年村民小组的名称中就出现了大量以数目词命名的村落

地名（2009 年 1 月出版的《大沥地图》的图例中，突出了村民小组的标识地位，有别于以前自然村标识的做法），如：第一（11 个）、第二（10 个）、第三（10 个）、第四（8 个）、第五（10 个）、第六（9 个）、第七（10 个）、第八（10 个）、第九（9 个）、第十（9 个）、十一（5 个）、十二（6 个）、十三（7 个）、十四（4 个）、十五（5 个）、十六（3 个）、十七（3 个）、十八（3 个）、十九（4 个）、二十（3 个）、二十一（2 个）、二十二（2 个）。结构上是简单了，但是难以明确地域定位，使用上必须采用多层地名才能清楚明了。

（3）简单化造成村落地名的同名与同形。地名原则上应该是一地一名，这样才能真正地起到地名的标识作用。更名后的南海自然村村名出现了重名的现象（个别地名是命名时因采用移植的方式造成了重名），越往后，重名现象越明显。

清宣统二年（1910 年）的《南海县志》中记载，64 堡共收村数 1 153 个（已排除了现今不属于南海区的佛山堡等九个堡的 109 个自然村），一千多个村名中重名的有 98 个，如果排除因两个堡交界重叠的数目，实际重名为 71 个，其中同一村名重名三处以上的有：冈尾、横冈、黄边、磡头、沥口、罗村、南村、太平、田心、西村、新村、徐边共 12 个村。

2000 年出版的《南海县志》所列的自然村数为 1 365 个（含南庄镇），重名数达到 106 个（不含南庄镇），且同一村名重名三处以上的就有 30 个，如 4 个“陈边”：大沥沥中、金沙东联、小塘狮北、小塘狮岭；5 个“东村”：松岗显纲、大沥奇槎、金沙西联、平洲平东、九江西岸；4 个“南村”：黄岐六联、丹灶、凤鸣三山、西樵新田；5 个“田心”：金沙罗行、沙头南金、松岗联表、九江七星、九江西岸；10 个“新村”：丹灶荷村、金沙联沙、金沙西联、桂城东二、和顺金利、罗村街边、小塘狮北、松岗显子岗、西樵儒溪、西樵太平；5 个“涌口”：大沥水头、黄岐白沙、平洲夏东、松岗山南、小塘狮南；4 个“庄边”：大沥大镇、丹灶西城、罗村白沙桥、小塘。

2008 年出版的《南海市地名志》所列的自然村数 1 250 个（已排除南庄镇），村民小组数 1 775 个，以村民小组数统计重名村名数为 190 个，其中“新村”共有 13 处，分布在：丹灶、金沙东联、金沙西联、金沙上安、桂城、和顺石塘、和顺金利、罗村联合、罗村街边、罗村芦塘、小塘狮北、小塘洞边、西樵。

（4）不同层次的地名交错。在现行地名中，各个时期的南海村名同时共存，新地名、老地名、俗地名相交叠加，没有明确的划分，别名互用并且前后反复交替，容易造成混乱。特别是谐音更名，在多年的流传过程中，由于粤语与普通话的语音系统不相同，操粤语的人看起来读起来问题不大，但不懂粤语的人就难以理解，摸不着头脑。如“箩村—罗村、螺村—罗村、鼓岗—古岗、柳边—刘边”还好理解，但遇到“珠岗—珠江、雾岗或帽岗—务岗、锣吓—罗客、渡头—道头、北丫—碧华、沙涌—沙杏、敦涌—墩庆”就有点麻烦了，因为不好理解。

南海祠堂亦辉煌

在南海区内，分布着各种类型的文物保护单位，其中就有不少是南海各地的宗祠和家庙。例如：

省级单位：
大沥曹边曹氏大宗祠（明）
九江崔氏大宗祠（明）
西樵简村绮亭陈公祠（清）
大沥盐步平地黄氏大宗祠（清）
市级单位：
九江烟桥何氏大宗祠（清）
狮山小塘华平村李氏大宗祠（清）
大沥杜氏大宗祠（清）
狮山官窑七甫村陈氏宗祠（明）
里水泗源郑公祠（清）
大沥朝议世家邝公祠（明清）
大沥颜氏大宗祠（清）
大沥凤池曹氏大宗祠（清）
大沥激表李氏大宗祠（清）
桂城遁叟江公祠（清）
罗村联星江氏宗祠（清）
桂城江氏宗祠（清）
大沥钟氏大宗祠（清）

大沥吴氏八世祖祠（清）

大沥黄岐梁氏大宗祠（清）

除了上述省市级的文物保护单位以外，南海境内还有一批具有一定影响力或纪念意义的祠堂，如：

（桂城）孔大宗祠	（狮山）陈氏宗祠
（里水）何氏家庙	（里水）吕氏大宗祠
（丹灶）澹浦陈公祠	（丹灶）华宝杜公祠
（丹灶）罗行杜氏大宗祠	（丹灶）吴氏大宗祠
（丹灶）处静李公祠	（丹灶）罗行黄氏大宗祠
（丹灶）沙滘庐江大宗祠	（丹灶）麦氏大宗祠
（丹灶）宗杰麦公祠	（丹灶）罗行麦氏大宗祠
（丹灶）月川高公祠	（丹灶）荷村徐氏大宗祠
（丹灶）荷村杨氏大宗祠	（丹灶）帅氏宗祠
（丹灶）鹤峰先生祠	（丹灶）北野何公祠
（丹灶）公九何公祠	（丹灶）西耕何公祠
（丹灶）周湖何公祠	（丹灶）缩献何公祠
（丹灶）西岸何公祠	（丹灶）南一何公祠

佛山流传着“顺德祠堂南海庙”的说法，反映了顺德南海的宗祠家庙数量之多。“祠”从词源上看，最早是表示“春祭”、“祈祷”之意，《诗·小雅·天保》有“祠禴烝尝，于公先王”之句，《毛诗传》有“春曰祠，夏曰禴，秋曰尝，冬曰烝”之说，《周礼·春宫·小宗伯》中也提到“祷祠于上下神示（祇）”（注：求福曰祷，得求曰祠）。后来，“祠”由动词转为名词，表示“庙堂”。祠堂是宗族供放祖先牌位、祭祖、祈福、庆典、讨论族中大计和处理族人大事的场所。在相当长的一段时间里，宗祠是族权

的象征，是一个宗族的中心，象征着祖先，象征着宗族的团结。

在中国的历史上，早期只有帝王才能建祠，到了宋代才开始允许民间建造宗族祠堂。北人南迁以后，南方经济逐渐发展，宗族聚居出现了南强北弱的局势。历史学家吕思勉曾经说过：“（宗族）聚居的情况南北方有所不同。南方人聚居的规模大，时间久，地方广，且具普遍性。南方望族庶族均聚居，北方则庶族凝聚性小些。”南方的村落普设祠堂，宗族成为一种社会组织，宗族文化以宗族存在和活动为基础，以宗族的认同和强化为特征，注重宗族的延续与和谐，祠堂、祭祖、修坟、家谱成为宗族文化的物质形态。祠堂因族而立，有宗族就有祠堂。新中国成立以前，南海村村有祠堂，乡村各姓氏从始祖以至后世各房多建有祠堂，有的称宗祠，加上堂主名号或冠以堂号，有的兼做家塾或书社。村中有多少宗族，就有多少座祠堂，一个宗族有几条村，村族就建有宗祠以及各房族的祠堂，祠堂里设置的神龛供奉历代祖先灵牌，所以宗祠/宗谱，族谱/宗族，房祠/房谱/房族（房派），家祠（私祖厅）/家谱/家族往往相对，构成了不同的层面。家族中的成员，就是由追溯到离自己最近的一个小祠堂或私祖祠（私祖厅）或公厅范围中的一群家庭构成的。

南海祠堂名称的构成，一般是专名加上通名“大宗祠”、“祖祠”、“宗祠”、“祠”（公祠）、“大夫祠”、“家祠”（或家庙）、“亲祠”、“分祠”、“厅”等字，它们往往与前面提到的不同层级相对应。各地各姓氏都有始祖，始祖祠就称为“大宗祠”，始祖牌位下按辈分排列供奉先人的牌位，其余开枝的祠堂一律称“宗祠”。“大宗祠”一般供奉这个宗族在本地的开基祖的神位，包括最多第二、第三代祖先的牌位，一些非前几世的祖先但在宗族中属光宗耀祖的人物牌位也可以放在这里，因为只有这些人才能接受整个宗族的派下后人的祭拜。“宗祠”供奉本房先人的牌位。“公祠”、“家祠”（或“家庙”）、“亲祠”、“分祠”、“厅”一般是供奉其他时代的祖先牌位，它们往往是房祠或是支祠，与“大宗祠”相比较，指称的是祠堂从“某某公”开始，或是称为“某祠的开基祖”，这些小宗祠的“开基祖”辈分层次不一致。“大夫祠”一般是供奉有官职的祖先。据2008年南海各镇的《镇志》（或《街道志》）统计，1950年以前南海的祠堂数不胜数，如历史上沙头曾有祠堂234座，松岗曾有87座，小塘曾有124座，盐步曾有257座，和顺曾有130多座。这些祠堂多建于南宋到清朝各个时期，在清代，除了始建的祠堂外，还有一些是重建的祠堂。新中国成立以后，1950年拆毁的祠堂很多，多数是改作学校、工厂或其他用途。以盐步为例，至今被拆除的祠堂共187座，目前保留下来的祠堂只有70座，而且绝大部分已经挪作他用。

祠堂的形式与结构以宗族的大小强弱而定，大都是采用纵轴式布局，格局上多为二进或三进，最大的为五进，各进的架梁不同也不等。从大门开始往里推进，依次是屏风、天井、大堂（或正厅）、后堂，还可以有阁楼或者厨房，两旁有青云巷，有的祠堂还有衬祠或花园。祠堂正门有石狮子，照墙画有“二十四孝子图”或是梅兰竹菊或象征吉祥的画。祠堂前面可以有钟台和鼓台，族人中功名或出大官，祠堂前就竖起旗杆夹（功名牌）。祠堂依地势而建，朝向可以坐东向西，可以坐南向北，也可以坐北向南。祠堂外墙体有镬耳形和金字形，上顶有称硬山顶、有称歇山顶等。南海祠堂的建筑风格也是多样化的。沙头崔氏宗祠（又名山南祠），被称为“南海最宏伟的祠堂”，建造历时20年，明嘉靖四十一年（1562年）完成，清代曾经4次重修扩建。祠堂纵轴线式布局，一座五进，纵深105米。前殿为牌楼，分头门和仪门，名五凤楼。第二进是石牌坊，山字形，四柱三间，有明朝巡抚、广东监察御史陈联芳题词并亲笔书写的“山南世家”四字。第三进有可容纳600人的礼堂。第四进为高厅。第五进是奎星楼。沙头北村三约次云祠被认为是最豪华的家祠，其部分建筑木材来源于北京颐和园的建筑剩余木材，主体青砖为东莞特产，装饰用新会白庙砖瓦，瓦檐下镶嵌金箔。大沥曹边曹氏宗祠（又名南雄祖祠），于明崇祯九年（1636 年）建成，三进，殿中砌两面金字形蚝壳墙以代替梁架支撑瓦面，颇具特色。西樵的绮亭陈公祠，祠宇规模大，采用四合院式结构。和顺绍财黄公祠，建于民国二十一年（1932 年），钢筋混凝土结构，是最新式的祠堂。

广东的祠堂文化源远流长，祠堂的作用可以分为四个方面：一是安置先人灵位的地方；二是众人议事的场所；三是年中一切喜庆聚集的地方；四是族人婚姻嫁娶设宴的地方。屈大均在《广东新语·宫语》中写道：“其大小宗祖祢皆有祠，代为堂构，以壮丽相高。每千人之族，祠数十所，小姓单家，族人不满百者，亦有祠数所。其曰‘大宗祠’者，始祖之庙也。庶人而有始祖之庙，追远也，收族也。追远，孝也。收族，仁也。匪僭也，匪谄也。……其族长以朔望读祖训于祠，养老尊贤，赏善罚恶之典，一出于祠。”屈大均认为“有祠而子姓以为归，一家以为根本，仁孝之道，由之而生，吾粤其庶几近古者也”。

在古代相当长的历史中，南海祠堂充分地体现出孝道和仁道的特点。如狮山塘头村，流传着“李家祠堂白家拜，翻风落雨（意为‘刮风下雨’）走出李氏云崖”的说法。塘头村一南一北两座祠堂，北边是白氏大祠堂，南边为云崖公祠，全村姓白而没有李姓，却建有一家李氏祠堂。传说是李云崖开村，白姓人只是李家的雇工，后来李家把部分家产赠与白氏，白姓人为感恩而修“云崖公祠”供奉李云崖的神位。西樵的绮亭陈公祠，是陈启沅在清光绪年间为纪念其养父绮亭公而建，同样体现出孝道与感恩。盐步学正村，曾有埠祭祠，建于宣统二年（1910 年），是一座为黄氏历代无后人者而建的祠堂，体现出“老吾老以及人之老”的文化精髓。

在近现代生活中，祠堂的后两个作用可谓是发挥得淋漓尽致。

如祭祖，广东人一直以来都有崇拜祖先的习俗，很多人每年都参加年节祭祀祖先活动。广东的祖先崇拜往往与血统关系及伦理观念相结合，不同于抽象的神灵信仰，而是着重于家庭或宗族历史的承前启后，包含对祖先崇恩报本、光大家声的目的。祭祖，是民间的重要祭祀，一般分为春秋两祭，祭祖有族祭、房祭、摆祭、家祭、节祭、墓祭（清明）等形式。族祭由族长主祭，长者向众人讲述祖先艰辛创业的故事，鼓励后人克勤克俭，继往开来，以光祖德，称为“家训”。拜祭时长幼有序，气氛严肃，祭典后是全族聚餐，叫“食酢”。新中国成前，南海人拜太公的规模很大，最隆重的要数叶姓和蔡姓，叶姓男人在每年的清明时节都回大沥颜峰拜祭老祖宗叶颙，场面壮观。蔡姓的拜太公活动也很隆重，各地的蔡姓后人乘花尾渡（小渡船）在和顺集中，然后浩浩荡荡开赴文头岭拜蔡太公蔡子华。2000 年，广州的蔡姓人回乡拜太公，在蔡姓祠堂筵开百席，祠堂门口的鞭炮纸厚达半米，可见当时场面之盛大。族人的其他活动如舞龙、舞狮、吃龙舟饭、乡宴、乡饮等也是在祠堂进行。新中国成立后，南海祠堂大多变成了学校、工厂、乡镇的办公场所和生产队的仓库。20 世纪 80 年代后，各地多重建（重修）祠堂，重设祖先牌位，族人的祭拜活动又逐渐活跃起来。

祠堂的兴建，也带来了丰富多彩的楹联文化。在祠堂的大门、屏风柱、中后堂的木柱或石柱均写有或刻有楹联，形式有四言、五言、七言至二十多言不等，内容大致有三个方面：一是点明姓氏的望郡与开枝地；二是歌颂祖先或族人的功德，启迪后辈；三是描写祠堂所在地点及周围的环境。如：

“宗传台阁地，派衍凤凰池。”（松岗显岗桂林公祠）

“家风传渤海，化雨沐尼山。”（小塘狮西高氏宗祠）

“诗书世胄，江夏家风。”（和顺料美黄氏宗祠）

“父子状元天下有，同胞三翰世间稀。”（小塘狮西华平李氏大宗祠）

“老吾老幼吾幼，言其言亲其亲。”（小塘江湄黄公祠）

“槐树孙枝挺秀，轩堂祖德常新。”（平洲林岳郭氏槐轩祠）

“桑梓重文章，左学养老，右学尊贤，观此礼可知王道；人伦崇孝悌，在朝尚爵，在乡尚齿，明厥义以示斯民。”（平洲夏教乡饮祠堂）

“莫谓戏字半边虚，你睇文人蒙正，武士秦琼，不久苦尽甘来，允许古今书史看；谁云剧演无真处，试看老若周姜，德如梁灏，当时福随寿至，聊同世上圣贤称。”（平洲夏教乡饮祠堂戏棚对联）。

这些楹联是南海历史、民俗的真实写照，也为后人研究南海的文化提供了很好的材料。

与祠堂有关系的还有修族谱或修家谱，这是对祖宗崇拜的另一种形式，把宗族变迁及族人的简要生平记载下来，代代相传，使后人从中得到鼓励，继往开来。如一些姓氏的排行字辈，族谱上有清楚的记载，后人严格遵循。以孔姓为例，孔子自56代孙起至105代孙，历代皇帝颁赐的字辈为：希、伯、公、彦、承、宏、闻、贞、尚、衍、兴、毓、传、继、广、昭、宪、庆、繁、祥、令、德、维、垂、佑、钦、绍、念、显、扬、建、道、敦、安、定、懋、修、肇、彝、常、裕、文、焕、景、瑞、永、锡、世、绪、昌。又如南海南庄（今归佛山禅城）冼氏的排行字辈从康熙四十三年（1704年）开始，按照“兴甫隆元信，仪平简玉公（公不改）；修广良图荫，常和盛业忠（忠不改）；书朝开翰室，祺绍庆时雍（雍不改）”。改革开放以后，南海人开始在家堂设立灵牌，一些华侨华人亦回乡寻根祭祖，修建祠堂，重设祖先牌位，祭拜和纪念活动自然就多起来了。20世纪90年代以后，续修家谱成了有条件的各村、各族积极筹划的大事。

南海的祠堂文化，既是中原文化的承传，又具有明显的岭南文化特色。改革开放以后，宗族文化得到了复兴，南海各地的一些祠堂得以重新修葺或重建，联宗祭祖活动营造出各种热闹风光，舞龙舞狮、祭祖吃团圆饭、赛龙舟吃龙舟饭等活动都让各村各乡的祠堂热闹非凡。祠堂在联宗活动、居地村落社区内经济帮扶活动、文化交流中互娱互乐、婚丧喜庆互相协调等方面都发挥出新的作用。

从南海地名看古南越族底层词的遗存

广东省佛山市南海区地处珠三角腹地，曾是历史上古南越族的聚居地之一，有着深厚的历史文化底蕴。据史料记载，秦时设郡，隋时置县。1992 年，南海撤县设市。2003 年作为“南海区”融入大佛山。2005 年，该区进行区域调整，含两个街道办事处（桂城、罗村）和六个镇（里水、九江、丹灶、大沥、狮山、西樵），此建制一直沿用至今。本文以清代《南海县志》、《南越笔记》以及《南海市地名志》、《广西壮语地名选集》等古籍、地方文献资料为依据，探究现行南海区八个镇街地名中古南越族底层词的遗存。

一、古南越族底层词形成的历史背景

底层词是强势语言汉语与少数民族语言接触而产生的词，是一种双语现象。它的形成常常与所在地的地理环境、历史文化等因素联系在一起。语言学家萨丕尔曾说：“语言的背后是有东西的。而且语言不能离开文化而存在，所谓文化就是社会遗传下来的习惯和信仰的总和，由它可以决定我们的生活组织。”底层词的形成涉及语言接触的留存问题。早期在中国的岭南地区居住着南越（通“粤”）族，它是百越族中的一支，是一个独具浓厚文化特色的古代民族，主要分布于珠江流域等地。中国历史上曾有“北胡南越”的说法。随着中原人持续大规模的南迁，土著的南越族与汉族长期杂居，多数土著居民逐渐与汉族融合，最终被汉化。没有被汉化的土著居民演变为黎族、壮族、瑶族、畲族、苗族等少数民族，分布于现在的广东、广西、海南、云南等地，现南海区也有这些少数民族分布。在中原汉族大量迁移到岭南以前，南越族一直是岭南地区的土著居民和主体民族，中原人迁到岭南后，语言不免受其影响。南越族人在接受中原地区先进的经济、文化影响的同时，也接受了汉语，并被汉语逐渐同化。强势语言与弱势语言在并存、相互竞争的过程中，往往是强势语言胜出而处于“话语权”的主导地位。但这一过程是渐变的，“双语”状态是其过渡阶段，即南越族人不会一下子将自己所使用的母语全抛弃掉。因为在语言的接触中，同化往往伴随着相互渗透，于是南越族人在放弃本族语而使用汉语时会不自觉地带着古越语的底层词，而各地相对稳固的地名则很好地记录下了这些底层词。

二、底层词在南海地名中的分布情况

现代汉族广府民系大部分是汉化的南越族后裔，由中原汉族和南越族融合发展而来。在珠江流域有众多人口使用粤语，并保留了较多古南越语底层成分，主要表现在词汇方面。如在粤语中“呢”表示“这”，“唔”表示“不”，“虾”表示“欺负”，“边度”表示“哪儿”等。古南越族的底层词问题从 20 世纪 90 年代开始引起广大学者的关注，如司徒尚纪、陈柏辉、李敬忠、欧阳觉亚、宋长栋等学者都对此有过深入研究，并不断有研究成果问世。当中很多学者运用大量的史料、语料证明南越底层词其实与壮侗语词汇有着密切的联系，这些底层词汇不同于中原语言，而是带有明显的地域色彩，比较接近壮侗语系的语言。（见表 1）

表 1　南海老地名中部分古越语用字及其含义

古越语用字	含义
涌（冲）	小河
埗（步）	码头
埔	同“埗”，津渡
良	洼地、田地
洞（峝、峒）	山谷、山野、山、盆地、石山间平地
六（禄、渌）、罗	山谷、山地
边（板）、古、思、云	角落、村

注：资料源自《广西壮语地名选集》。

“涌（冲）”、“埗（步、埔）”、“洞（峝、峒）”“六（禄、渌）”、“罗”、“边”等都是古越语底层词在南海地名中的遗留。其分布主要存在于表示水体、山冈、田地等自然地理实体地名和表示居住地的人文地理实体地名中。

（一）与河流、池沼、水沟等有关的底层词地名

这类底层词地名从侧面反映出古南越人临水而居的聚落分布特征和善用舟楫渡河的生活习惯。

1. 涌（冲）

清代李调元在《南越笔记》曰：“涌，冲也，音冲。”“涌”意为小河流。带“涌”或“冲”字的地名在南海比比皆是，如：逢涌、沙涌、华涌、猛涌、湖涌、楼涌、龙涌、良涌、大冲、泌冲等。

2. 埗（步、埔）

宋人吴处厚在《青箱杂记》曰：“岭南谓水津为步。”古越人靠水而居，以捕鱼为生，常以舟楫为渡河工具，在地名上通用“埗（埔）”表示码头、津渡，形成了独特的百越土著文化。有时“埗”亦写作“步”，现南海比较常见的表示津渡、码头的地名常用“步”字，而少用“埗”或“埔”字，如盐步、瓜步、庄步、河步、石步等。

（二）与冲积平原、低洼田地、山谷盆地等有关的底层词地名

1. 良、塱（塝、朗）

“良”是壮语［langx］的近音，意为平地，在《广西壮语地名选集》中可以找到带“良”字的地名，常指有水的大片洼地、田地等。在南海，带“良”字的地名不多见，主要有丹灶的良登，成村于1 100年前，为南海千年古村之一；另一个是九江的良涌，按《南海市地名志》上的解释，“良”指土地肥沃，与田地有关。“良”字地名虽在南海不常见，但另一与“良”字意义非常接近的“塱”字地名却大量存在。据地名研究专家司徒尚纪教授称，“塱”字属壮语地名，指冲积平原或低地。有时“塱”也写作“朗”，如南海就有塱心、塱下、塱沙、朗星、平朗等地名。在清康熙年间的《南海县志》中，带“塱”、“塝”或“朗”字的底层地名同时存在，如小塱、塱背、塝边、心头塝、大朗、平朗等。从音义关系来看，“塱”字粤音为［$long^5$］，与“良”字壮音［langx］非常接近，而且这两个字的意义也很相近。宋人王圣美曾提出探索汉语音义关系的“右文说”，认为形声字的声符在表声的同时还表义。沈括在《梦溪笔谈》（卷十四）中说：“王圣美治字学，演其义以为右文。古之字书皆从左文。凡字，其类在左，其义在右。如木类，其左皆从木。所谓右文者，如戋，小也。水之小者曰浅，金之小者曰钱，歹而小者曰残，贝之小者曰贱。如此之类，皆以戋为义也。”这就是说凡从“戋”声的字都有小的意义在内。如此，沿着“因声求义”的路径，我们可以推断“塱”或“塝”是从“良”（壮音）或“朗”得音，从“良”得义，从“土”表类。不过，这只是笔者依“右文说”理论所作的一种大胆的推断，“良”与“塱”、“塝”或“朗”究竟是否同一语源，其音义经历如何演变仍有待考证。

2. 洞（峝、峒）

壮、布依、傣语等习惯称“田峒、田坝、平地”为［toŋ⁶］或［tuŋ⁶］，音译为“洞”、“峝”或“峒”，表示山谷、山野、盆地、石山间平地、低洼地等义。南越后裔俚僚族又被称为“峒蛮”、“峒客”，可以唐代诗人柳宗元谪居柳州时写下的“青箬裹盐归峒客”（《柳州峒民诗》）诗句为证。南海带“洞”字的地名有很多，如陈洞、罗洞、黄洞、马洞、洞神堂、洞边、洞田等，而用“峝”或“峒”字的地名却很少见。在清代康熙年间的《南海县志》中，则常用“洞”或“峝”表示山谷、低洼地等地形地貌，如桃洞、紫洞、小黄洞、小明洞、扶峝（“扶”亦为壮语地名，意为山）、刘峝、誉峝等。

3. 六（禄、渌）、罗

“六（禄、渌）”、“罗”等是壮语［lu：k↓］、［nɑ↓］的对音；原意是山地或水田。“六”字地名在《广西壮语地名选集》中共收有103个，而“罗”字地名常出现在西江流域，如罗定、罗镜、罗坪、罗逢、罗孔、罗荔、罗沙、罗求、罗冲等。这类地名在南海也有，但不常见，如六联、禄舟、罗行等。

（三）与南越人居住地有关的底层词地名

这类底层词地名主要指带“边”、“思（墟、圩）”、“古”、“云”等字的地名。

根据司徒尚纪教授的研究，带“边”、“思”、“古”、“云”等字的地名都是古南越人遗留下来的壮语词汇在地名中的沉淀，充分反映了古南越人生活的区域和足迹。壮、布依、傣、水、毛南语称“村寨”为［bɑ：n³］，音译为“边”，表示村落或村庄之义。在南海表示居住地的底层词地名中，“边”字的出现频率最高，并常以“姓＋边”格式表示独特的村落人文景观，如谢边、钟边、曹边、张边、谭边、邵边、袁边、孔边、冼边、劳边、李边、梁边、高边、邝边、蔡边等，有些地名中间还含“屋”字，如严屋边、袁屋边、卢屋边、孙屋边、叶屋边、唐屋边等。据司徒尚纪教授的统计，南海共有 80 多处“边”字地名。关于带“边”字的底层地名，据徐松石教授解释，遍及广西和琼雷的壮语板字地名，在广东许多地区又把板字从土音译为“边”字，并将原始土语倒装为顺装，故称村为“边”，但没有边缘、靠边的意思。因此，在南海高频出现的“边”字在地名中通常不作首字，而是以“姓 + 边”的格式出现。但这个“边”是否为“板”的近译，结构上是否经历了语序倒转的演变过程，南海带“边”字的地名除了以“姓 + 边”格式出现外，还有诸如滘边、街边、沙边、泮边、迳边、水边、坑边、路边、基边、缯边、贤边、社边等，当中的“边”是否也指村落，或只是“边缘、靠边”的意思，这些问题仍有待考究。

在壮语中“思”与“虚”、“墟”（圩）等同音义，因此与“集市”和商业有着千丝万缕的联系。在经济发展水平较高的南海，常出现的是带“墟”（现在大多以“圩”字取代）的底层地名，表示规模较大的村落，引申为商贸集市，如乐安圩、叠滘圩、平洲大圩、银岗圩、大岗圩、罗行圩、西城圩、横江圩、沙口圩等。其余“古”、“云”字表示村落的地名则很少见，在清代康熙年间的《南海县志》中可找到表示村落义的古灶（现划归佛山张槎）、古冈、云津等若干个。经过岁月的洗刷、历史的沉淀，这些底层词地名并没有被湮没，而是作为“底层文化”的一部分仍然保留至今，反映着独特而又丰富的地域文化。

三、底层词地名反映的地域文化

古南越族底层词在南海地名的遗存记录着过去民族的历史变迁及民族的迁徙轨迹，是研究民族历史的“活化石”。罗常培曾说：“被征服民族的文化借字残余在征服者的语言里的，大部分是地名。”地名的遗留往往还显示着过去民族在历史上的往迹。

一方面，南海的底层词地名是过去民族历史的镜像，清晰记录着过去民族在历史上的遗迹。当中原人大规模南迁时，南越族土著居民在与中原人的日常语言交流中会不自觉地保留古越语的底层词。这些底层词经得起时间的洗礼，并大多以各地相对稳固的地名方式保存下来。底层词的保留证明了这一带古时曾是南越人的主要居地之一，南越文化在这里沉淀发展，影响深远。现在，这些独特的底层词汇大多已成为南海的方言地名，但实际上却是古南越人栖居于此而在地名上留下的痕迹，这为研究历史民族地理和语言地理提供了重要的线索。

另一方面，南海底层词地名的遗存体现了人与自然的相伴相生、和谐共处，反映出独特的岭南乡土文化。如带“涌（冲）”、“埗（步、埔）”等大量表示水体的底层词地名形成了南海人择水而居的自然聚落格局。屋前有水或村前有水，历来被当地人认为是吉地之相，因为在风水宝地处居住，既能有利于自己的身心健康，又能荫泽庇佑后代子孙。又如“塱”字地名，反映了南海人常以水稻种植为主要的农业生产方式，是稻作文化的生动体现。

南海部分已经消失的老地名

“说有易，说无难”，要断定某个老地名已经消失，是非常不容易的事情。其一，因政区调整，有些显赫的老地名为小地名所传承，或已经移植，均不算消失。例如，五斗口，有小地名五斗村传承，蠕岗堡移植到蠕岗公园，五斗、蠕岗就不是消失了的历史地名。其二，因政区调整，老地名被划入另一个行政区域，并未消失，南海内外均有这种情况。例如，北宋时南海大通镇，乃古代广州通佛山、中山、顺德水道之一，故名“大通”，今广州芳村花地大通滘口，旧为大通镇，大通也并未消失。今桂城境域，历史上为五斗口司或西淋都所辖，后不少村镇划入广州或佛山，在判断老地名是否消失时，我们要尤其谨慎。

一、里水

根据清康熙、道光、宣统年间的《南海县志》与《南海市和顺镇志》、《南海市里水镇志》的记载对比，今里水镇与当年金利都（司）管辖下的恩洲堡、草场堡、黄冈堡、丰冈堡、麻奢堡、白石堡等有着对应或部分对应的关系。堡名中，黄冈、白石作为地名已消失。村名中，似已消失或不用的地名有：灵洲山、金山寺、围头、戙船澳、半塘、西场、缯步、三元市、王圣堂、小桥、西村、南岸、冈边、瓜园、檐藤、塘夏涌。

二、罗村

据明清时期的《南海县志》，罗村镇辖区大致属于黄鼎司西隆堡、兴贤堡、丰宁堡、沙堤堡，包括西隆堡、兴贤堡的全部，丰宁堡、沙堤堡的部分村。明清以来的老地名大多通过行政村和自然村村名传承下来，如罗村、大丰田、小丰田、庄边等；有的地名由于雅化、异读异写等存在少许变化，如涌尾—充美，暮紫—暮冈—雾岗，果江—果岗，凤岭—凤林，上圃、下圃、中圃—上埗、下埗、中埗；真正消失的老地名，主要指不在现行行政村、自然村名中出现的地名，如懿德（大塱、小塱的原归属乡名）、埠财里（街边新村的原名）、忠胜里（街边南便村的原名）、忠义里（街边西便村的原名）、会稽里（西便村与南便村接壤处）、忠埠村（新村、南便村和西便村的合称）、舜薮村（圳口），宁埠乡（里）、雅庄、耕庄、大塘庄、上沙迳、下沙迳、细罗沙、孙炎。罗村以前属黄鼎都，所辖西隆等堡，但现在地名中黄鼎、西隆不再出现。

三、丹灶

据清代康熙年间的《南海县志》，今丹灶区域大致对应登俊堡、伏隆堡、磻溪堡、丹桂堡、登云堡 5 个堡共计 46 个村以及上围堡的大湾杜、西海、沙田、上滘 4 个村。如今 6 个堡名已经消失：1928 年撤堡设乡时，曾从登俊、登云、磻溪三堡中各取一字，组成俊云溪乡，伏隆堡与丹桂堡组成同人乡，上围堡则归入小塘乡，50 年代土地改革时，俊云溪乡、同人乡的名字也被废掉。

康熙年间的《南海县志》中的 50 个村名完全消失的几乎没有，大都通过自然村传承了下来，流传情况主要有：①原样继承，大多数村名属于这种情况。②发生了微小的演变，如“南岸沙”、“青子塘”、“沙圃硝”简化为今天的“南沙”、“青塘”、“沙浦”，“山子尾”雅化成“山美”，“沙础”异写作“沙墼”。③作为村庄的别名，依然在民众间流传，如今天的“南村”别名“沙塘角”、“心溪”别名“心头塱”。④分散、演化为若干小地名，如“州广寨”今虽不见于地名志，但其实是隐藏在了洲中、洲南、洲北三个地名之中，如今有的公交车站牌还习惯地将站名标成“洲（广）中”等。⑤移植，这种情况相对比较复杂，如“茯洲”本为村名，后依村而筑的堤围被命名为“茯洲围”，如今，茯洲村已消失，“茯洲”这个名字借由堤围保留下来；又如乾隆年间设置的鼎安都，曾经演变为鼎安乡，新中国成立后一度为其他名字所替代，分散入“上安”、“中安”、“新安”、“下安”等地名，今天又将其移植到一条新修的道路上，命名为“鼎安路”。

四、桂城

据清康熙、道光、宣统年间的《南海县志》推断，桂城境域的白鹭、桂林、平朗等老地名已经消失。平朗原是平洲堡辖的唯一的村，现在似乎找不到“平朗”这个地名了。与政区地名的稳定性、延续性不同，文物古迹地名因实体损毁而更容易消失，如尚书牌坊、五岭祠等。

五、狮山

据道光、宣统年间的《南海县志》，今狮山镇的版图大致在大榄堡、金紫堡、山南堡、骆村堡、上白石堡、上围堡、鼎安堡、登俊堡、丰宁堡、丰华堡、兴贤堡这十一个堡范围内。村名中似已消失的地名有：田寮（原属上白石堡），饭罗冈、桃源洞、扳桂（原属大榄堡），牛路下、满洲塘、郁坑、紫竺冈、岚冈头、根冈、汛墙、朱李、广头墟、范迳、敏州塘、风屋巷（原属金紫堡），白石墩、大田令（原属山南堡），天锣背（原属丰华堡）等。

六、西樵

据清宣统二年（1910 年）的《南海县志》，今天西樵镇区域与当年的大同堡、先登堡、海舟堡、简村堡、百滘堡、上金瓯堡、云津堡、镇涌堡、沙头堡等有着对应或部分对应的关系。堡名中，先登作为地名已经消失。村名中，似已消失的地名有锡龙里、苏洲（原属大同堡），西湖（原属简村堡），梅源、舟华（原属上金瓯堡）等。

七、九江

据清宣统二年（1910 年）的《南海县志》，今天九江镇区域与当年的九江堡、沙头堡、河清堡、镇涌堡等有着对应或部分对应的关系。堡名均有小地名传承。村名中，似已消失的地名有：仁德、和睦（原属九江堡），碧岸围、仁亨（原属镇涌堡），樟亨、椿砍铺、庄园坊（原属沙头堡）等。

八、大沥

明清时期，现今大沥镇区域属于神安司和黄鼎司管辖。据清宣统二年（1910 年）的《南海县志》，今大沥镇区的版图大致在泌冲堡、梯云堡、扶南堡、盐步堡、大历堡、平地堡、黄竹岐堡、大通堡、丰宁堡和兴贤堡，现在地名中已不出现“神安”、“黄鼎”、“梯云”、“扶南”、“大通”和“丰宁”，“大历”和“黄竹岐”改写为“大沥”和“黄岐”，保持不变的是“泌冲”、“盐步”、“平地”、“兴贤”，它们出现在行政村名或自然村名当中。盐步堡中原分为河东、河中、河西三村，现在“河中”不再使用。民国期间撤堡设乡，大沥曾出现“虎曹九乡”、“天字十乡”、“开字十乡”、“龙字九乡”、“虎字十乡”、“日字一乡”、“人字十乡”、“接字九乡”、“凤字十五乡”、“凰字九乡”、“曹字十乡”

的提法，现在已经废除。清宣统年间的《南海县志》中各堡存有而现在不再出现的古地名有：西北、七条松、黄涌、木井（泌冲堡），西洒（扶南堡），霍边、宣城、龙合、文思、文华、中原、三圣（盐步堡），瑶珍、林屋（平地堡），白米墩（黄竹岐堡），尧园（兴贤堡）。一些不同层次的曾用名现在似乎也不使用，如：龙凤村、东岸圃（大沥表）、七亩（澂心）、塘基头（草塘）、岗头里（文行）、围脚村（振二）、面前岗（五一）、牛庙—庙溪（五二）、香树脚（五三）、赤坎（丹邱）、放牛（仿尧）、黎清堂（良清堂）、竹贤（谭边）、十字路（南约）、十二亩（湖马）、鸭塱（小土布）、庙东（东南）、东升（罗步头）、射陇（蛇龙）等。除此以外，一些人文地名因为实体的变化或消失而消失，如大量的祠堂被拆毁，祠堂名也就渐渐地被人遗忘了。

参考文献

［1］南海市地名委员会，南海市国土局．南海市地名录．广州：广东省地图出版社，1997.

［2］佛山市南海区民政局．南海市地名志．广州：广东经济出版社，2008.

［3］南海县地方志编纂委员会．南海县建制志．广州：广东人民出版社，1995.

［4］佛山南海区桂城街道地方志编纂委员会．南海市桂城街道志．南海：南海年鉴社，2008.

［5］佛山南海区平洲街道地方志编纂委员会．南海市平洲街道志．南海：南海年鉴社，2008.

［6］佛山南海区九江镇地方志编纂委员会．南海市九江镇志．广州：广东省出版集团，2009.

［7］佛山南海区南庄镇地方志编纂委员会．南海市南庄镇志．广州：广东省出版集团，2009.

［8］佛山南海区大沥街道地方志编纂委员会．南海市大沥街道志．广州：广东人民出版社，2008.

［9］佛山市南海区西樵镇地方志编纂委员会．南海市西樵山旅游度假区志．广州：广东人民出版社，2009.

［10］佛山市南海区丹灶镇地方志编纂委员会．南海市丹灶镇志．南海：南海年鉴社，2009.

［11］佛山市南海区丹灶镇地方志编纂委员会．南海市金沙镇志．南海：南海年鉴社，2009.

［12］佛山市南海区里水镇地方志编纂委员会．南海市和顺镇志．南海：南海年鉴社，2009.

［13］佛山市南海区狮山镇地方志编纂委员会．南海市小塘镇志．佛山：佛山市机关印刷厂，2008.

［14］佛山市南海区狮山镇地方志编纂委员会．南海市官窑镇志．佛山：佛山市机关印刷厂，2008.

［15］广东省南海县地方志编纂委员会．南海县志．北京：中华书局，2000.

［16］佛山市南海区地方志编纂委员会．南海市志．广州：广东人民出版社，2009.

［17］佛山市博物馆．佛山文物志．广州：广东科技出版社，1991.

［18］中华人民共和国地名词典·广东省卷．北京：商务印书馆，1994.

［19］广东省今古地名词典编撰委员会．广东省今古地名词典．上海：上海辞书出版社，1991.

［20］（明）朱光熙．南海县志（明崇祯十五年，1642）．佛山：佛山市南海区地方志编纂委员会办公室（翻印），2008.

［21］（清）郭尔戺．南海县志（清康熙三十年，1691）．北京：书目文献出版社，1992.

［22］（清）郑梦玉．南海县志（清道光十五年，1835）．台北：成文出版社，1967.

［23］（清）郑棨（宣统三年刊本）．南海县志．台湾：成文出版社，1974.

［24］（宋）方信孺．南海百咏．南京：江苏古籍出版社，1988.

［25］（宋）吴处厚．青箱杂记．北京：中华书局，1985.

［26］（明）黄瑜．双槐岁钞（元明史料笔记丛刊）．北京：

中华书局，1999.

［27］（清）黄宗羲，沈芝盈．明儒学案．北京：中华书局，2008.

［28］（清）屈大均．广东新语．北京：中华书局，1985.

［29］（清）李调元．南越笔记．北京：中华书局，1985.

［30］（清）顾祖禹．读史方舆纪要．北京：中华书局，2005.

［31］（清）徐珂．清稗类钞．北京：中华书局，1986.

［32］（清）吴荣光佛山忠义乡志．南京：江苏古籍出版社，1990.

［33］中国地方志集成乡镇志专辑31（龙山乡志、南海九江乡志、九江儒林乡志）．南京：江苏古籍出版社，1992.

［34］饶秉才等．广东话词典．广州：广东人民出版社，1997.

［35］詹伯慧．广州话正音字典．广州：广东人民出版社，2004.

［36］刘正埮，高名凯，麦永乾，史有为．汉语外来词词典．上海：上海辞书出版社，1984.

［37］商学兵．佛山读本．广州：广东人民出版社，2010.

［38］高华年，叶国泉，余伟文．广东省志·方言志．广州：广东人民出版社，2004.

［39］关祥．西樵山志．广州：广东人民出版社，1992.

［40］关祥．西樵揽胜．广州：广东旅游出版社，1991.

［41］陈泽泓．广东历史名人传略．广州：广东人民出版社，1998.

［42］政协南海县委员会文史组．南海文史资料．1983.

［43］张声震．广西壮语地名选集．南宁：广西民族出版社，1988.

［44］徐松石．徐松石民族学研究著作五种（上）．广州：广

东人民出版社，1993.

［45］沈灿燊．广东江门专区低塱田调查报告．陈俊鸿、陈俊合．沈灿燊教授论文选集．香港：中国评论学术出版社，2009.

［46］胡平生（译）．孝经译注．北京：中华书局，2009.

［47］王希杰．修辞学通论．南京：南京大学出版社，1996.

［48］王希杰．修辞学新论．北京：北京语言学院出版社，1993.

［49］祝畹谨．社会语言学概论．长沙：湖南教育出版社，1992.

［50］黄伯荣，廖序东．现代汉语（增订三版）（上）．北京：高等教育出版社，2002.

［51］罗常培．语言与文化．北京：语文出版社，1989.

［52］张秀民．中国印刷史．上海：上海人民出版社，1989.

［53］韩春萌．武林奇侠黄飞鸿正传．武汉：湖北人民出版社，2005.

［54］上海古籍出版社，上海书店编．二十五史纪传人名索引．上海：上海古籍出版社，1990.

［55］上海古籍出版社编．二十五史．上海：上海古籍出版社，1986.

［56］沈兼士．沈兼士学术论文集．北京：中华书局，1986.

［57］王希杰．语言感情和语言歧视．语文建设，1993（3）．

［58］司徒尚纪．岭南地名文化的区域特色．岭南文史，1997（3）．

［59］许结玲．从南海地名词汇看地域文化的基本特征．现代语文（语言研究），2008（8）．

［60］林晓平，李一兵．客家祠堂楹联的文化内涵探析赣南师范学院学报，1999（5）．

［61］任占涛等．狮舞与侠者的文化况味：论徐克的《黄飞

鸿》系列影片．焦作大学学报，2009（4）．

［62］广州市地名学研究会编．广州地名古今谈（二）．广州：广东省地图出版社，1992.

［63］广东省社会科学院历史研究所中国古代史研究室等编．明清佛山碑刻文献经济资料．广州：广东人民出版社，1987.

［64］孔捷生．洙泗村拾忆．梁由之主编．我的闲闲书友．上海：文汇出版社，2010.

［65］叶灵凤．灵魂的归来．广州：花城出版社，2004.

［66］文际平．“朗”还是“塱”——也谈地名岂能随意用字．中国地名，2011（10）．

［67］文际平．江氏宗祠的孝文化．寻根，2013（2）．

［68］周日安．故土眷恋与地名移用——南海地名洙泗、三山谈．现代语文（语言研究版），2011（4）．

［69］周日安．珠三角的石字地名．现代语文（语言研究版），2011（6）．

［70］周日安．“蟠岗”与“四约”．现代语文（语言研究版），2011（9）．

［71］周日安．以地名人与以人名地．现代语文（学术综合版），2012（2）．

［72］周日案．佛山的三个梵语文译地名．佛山科学技术学院学报，2012（5）．

［73］张唯嘉，李克和．西樵“云”字地名谈．佛山科学技术学院学报，2012（2）．

［74］李克和，张唯嘉．儒林地名景观与区域文化精神．佛山科学技术学院学报，2012（3）．

［75］司徒尚纪，许桂灵．北江大堤地区历史地理初探．岭南文史，2005（4）．

［76］许结玲．南海地名“和顺”的古风古韵摭谈．中国地名，2012（11）．

［77］许结玲．从南海地名看古南越族底层词的遗存．现代语文（学术综合版），2012（9）．

［78］许结玲．南海与“水”有关的地名及其水文化生态．大学教育，2013（3）．

［79］黎华，何杰雄．桂城南兴路更名“天佑路”．珠江时报，2006－10－19.

［80］伦少斌，何杰雄．佛山：数字编号造成困扰　新路名易记“好意头”．广州日报，2006－10－19.

［81］用好祖先留下的文化遗产．佛山日报，2003－07－31.

［82］钱玮珏．西樵山上觅飞鸿．南方日报，2010－04－28.

［83］龙建刚．西樵，让世界好好瞧瞧．南方日报，2011－06－29.

［84］广东千万人受石漠化威胁，大量村民出走．南方农村报，2010－07－13.

［85］吴淑华．叠滘时令诗逃出失传命运，诗文极富农耕情趣．http：//www.southcn.com/news/dishi/foshan/（2006－08－24）.

［86］秋浦河．是谁留下千年的期盼——江南古镇大通名考．http：//www.ahage.net/bbs（2008－10－19）．

［87］《地名管理条例》，中华人民共和国国务院1986年1月23日发布（国发〔1986〕11号）。

［88］《地方志工作条例》，2006年5月18日总理温家宝发布中华人民共和国国务院令（第467号）公布并即日起施行。

［89］《地名管理条例实施细则》，民政部1996年6月18日发布（民行发〔1996〕17号）。

［90］《广东省地名管理条例》，2007年9月30日广东省第十届人民代表大会常务委员会第三十四次会议通过，2007年9月30日公布，自2008年1月1日起施行。